Abschied vom
Homo oeconomicus

Gunter Dueck

Abschied vom Homo oeconomicus

Warum wir eine neue
wirtschaftliche Vernunft brauchen

 Eichborn

1 2 3 4   09 08

© Eichborn AG, Frankfurt am Main, Februar 2008
Umschlaggestaltung: Christiane Hahn
unter Verwendung einer Illustration von © getty images
Lektorat: Waltraud Berz
Layout: Susanne Reeh
Satz: Fuldaer Verlagsanstalt, Fulda
Druck und Bindung: Freiburger Graphische Betriebe
ISBN 978-3-8218-5678-0

Eichborn Verlag, Kaiserstraße 66, 60329 Frankfurt am Main
Mehr Informationen zu Büchern und Hörbüchern aus dem Eichborn Verlag
finden Sie unter www.eichborn.de

Inhalt

Gibt es stabile Ökonomie? 9
Die Wirtschaftstheorien und das Alltagsreale 9
Räuber und Beutetiere – Fresse, wer kann! 14
Menschen als Jäger nach der Beute namens Verdienst 17
Strebt der Markt in ein Gleichgewicht? 22

Unter Stress zum Prekariat 25
Wie der Stresslevel so der Mensch 25
Der Schweinezyklus 31
Der Instinkt im Bierspiel 33
Die Effizienz und die Industrieschweine 40
Es trickst, wer sonst untergeht 43
Wo betrogen wird, verliert das Ehrliche an Wert 45
Erst Armani oder ALDI – zum Schluss der Basar 48
Signaling, Screening & Co. gegen den Niedergang 51
Die Entstehung der Klassen 54

Wirtschaftszyklen und Life Cycles 60
Lebenszyklen überall 61
Kondratieff-Wellen 66

Das Auf und Ab im Körper 74
Darf Arbeit Spaß machen? 75
Welche (Bio-)Chemie stimmt? 80
Aggressive Typ-A- und entspannte Typ-B-Menschen 85
Hirnwellenlängen 88

Life Cycle der ökonomischen Anschauungen 95

Wachstum und Boom 97
Sättigung und Reife des Marktes – bis zum Gipfel 101
Crash oder Schrecksekunde am Höhepunkt 106
Intermezzo – Warum sich alles wieder umkehrt 107
Nutzenbetrachtung der Arbeit –
Konzentration auf Effektivität und Standards 109
Kostenbetrachtung der Arbeit –
Konzentration auf Effizienz und Leistungsmessung 116
Craze um das Neue und eventuell ein Crash 119
Intermezzo – Gedanken über das Neue 122
Profitbetrachtung der Arbeit – Konzentration auf Gewinnsteigerung 124
Der neue Zyklus beginnt 130
Der Dow Jones Index im letzten Zyklus 131
Lieblingstheorien im Wandel des Wirtschaftswachstums 134

»Phasic Instinct« und die Wirtschaftstheorien 138

Das Theoriedilemma der Gefangenen und das Vertrauen 141
Gefangenen-Dilemmata im Management 145
Ethik oder der Zwiespalt des Einzelnen 148
Physiologie und Dynamik der verschiedenen Wirtschaftsphasen . . . 150
»Bluttemperaturen« verschiedener Wirtschaftskulturen 152
Das Menschenbild im Zyklus 154
Zeitgemäße Managertypen 160

Up & Down in den Unternehmen 163

Zeit – voranschreiten oder wegrennen 164
Raum – Expansion oder Schrumpfung 164
Mensch & Motivation – extrinsisch oder intrinsisch 165
Personalwesen 167
Produkte und ihre Qualität 170
Service und Kunden 172
Märkte, Marken und Marketing 175
Vertrieb und Kunden 177
Identität und Imagepflege 178

Innovation 180
Finanzen 181
Gewerkschaften 182
Am Ende steht immer die Manie 184

Up-Management als Technik zum Down 187
Auf der Suche nach Spitzenleistungen 189
Benchmarking und Scorecards 192
Ranking und Rankism 195
»Kundenorientierung« 197
Fokus 199
Ceteris-Paribus-Schrauben 201
Black-Box-Ökonomie 203
Black-Box-Menschen 206
Economy-Mitarbeiter als Allzweckmaschinen 209
Als Economy-Kunde in Multiple-Choice-Segmenten 210
Struktur erzeugt strukturierten Inhalt 211
Effizienz erzeugt den effizienten Menschen 214
Lemon Lemmings 216

Kann sich etwas zum Guten ändern? 218
Ökonomie sieht nur bis zum Tellerrand 219
Philosophisch-ökonomische Wahrheit 221
Ökonomie 2.0 224
Leadership und Vertrauen 229
Kooperative Infrastrukturen 231
Kaizen oder Maßhalten 232

Rekapitulation und Ausblick 236
Der mittlere Weg 238
Ökonomie und »Phasic Instinct« 240
Management heute und morgen 245
Quo vadis, Ökonomie? 248

Gibt es stabile Ökonomie?

Eigentlich sollte sich alles im Gleichgewicht befinden, wenn man an Theorien glaubt. Die Preise und die Märkte, Angebot und Nachfrage. Ist das so? Nein, die Ökonomie fährt Achterbahn. Sie verzeichnet Schweinezyklen und Lehrerschwemmen, Sparwut und Innovationsmangel. Die Ausschläge der Märkte werden in letzter Zeit heftiger. »Die Volatilität steigt«, sagen wir. »Die Welt befindet sich in einem unaufhörlichen, immer schnelleren Wandel.« Auf nichts ist Verlass, alles ändert sich. Jeder muss sich anpassen, um nicht unterzugehen. Werden wir noch unsere erhoffte Rente bekommen? Alles ist ungewiss, wir fürchten oft, dass wir das alles in vielerlei Sinne nicht gut überleben. Immer stärker spüren wir heute den Stress in allen Poren. Wie wird es unseren Kindern ergehen? Können wir uns überhaupt Kinder leisten? Die alternde Bevölkerung schrumpft schon – es ist nicht mehr für so viele Menschen Platz oder Arbeit da.

Die Wirtschaftstheorien und das Alltagsreale

Darf ich Sie einmal zurückbitten? Auf Zeitreise? In den siebziger Jahren des 20. Jahrhunderts begann mein eigenes Arbeitsleben. Die Löhne und Gehälter stiegen damals jedes Jahr um sechs, sieben Prozent, einmal gab es nach langem Streik deutlich über zehn Prozent. Das Wort »Profit« war ein Schimpfwort. Selbst die Unternehmen vermieden es schamhaft und versteckten heimlich ihre nötigen Gewinne durch überhöhte Abschreibungen, so gut sie konnten. Jede Stadt erbaute eine große neue Universität zur Investition in die Zukunft. Grundlagenforschung wurde großgeschrieben. Ich erinnere mich an Naturwissenschaftler, die nach ihren Vorträgen auf die Frage nach der Anwendbarkeit ihrer Forschungsergebnisse antworteten: »Ich hoffe nie!« oder »Da bin ich sicher, ich lasse mir da von Ihnen überhaupt nichts vorwerfen!« Wer etwas Nützliches erforschte, stand nämlich im Verdacht, ein Knecht oder Büttel der Großindustrie zu sein und die Wissenschaft zu verraten. Wissenschaft sollte nie wieder die Baupläne für Atombomben oder die Unterdrückung der Arbeiterklasse liefern. Soziologen und Politologen der 68er-Bewegung palaverten fremdwortwütig über die Abschaffung des Establishments, und ich erinnere mich noch an meinen Schrecken, als man mich auf dem Göttinger Universitätscampus anpöbelte, weil ich ein *Handelsblatt* unter dem Arm trug.

Denken Sie sich noch einmal eine Weile in diese Denkstimmungen hinein! Heute plagt uns die Sorge um das Morgen, den Arbeitsplatz, die Ausbildung der Kinder. Damals beschäftigte uns das Ringen um die Utopie einer bestmöglichen Zukunft, die uns das unendliche Wachstum durch Technologie bescheren würde.

Und in Ihr Denken hinein stelle ich Ihnen die Frage: Wohin führt es, wenn wir alle so wie heute oder alle so wie damals denken? Warum dachten wir damals so positiv und schwelgten in Utopien? Warum jammern wir heute und verzagen so sehr, dass uns der Optimismus fast vom Arzt verordnet werden muss?

In den sechziger- und siebziger Jahren entstand in uns die Vorstellung einer sozialen Marktwirtschaft. Heute versprechen wir uns mehr vom Neo-Kapitalismus. Früher stand der weltberühmte fleißige Deutsche im Zentrum unseres Weltbildes, heute ist es der stinkfaule verwöhnte Deutsche mit seinen 30 Tagen Jahresurlaub, die weltweit seine Weltfremdheit gegenüber der Arbeit dokumentieren.

Was ist da in unseren Köpfen oder vielleicht Bäuchen los? Warum denken wir über das Gleiche mal so und mal so? Ist es das Gleiche? Sind wir die Gleichen? Haben wir in guten Zeiten wunderschöne Wirtschaftstheorien und in schlechten Zeiten eben drakonisch harte? Ist es ökonomisch sinnvoll, unser Denken dem Kneifen im Bauch anzupassen?

Nach den Wirtschaftstheorien sind wir Menschen ja angeblich ein *Homo oeconomicus*, ein Mensch, der ausschließlich von Erwägungen wirtschaftlicher Zweckmäßigkeit geleitet wird. Ein Mensch, der streng rational auf seinen eigenen Vorteil sieht und seinen Nutzen maximiert. Unsere Wirtschaftstheorien nehmen dazu noch regelmäßig an, dass jeder Mensch genaue Präferenzen oder Nutzenfunktionen hat, die über die Zeit einigermaßen stabil bleiben.

Doch das sind Märchen, um einfache Theorien für nette Vorlesungen zu erhalten! Eingeweide sind nicht stabil.

Ich möchte es »Phasic Instinct« nennen, was uns da aus dem Bauch heraus unser Denken diktiert. Je nach Lage dort draußen leben wir in Gottes bestmöglicher Welt oder in einer, die von Darwin erschaffen scheint. Gott hatte doch wohl einen Weltbauplan, aber Darwin setzt auf die faktische Macht des Zufallsprinzips. Wir glauben mal dies, mal das, je nachdem wie unsere Eingeweide sich in der jeweiligen Zeit anfühlen.

Dieses Phänomen will ich hier im Buch erhellen und beschreiben. Ich möchte Ihnen das Oszillieren des Denkens vorführen und mit Ihnen die Gründe dafür suchen. Ich beschreibe die verschiedenen Denkweisen der verschiedenen Zeiten, in denen des

- Aufbaus einer neuen Ordnung (Neubesiedlung eines Landes, »Silicon Valley«),
- Entstehens von Utopien in Zeiten des Luxus,
- Zerfalls von zu üppig und weich gewordenen Strukturen,
- Überlebenskampfes nach dem Aufbrauchen aller Reserven.

Ich werde mit Ihnen durchgehen, wie Sie in diesen verschiedenen Zeiten denken, agieren oder planen. Sie werden Ihre Anschauungen über die Ökonomie an sich wechseln. Ist Wirtschaft zum Wohlergehen der Gemeinschaft gedacht oder als Kampffeld aller Einzelnen? Geht es immer nur um Geld und Macht oder doch auch wieder um Ehre, Ethik, Sinn und Würde? Eigentum verpflichtet, heißt es in der deutschen Verfassung. Und dort weiter: Sein Gebrauch soll zugleich dem Wohle der Allgemeinheit dienen. Gilt diese Verfassung auch in schlechten Zeiten? Muss der Gebrauch von wirtschaftlicher oder politischer Macht ebenfalls dem Allgemeinwohle dienen? Oder nur dem eigenen Machterhalt? Verpflichtet auch Erfolg?

Die Fragen und die Antworten wechseln je nach den Umständen die Richtung und die Farbe. Sie und ich gehen da irgendwie mit, auch wenn wir uns einigermaßen gefestigt vorkommen. Die Herrschenden aber werden als Personen ausgewechselt. Zu manchen Zeiten herrschen Priester, ein andermal Krieger und dann wieder Ehrenbeamtete, die sich um uns kümmern. Einige wollen in die Geschichte eingehen, andere nur an der Macht bleiben. Jede Zeit hat ihre eigenen Regeln, die durch die jeweils Herrschenden verkörpert werden.

»Phasic Instinct«: Die herrschenden Ansichten und Menschen ändern sich. Wir sehen dann alle für eine gewisse Zeit anders auf Gewinn, Verteilung, Marketing, Ethik, Qualität, Arbeitnehmerrecht, Verpflichtung, Verantwortung, Verantwortlichkeit, Gemeinwohl, Kommunikation, Struktur, Service, Kundenzufriedenheit, Personalwesen. Immer anders, je nachdem ob wir aufbauen, genießen, Ordnung schaffen wollen oder kämpfen.

Krass ausgedrückt: Unsere Eingeweide wollen je nach Stresslevel etwas Unterschiedliches, was immer das ist. Und dann wird der Kopf beauftragt, den Willen zu befriedigen, so gut er das kann.

Stress kann in Sekunden Ihren Chef im Ganzen verändern und in anderen Bahnen laufen lassen. Eine einzige richtige Pleite erschüttert in Zehntelsekunden das Vertrauen der Märkte in die Zukunft. Ein dritter Platz mit Heimvorteil bei der Fußball-Weltmeisterschaft leitet den Umschwung der deutschen Wirtschaft ein. Oh nein, wir sind kein Homo oeconomicus. Wir sind eher eine große Masse von leicht erregbaren Individuen, die wie Lemminge hin und her rasen, je nachdem, wohin der Trend zeigt. Wir finden vor allem das rational, was die anderen auch tun. Und weil das so ist, weil wir alle mal hierhin, mal dorthin stürzen – anderen nach, ohne weiteres Überlegen, deshalb schwankt alles unsinnig hin und her. Auf und ab: vom seligen Gleichheitstraum im Luxus-Sozialismus bis hin zur krass entgegengesetzten Verachtung von Low Performern, die wir aus Abscheu einfach ihrem verdienten Schicksal überlassen.

Wir sollten Abschied nehmen vom Gedanken, dass wir überwiegend rational handeln und ein Homo oeconomicus wären. Das sind wir nicht. Wir könnten nachdenken, ob wir einer werden sollten. Das ist gar nicht so einfach, sage ich Ihnen hier im Buch.

Stellen Sie sich vor, ein Mensch unter nur Klugen ist dumm und schadet den anderen erheblich durch seine Dummheit. Was kann man tun? Nun, die Klugen müssen den Dummen irgendwie »einnorden«, oder? Das ist sonnenklar.

Es gibt aber noch eine andere Lösung. Die Klugen können ebenfalls alle dumm werden und sich gleichmäßig gegenseitig schaden. Das wäre in gewisser Weise sogar eine einfachere Lösung. Logisch einwandfrei?

Das glauben Sie nicht. Dann schauen Sie zum Beispiel auf die Tour de France. Angenommen, das Doping von Radfahrern ist so effektiv, dass ein einziger Betrüger gegen sonst nur Ehrliche ohne weiteres gewinnen kann. Angenommen, einer betrügt die anderen und fügt ihnen dadurch einen erheblichen Schaden zu. Was kann man tun? Den Betrüger »einnorden«, das ist sonnenklar. Es gibt aber noch eine andere Lösung: Alle dopen und betrügen und fügen sich gegenseitig und sich selbst einen Schaden zu. Die Chancen sind für alle wieder genau wie vorher, nur sterben sie alle früh qualvoll als Sportinvaliden und die Bevölkerung will einfach keinen Radsport mehr sehen.

Lustimpulse und Hammelherdenverhalten prägen die Ökonomie. Die Theorien aber versuchen listige Klimmzüge und erklären, dass Doping kurzfristig schlau oder »rational« ist, nur eben langfristig nicht. Was, bitte, ist dann »rational«? Ist Rationalität an Weisheit grenzende Klugheit oder gierige Nächstsekundenschläue? Stammen »Nutzen« oder »Vorteil« aus umsichtiger Erwägung oder aus Testosteron? Das wird lieber nicht wirklich diskutiert oder definiert, weil die Wissenschaft heute noch keine komplizierten Theorien vertragen kann.

Die Theorien erklären in den Menschen Arten von leicht mathematisierbarer Rationalität hinein, wo keine ist. Besser wäre es, sie würden ihn die Rationalität lehren, denke ich. Wir sollten uns von der Vorstellung des schon real existierenden Homo oeconomicus verabschieden. Danach könnten wir uns einen neuen überlegen, der wir sein wollen. (Hier im vorletzten Kapitel.)

So. Das war das einleitend Leidenschaftliche. Jetzt erkläre ich alles eine Stufe gründlicher.

Zuerst gebe ich Ihnen ein Gefühl für dieses Auf und Ab in Lemmingmanier anhand eines Beispiels. Gewiss handelt das Beispiel von Tieren und nicht von hochgeistigen Menschen. Aber Sie bekommen schon einmal ein mächtiges Vorstellungsbild von dem, was die Wirtschaft ins Auf und Ab treibt.

Räuber und Beutetiere – Fresse, wer kann!

In der Biologie kennt man den unendlichen Zyklus der »Räuber-Beutetier-Beziehung«. Man bezeichnet damit im Tierreich immer wiederkehrende wilde Schwankungen. Sie entstehen durch unterschiedliche Vermehrungsrhythmen. Es kommt dadurch zu dem Phänomen, dass eine Lebensgemeinschaft über ihre Verhältnisse lebt, nicht wirklich gegensteuert und daran zugrunde geht.

Also: Raubtiere fressen Pflanzenfresser, oder allgemeiner: Räuber fressen Beute. Die Wellenbewegung der beiden Populationen sehen Sie beispielhaft in der folgenden Skizze.

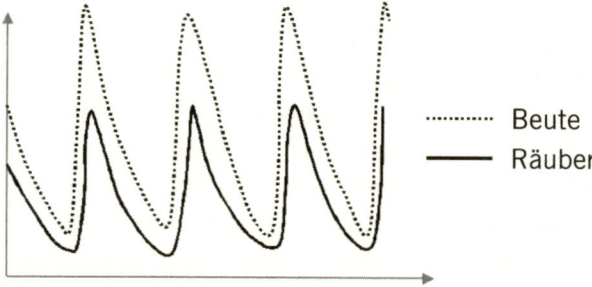

.... Beute

—— Räuber

Schema der »Räuber-Beute-Beziehung«

Sie müssen jetzt näher an die Zeichnung heran und genau hinsehen. Die Spitzen der hohen Kurve (Beute) sind zeitlich immer ein wenig vor den Spitzen der niedrigen Kurve (Räuber). Die aufgezeigten Wellen entstehen auf folgende Weise: Angenommen, Beutetiere vermehren sich auf einer großen Insel. Es werden ihrer mehr und mehr. Raubtiere können nun immer leichtere Beute machen. Es wimmelt von Nahrung. Deshalb vermehren auch sie sich stark. Irgendwann stößt die Vermehrung der Beutetiere an Grenzen: An die Grenzen der Insel, die der Nahrungspflanzen oder die der Raubtiere an sich, die zu viel fressen. Erst vermehren sich die Beutetiere sehr stark, dann folgt die rasante Vermehrung der Räuber. In dem Augenblick aber, in dem die Zahl der Beutetiere nicht mehr zunimmt, sind noch Unmengen schwangerer Räuber im Land. Die Zahl der Räuber nimmt also auch dann noch lange zu, wenn die Vermehrung der Beutetiere schon stockt. Nun fressen die noch immer mehr werdenden Räuber mehr Beute als es ihrer *gemeinschaftlichen* Zukunft angemessen wäre.

»Die Räubergemeinschaft lebt über ihre Verhältnisse.« Deshalb sinkt die Anzahl der Beutetiere, während immer mehr Räuber geboren werden. Die Zahl der Beutetiere stürzt ab, weil die vielen Räuber alles kahl fressen. Jetzt bekommen bald noch viel mehr Räuber weniger Nahrung. Weil es zu wenig Nahrung für alle gibt, gebären die Räuber nicht mehr so gut. Beide Arten sind nun auf dem gemeinsamen Höllengang des Aussterbens.

Es kommt zu einer Todesspirale des »Abschwunges«, weil es eine lange, lange Zeit immer zu viele Räuber für zu wenig Beute gibt, während im »Aufschwung« immer so viele Beutetiere geboren wurden, dass die wenigen Räuber die Vermehrung nicht durch Fressen aufhielten.

Zum bitteren Ende hin gibt es nur noch ganz wenige Beutetiere. Daran sterben die Räuber fast aus. Die wenigen Beutetiere verteilen sich über die ganze Insel. Nach einiger Zeit erholt sich die Beutepopulation. Wieder etwas später vermehren sich die Beutetiere schnell. Die Vermehrung der Räuber erfolgt in der Zeit versetzt. Es ist, als wäre ein Weltkrieg zu Ende und alle bauten wieder auf.

In der Natur ist es meistens so, dass sich die Beutetiere schneller wieder vermehren als die Räuber (die Sparer schneller als die Bankräuber). Diesen Sachverhalt nennt man in der Biologie Drittes Volterra-Gesetz. Für Beutetiere ist ja das schnelle Vermehren ein wichtiger Überlebensfaktor. Raubtiere sollten sich nicht so stark vermehren, da sie ja ihr eigenes Revier brauchen. Wenn Sie zum Beispiel Schädlinge im Garten durch Totalchemie vernichten, so töten Sie auch viele der Räuber mit dem gleichen Vernichtungsmittel. Deshalb sterben neben »den Blattläusen« direkt durch dasselbe Gift oder indirekt durch Nahrungsentzug auch »die Marienkäfer«. Beute und Räuber verschwinden gleichzeitig. Nach dem Volterra-Gesetz aber erscheinen zuerst wieder Massen von Blattläusen, erst dann wachsen die Marienkäfer nach. Deshalb verschlimmert man durch Schädlingsbekämpfung oft die Lage im Garten, weil die Schädlinge schneller wiederkommen als die Nützlinge. Man verstärkt die Schwankungen durch Eingriffe!

Wenn Räuber nicht so dumme Tiere wären, sondern so klug wie Menschen, würden sie sich nur so schnell vermehren wie es die Vermehrung der Beutetiere erlaubt. Oder?

Die Indianer in Amerika lebten stets weitsichtig im Rhythmus der Büffelherden. Es ging! Sie töteten nur zum Essen, nicht zum Überfluss. Sie hungerten notfalls, um die Büffel nicht zu stark zu dezimieren. Sie versuchten, die Schwankungen selbst durch Maßhalten kleiner zu halten, die durch das Wetter und durch die Natur nie ganz vermieden werden können. Indianer träumen natürlich von einem Leben ganz ohne irgendwelche Schwankungen, denn diese sind das Harte im Leben. Indianer träumen von den ewigen Jagdgründen, in denen es immer gerade genug Büffel gibt. Ich betone: gerade genug. Sie träumen nicht von einer Lust, Millionen Büffel abzuschlachten, um Moschus zu ernten oder nur das Filet zu essen. Indianer sind weise!

Es geht relativ schnell, alle Büffel, also alle Beutetiere, »aus Lust« zu töten. Dann aber haben die Räuber, hier die Indianer, keine Lebensgrundlage mehr und sterben aus. Das dritte Volterra-Gesetz hat hier wieder ganz Recht, denn die Büffel werden sich schneller wieder von dem Schlag erholen als die Menschen. Deshalb versuchen Indianer nicht, sich wie Tiere zu benehmen und den entsprechenden Fluch der Naturgesetze zu ernten. Indianer sind weise, weil sie die Natur mit sich selbst im Einklang halten. Sie halten ihre Büffel heilig und wissen, dass sie für Büffel ihrem Manitu dankbar sein müssen.

»Gib weniger aus, als du nachhaltig verdienen kannst.« Das hört ein jedes Kind, das ein rationaler Mensch oder gar ein Homo oeconomicus werden soll.

Im Urlaub haben wir Kalifornien bereist, auch Monterey. Dort kennen Sie vielleicht die Cannery Row, die *Straße der Ölsardinen* aus dem Roman von John Steinbeck. Fabrik an Fabrik, heute alles verwaist, damals voller niedrigst bezahlter Arbeitskräfte. Auf einer der historischen Tafeln, die wir dort fanden, war die Fangmenge der Sardinen von 1900 bis 1950 aufgezeichnet. Sie stieg ungeheuerlich an, mit traumhaften Wachstumsraten. Mitte der fünfziger Jahre kollabierte aber bekanntlich der Fischfang innerhalb ganz kurzer Zeit. »Die Strömung im Meer änderte sich plötzlich. Es gab lange keine Sardinen mehr, gar keine – wegen der Strömung. Die Strömung hat sich heute wieder zurückgebildet und ist wie einstmals, heute sind wieder Sardinen da.« So erklärte es uns die Reiseleiterin. Die Fische sind wieder da, die Menschen dahin. Auf der Tafel in Monterey stand auch, es sei denkbar, dass der Kollaps durch Überfischung zustande gekommen sei. Wer aber will das wissen? Monterey ist heute Tourismuszentrum mit »historical attractions«, in dem die schönen Ruinen der Fabriken direkt am Meer zu bewundern sind. »Alle aussteigen! Eine Stunde Zeit zum Ansehen! Die Toilette ist am linken Ende der Straße.«

»Nimm alles mit, was du bekommen kannst. Wer weiß, was es morgen noch gibt.« Das sagt man nicht so laut, weil es nicht offiziell rational ist, aber immerhin so rational, dass man tatsächlich so handelt. Wir bekennen uns als Gemeinschaft nicht zur besten Gemeinschaftslösung. Wir sehen zu, dass der Einzelne seinen Vorteil mitnimmt und mit den sofort folgenden Nachahmern zusammen alles in die Tiefe zieht.

Menschen als Jäger nach der Beute namens Verdienst

Die Menschen jagen ihrem Glück nach. Sie suchen nach Schätzen, Büffeln und guten Arbeitsplätzen. Wenn die Konjunktur gut ist, wachsen die Arbeitsmöglichkeiten. Die Produktion und der Service expandieren. Die menschliche Beute – das sind die Verdienstmöglichkeiten – vermehrt sich wie von selbst.

Jetzt vermehren sich auch die Menschen, die der Arbeit nachjagen. Einwanderer aus armen Weltgegenden kommen herbei. Die Heimischen wollen mehr Arbeit, bessere Arbeit, mehr Verdienst. Sie und die Zuwanderer saugen gemeinschaftlich an der Beute, am großen Kuchen, von dem jeder ein größeres Stück will.

Als die Deutschen in den sechziger Jahren zuviel Arbeit hatten, luden sie Gastarbeiter ein. Ludwig Ehrhard begann mit seinen berühmten Maßhaltepredigten (1963), die man allgemein etwas albern fand und zum Teil glatt verlachte. »Lebt nicht über eure Verhältnisse!« Viele Menschen strömten nach Deutschland, erst aus Italien, dann aus Jugoslawien, Spanien und später aus der Türkei. In den USA wandern heute noch immer kaum gehemmt Latinos über die Grenzen ein. Die deutschen Ehefrauen, die damals typisch Hausfrau waren, wurden erst in den Arbeitsmarkt gedrängt und kamen nach positiven Erfahrungen immer zahlreicher von selbst.

Irgendwann aber vermehrt sich die Arbeit nicht mehr, weil die Gier zu groß geworden ist und zu viele Menschen nun zu wenige Verdienstmöglichkeiten unter sich zu verteilen haben. Dann bricht die Konjunktur ein.

Bei den Räubern und Beutetieren würde das Sterben beginnen. Die Beutetiere würden schneller und schneller gefressen – und weniger und weniger Räuber könnten davon leben.

In der Wirtschaft sinken die Verdienstmöglichkeiten, um die sich viel zu viele Menschen bewerben. Diese Menschen nehmen nun alles, was sie »noch zu fressen finden«. Dadurch sinken die Verdienstmöglichkeiten immer weiter, denn die Menschen kaufen nicht mehr so viel und die Arbeitgeber zahlen nicht mehr so viel. Es bildet sich ein Teufelskreis nach unten. Die Verdienstmöglichkeiten schwinden immer schneller, die Anzahl der Arbeitslosen wächst.

Die großen Wirtschaftstheorien suchen in schwierigen Zeiten wie heute stets nach Antworten auf die Frage, wie in solchen Katastrophen reagiert werden könnte. Die Keynesianer, Anhänger der Theorien von John Maynard Keynes, schwören auf staatliche Stützungsprogramme und Zinssenkungen. Der Staat soll notfalls Schulden aufnehmen (*deficit spending*, geprägt vom amerikanischen Ökonomen Abba P. Lerner) und die Wirtschaft durch gezielte Nachfrageerhöhung stützen. Der Staat kann auch neue Stellen schaffen und Arbeitsprogramme auflegen oder neue Beamte ernennen. Dadurch soll ein Abgleiten der Wirtschaft verhindert werden. Im Unglück trägt die Gemeinschaft Sorge.

Ich halte dieser Idee einmal Logik entgegen. Die Aufwärtsbewegung hat in Euphorie dazu geführt, dass die Menschen in rosaroten Zukunftserwartungen schwelgten und eben weit über ihre Verhältnisse lebten. Das muss sich früher oder später rächen und wieder einrenken. Deshalb muss die Wirtschaft wieder hart auf den Boden zurück, einen Bereich, in dem nachhaltig und zufrieden gelebt werden kann. Wenn nun der Staat schon beim ersten Jammer nach dem Hochmutsfall eingreift und die Not mildern will, so versucht er damit doch, das Leben über die Verhältnisse *weiterhin* möglich zu machen! Geht das? Natürlich nicht. Deshalb versagen zu frühe Staatsprogramme, die den Luxus oder einen zu hohen Besitzstand festhalten wollen. Klar? Die Keynesianer scheinen nicht ganz falsch zu argumentieren, aber sie sagen nicht, wo die Unterstützungslinie sein soll. Keynes selbst, anders als die Keynesianer, hat auch gar nie »deficit spending« gewollt, sondern eine antizyklische staatliche Nachfragepolitik gefordert. Die soll in guten Zeiten Rücklagen aufbauen und in schlechten Zeiten notwendige Investitionen nachholen.

In meinen Worten: Wenn die Konjunktur hochschnellt, wenn also die einzelnen Menschen leicht verrückt werden und sich mehr leisten, als sie können, dann soll der Staat wenig investieren, keine Beamten einstellen, keine Autobahnbrücken bauen und keine neuen Waffenprogramme genehmigen. Er soll das Geld dafür zurücklegen. Wenn anschließend die Wirtschaft und die Menschen aus dem Rausch abstürzen, soll der Staat diese Investitionen »nachholen« und damit die Schwankungen im System dämpfen.

Keynes will, dass der Staat vernünftig ist, weil es die Wirtschaft und die Individuen anscheinend nicht sein können. Selbst wenn der Staat vernünftig ist – reicht das?

Indianer sagen: Wenn es sehr, sehr viele Büffel gibt, so isst man trotzdem nur so viel wie sonst. Aber wenn die Menschen über ihre Verhältnisse leben und sich Lohnerhöhungen und Gastarbeiter leisten – werden sie sich dann in einer Demokratie eine vernünftige Regierung wählen? Sie wählen sich doch sicher eine mit den größten Versprechungen. Und die spart niemals für die Not danach. Keynes will in einer Zeit der euphorischen Unvernunft und im Kater danach Vernunft regieren lassen. Keynes war Mathematiker wie ich. Ich verstehe gut, wie er denkt. Es hilft aber nichts.

Die klassische Theorie von Adam Smith lehrt dagegen das Gesetz des Marktes. Dieses Gesetz regiert nach Smith die Wirtschaft, und nichts sonst. Eingriffe der Vernunft erscheinen den Ökonomieklassikern erstens überflüssig und nutzlos, ja, viele sagen, menschliche Eingriffe verzögerten nur den natürlichen Lauf der Dinge. Staatliche Eingriffe würden die Leiden des Marktes im Abschwung eher verlängern und verstärken. (So wie oben geschildert, verpuffen die Eingriffe ja auch wirklich und hinterlassen Schulden.) Adam Smith argumentiert mit seiner berühmten »unsichtbaren Hand«, die das Marktgeschehen weise hin und her führt und immer wieder ins Gleichgewicht zurückbringt. Die Gutsbesitzer essen doch immer gleich viel, auch wenn sie von Gier getrieben sind! Smith schreibt 1759 in *Theorie der ethischen Gefühle*, seinem ersten Werk: Auch *unter ihrer natürlichen Selbstsucht und Raubgier* geschieht dies: *Von einer unsichtbaren Hand werden sie dahin geführt, beinahe die gleiche Verteilung der zum Leben notwendigen Güter zu verwirklichen, die zustande gekommen wäre, wenn die Erde zu gleichen Teilen unter alle ihre Bewohner verteilt worden wäre; und so fördern sie, ohne es zu beabsichtigen, ja ohne es zu wissen, das Interesse der Gesellschaft.*

Der Markt selbst ist hier anscheinend die Vernunft, eben die unsichtbare Hand, die zum Gleichgewicht zurückführt.

Im seinem berühmten Hauptwerk *Der Wohlstand der Nationen (1776)* geht Smith näher auf das Gleichgewicht ein:

Der Wohlstand eines Staates steigt also mit der (arbeitsfähigen) Einwohnerzahl. Um den Faktor Arbeit zu vermehren, muss die Nachfrage nach Arbeit (und damit die Lohnhöhe) so weit steigen, dass die unteren Schichten mehr Kinder aufziehen können. Steigt der Lohn über die zur Aufzucht ausreichender Arbeitskräfte nötige Höhe, so wird ihn die übermäßige Vermehrung bald wieder auf die nötige Höhe herabdrücken. Dies funktioniert auch umgekehrt: Vermehrt sich die »Spezies Mensch« zu stark, so wird ihr durch Nahrungsmittelknappheit eine Grenze gesetzt. Dies geschieht dadurch, dass die meisten der in den fruchtbaren Familien der unteren Schichten geborenen Kinder sterben.

Adam Smith akzeptiert, dass das Gleichgewicht über Tod und Leben der Armen herbeigeführt wird.

Adam Smith starb 1790. Er war mit dem Erfinder James Watt befreundet. Smith erlebte nicht mehr, wie dessen Dampfmaschine auf die in den unteren Schichten geborenen Kinder wirkte.

Mit dem letzten Zitat von Adam Smith will ich Ihnen natürlich grell vor Augen führen, dass das Auf und Ab der Jagd nach den Verdienstmöglichkeiten sehr wohl mit dem Auf und Ab der Räuber und der Beutetiere zu tun hat. Geht es der Wirtschaft gut, vermehren sich Arbeit und Menschen. Geht es ihr schlecht, wird Arbeit zu knapp und Menschen verhungern.

Ist das so zu lautstark? Heute geht es Europa nicht gut. Die Ehen bleiben zunehmend kinderlos oder kinderarm, weil alle arbeiten müssen, um der Not zu begegnen. »Bekommt Kinder!«, appelliert die Regierung an die langfristige Vernunft der Individuen und Paare. »Hilf uns, Staat!«, bitten die in Not Geratenen. Der Staat hat nicht vorgesorgt, er ist verschuldet. Die Einzelnen haben nicht gedacht, dass sie je in Not gerieten.

Wir reden heute ganz verwundert vom entstehenden *Prekariat*, der neuen Armut bzw. der neuen Unterschicht, die sich gerade im so empfunden Überlebenskampf des globalen Wettbewerbs bildet. »Prekariat« – dieses Wort ist bestimmt ein Kandidat für das Unwort des Jahres. Es gibt heute wieder Arbeitsplatzbesitzer und Gelegenheitslöhner, so wie damals Gutsbesitzer und Tagelöhner. Wir erleben eine Zweiteilung der Gesellschaft in neuen Reichtum und neue Armut. Die da oben werden finden, die Verhältnisse sind für sie stabil. Allen da oben geht es gut. Die Gehälter für Manager und Top-Experten, für Stars und Sportler steigen ins Unermessliche. Denen da unten, die »offenbar nicht arbeiten wollen«, wird der Geldhahn zugedreht, denn »sie können nicht unendlich als Schmarotzer durchgefüttert werden«.

Wieder einmal ist es zu spät. Der Kampf um das Überleben im Abschwung wird mit Tunnelblick geführt.

Die Anstrengung der Vernunft ist hauptsächlich im Aufschwung zu leisten. Im Abschwung sind nur noch die Konsequenzen früherer Unvernunft auszubaden. Wer aber ausbadet, ist nicht vernünftig.

Im Kindergarten wird uns aus der Bibel vorgelesen. Wir hören dort alle dies (Genesis 41):

Joseph antwortete Pharao: […] Das ist nun, wie ich gesagt habe zu Pharao, dass Gott Pharao zeigt, was er vorhat. Siehe, sieben reiche Jahre werden kommen in ganz Ägyptenland. Und nach denselben werden sieben Jahre teure Zeit kommen, dass man vergessen wird aller solcher Fülle in Ägyptenland; und die teure Zeit wird das Land verzehren, dass man nichts wissen wird von der Fülle im Lande vor der teuren Zeit, die hernach kommt; denn sie wird sehr schwer sein. […] Nun sehe Pharao nach einem verständigen und weisen Mann, den er über Ägyptenland setze, und schaffe, dass er Amtleute verordne im Lande und nehme den Fünften in Ägyptenland in den sieben reichen Jahren und sammle alle Speise der guten Jahre, die kommen werden, dass sie Ge-

treide aufschütten in Pharaos Kornhäuser zum Vorrat in den Städten und es
verwahren, auf dass man Speise verordnet finde dem Lande in den sieben teu-
ren Jahren, die über Ägyptenland kommen werden, dass nicht das Land vor
Hunger verderbe.

So agieren die Keynesianer faktisch nicht – denn sie wollen erst in der Not Getreide borgen, wenn keines da ist. So agieren die Gutsbesitzer im Sinne der Klassik nach Adam Smith auch nicht – sie zahlen Hungerlöhne und entlassen.

Besonnenheit und Maß im Aufschwung, das wäre es. Die Beutetiere müssten frühzeitig das Jagen einschränken. Das sagt die Vernunft. Tatsächlich aber herrscht der Instinkt, die Gier und die Euphorie im Auf, der Verdrängungskampf im Ab. Phasic Instinct.

Strebt der Markt in ein Gleichgewicht?

Gibt es ein Gleichgewicht zwischen Räubern und Beutetieren? Die Kurve der Bestandsläufe zeigt ein regelmäßiges Auf und Ab. Es gibt die beiden Extreme: Das Hoch, in dem die maximale Zahl von Beutetieren eine noch wachsende Zahl von Räubern anlockt. Das Tief, in dem beide Arten am Ende eines langen qualvollen Niedergangs angelangt sind.

Im Durchschnitt ist die Zahl der Räuber und Beutetiere konstant.

Die im entsprechenden Abschnitt gezeigte Kurve zeigt ein Auf und Ab zwischen den Extremen. Am oberen Punkt vermehren sich die Populationen gerade noch nach Herzenslust, vermehren sich stark, stürzen ab. Am Boden zermürbt erholen sie sich viel später. Was sagt da der Durchschnittswert? Ist er ein Gleichgewicht? Eine gerechte Mitte? Nein, denn der Durchschnitt wird ja förmlich nach unten oder oben durchbrochen, er hat im Prozess des Auf und Ab keine inhaltliche Bedeutung.

Die Extreme sind Endpunkte einer übertreibenden Bewegung. Zwischen ihnen pendelt alles hin und her. Die Bewegung strebt keineswegs auf ein physikalisches Gleichgewicht zu. Im Sinne der Physik ist ein Gleichgewicht ein Zustand der Stabilität. In der Physik bezeichnet »das Gleichgewicht« ein System mit nur kleinen Schwankungen. In der Ökonomie bedeutet »Gleichgewicht« den Ausgleich von Angebot und Nachfrage, der sich automatisch »durch die unsichtbare Hand« über den Preis in effizienten Märkten bildet. Der freie Markt mit dem ausgleichenden Preisregulativ führt also nicht zu einem stabilen Punkt oder einem physikalischen Gleichgewicht, sondern das sofortige Ausgleichen von Angebot und Nachfrage führt zu einer schnelleren Pendelbewegung in den Märkten. Das Hin und Her funktioniert reibungslos!

Die meisten Menschen »des Westens« empfinden diese Schwankungen nicht so extrem, weil sie als Einwohner der Industrieländer traditionell (noch) nicht zur impliziten Manövriermasse des Auf und Ab zählen. Die Gutsbesitzer, die von Adam Smith studiert wurden, sehen natürlich das Leben und Sterben der Unterschichtkinder nur von Ferne, wenn sie aus dem Fenster ins Dorf schauen. Ihre eigenen Einnahmen schwanken nur schwach um einen mittleren Wert, den sie wohl die stabile Mitte oder den Durchschnittswert nennen würden, um den alles pendelt. Daraus kann man eine schöne Gleichgewichtstheorie machen – gerne. Wenn ich aber die Welt aus der Sicht der Unterschichtkinder oder gar aus der Sicht der hungernden Dritten Welt betrachte? Diese Welt schwankt zwischen den Extremen »gutes Leben« und »nackter Tod«. So wie das Wetter im Jahr zwischen Frost und schwüler Hitze schwankt. Natürlich kommen die Temperaturen im Frühling und Herbst kurz am mittleren Wert, der Durchschnittstemperatur vorbei, aber deshalb sind sie nicht ein »physikalisches Gleichgewicht«, das von der unsichtbaren Hand angestrebt wird.

Die Wirtschaftswissenschaften teilen sich in Betriebswirtschaftslehre und Volkswirtschaftslehre. Die Betriebe gehen haushälterisch (oikos wie Haushalt, nomos wie Gesetz, zusammen Ökonomie) und wirtschaftlich mit den so viel besprochenen »knappen Gütern« um. Die Volkswirtschaft bemüht sich um das Verständnis der wirtschaftlichen Zusammenhänge auf allen Ebenen (Mikro-, Makroökonomie). Wie kann das ökonomische Handeln des Menschen verstanden werden? Welches Handeln bringt den größten Nutzen für den Einzelnen? Darüber denken »alle« nach.

Eine viel wichtigere Frage für mich ist: Können wir gemeinschaftliche Richtlinien oder Handlungsmaximen vereinbaren, unter denen die todbringenden Schwankungen gedämpft werden? Können wir jeden Einzelnen zu Selbstverantwortung und Selbstdisziplin führen? Zum Beispiel: »Iss nur so viele Büffel, wie es weise ist.« In heutigen Vokabeln ausgedrückt:

Wie vermeide ich »Phasic Instinct«? Wie schaffen wir dauerhaftes »stabiles Wachstum«? Konsens? Gemeinsamkeit? Was wären gute Rahmenbedingungen dafür?

Wie rüsten wir in fetten Jahren für die mageren?

Bevor ich darüber mit Ihnen nachdenke, zeige ich Ihnen erst, wie wir die Abwärtsbewegungen selbst herbeiführen. »Die Zeiten drehen sich! Es kommt eine schlechte Zeit! Nehmt schnell noch mit, was irgendwo noch greifbar ist!«, sagen wir. Im Grunde schießen wir die letzten Büffel, würden die Indianer sagen. Voller Angst werden die letzten Sardinen in Monterey gefischt, werden heute die letzten Thunfische aus dem Meer geholt. Es ist der Punkt, an dem die fetten Jahre zu Ende zu gehen scheinen. Stress!

Unter Stress zum Prekariat

Dieses Kapitel zeigt Ihnen, wie lang anhaltende Stresszustände die Ökonomie fast nach einem feststehenden Programm zerbröseln. Wir werden von vernünftigen Menschen zu solchen, die alle Ethik vergessen und sich sehr kurzfristig (bis zur Blindheit oder Verblendung) um den eigenen »Erfolg« kümmern und alle anderen ebenfalls mit in den Strudel reißen. Das ist ein Dauerthema des Buches: Der rationale Homo oeconomicus ist allenfalls ein Kunstgedanke für halbwegs gute Zeiten, in denen Rationalität sogar kurzfristig nützt. In schlechten Zeiten regiert die Kopflosigkeit. Kennt die Wirtschaftstheorie Tunnelblick-Menschen? In Lehrbüchern nicht, aber um mich herum wuseln sie gerade.

Wie der Stresslevel so der Mensch

Unter Stress sind wir ungeduldig und eilig. Wir leiden unwissentlich unter einem Tunnelblick nur für das, was jetzt gerade unbedingt getan werden muss. Kein Gedanke mehr an ein Morgen! In dieser Stimmung nehmen wir die Welt nur noch schwarz-weiß wahr und sehen keine Grautöne mehr geschweige denn Farben.

Unter Stress teilt sich alles:

· in Freund und Feind.
· in wichtig und unwichtig.
· in ja und nein.
· zum Schluss in reich und arm.

Merken Sie es heute schon um uns herum? Das Mittlere verschwindet. Die mittlere Qualität in den Läden siecht dahin: Armani oder Aldi bleiben. Die mittleren, normalen Menschen braucht man nicht mehr so recht. Premium-Leistungsträger werden gesucht und viele, viele Aushilfskräfte je nach Bedarf.

Unter dem Dauerdruck von Stress und hoher Arbeitsbelastung kommt es zu aggressivem Verdrängungswettbewerb. Er ist wie Krieg. Es gibt wenige Sieger und viele Verlierer. Unter Stress sagen wir: »Ich hatte es so sehr eilig – aber keiner wollte mich vorlassen! Alle sind so rücksichtslos. Das merke ich mir, ich will jetzt auch rücksichtslos sein. Ich kann es mir offenbar nicht leisten, nicht rücksichtslos zu sein.« Das ist schon wie der Beginn von Kriegshandlungen. Sie führen zu gegenseitigen zermürbenden Verlusten. Diese Teufelsspirale ist Thema dieses Kapitels. Sie führt zum Niedergang bzw. zur Bildung eines großen Prekariats.

Ich beginne in diesem Abschnitt ganz harmlos mit ein paar Beispielen aus dem Alltag. Die sind noch »neckisch«. Aber Sie drücken schon das Typische aus, wie ich es Ihnen im wirtschaftlichen Leben darstellen möchte. Fangen wir an:

Sonntag. Sie wollen duschen, es ist schon spät. Die Sonne scheint. Der Duschhebel steht noch in der optimalen Stellung vom Samstag – genau die richtige Temperatur. Sie schalten an, das Wasser rauscht. Es ist noch zu kalt, da räumen Sie noch ein bisschen, finden sich im Spiegel attraktiv, vergessen ein bisschen die Zeit – ach ja! Duschen! Es ist schon wohlig warm – optimal. Sie duschen und summen ein Lied.

Montag. Monday, Monday! Sie wollen duschen, es ist schon spät. Der Duschhebel steht noch vom Sonntag optimal! Das Wasser ist aber noch zu kalt, als Sie blitzschnell und mürrisch in die Duschkabine springen. Schnell! Mist, zu kalt! Sie reißen den Hebel auf Heiß. Es wird augenblicklich wärmer. Dann sehr heiß. Mist, die Haut schmerzt. Sie pegeln hinunter. Mist! Zu kalt. Es ist zum Verzweifeln!

Ich will sagen: Wie Sie duschen, hängt von Ihrem Instinkt, Ihrem gefühlten Stress oder Ihrem Gelassenheitsgrad ab. Am Sonntag sind Sie eher zu sorglos, trödeln ein bisschen und verschwenden Wasser. Am Montag soll alles sehr schnell gehen, und Sie brechen die Sache übers Knie. Das machen Sie jeden Montag Ihres Lebens. Haben Sie schon einmal nachgedacht, was

»optimal« wäre? Sie können es versuchen, aber das schnelle Einstellen auf eine gewünschte Temperatur ist ein auch mathematisch sehr anspruchsvolles Problem. Es ist so irre schwer, dass es sich nicht lohnt, viel Geist daran zu verschwenden. Das tun die Mathematiker aber sehr wohl, wenn sie zum Beispiel Hochöfen auf die richtige Temperatur anheizen. Dazu kocht man das Erz einen Tick zu schnell an, so dass die Temperatur ein bisschen höher schießt als gewünscht. Das spart Zeit – und dann wird Schrott hinzu geworfen, damit sich die Erzmischung um das Bisschen zuviel abkühlt. Es ist aber auch dort ein Kunsthandwerk, möglichst schnell alles bereit zu haben. Im Stahlwerk bedeutet das optimale Anheizen viel Geld – das versteht sich von selbst!

Solche Beispiele kann ich zuhauf anführen. Am Sonntag bei Sonne fahren die Sonntagsfahrer gemütlich umher und betrachten relaxt die schöne Landschaft. Sie wenden Zeit für Seelenruhe auf. Am Montag fahren sie in großer Eile Rennen, was zu Staus führt. Immer am Montag sind die Staus am größten! Am Freitagnachmittag auch! Hupen, drängeln, jeder der Erste im Stau! Es gibt Untersuchungen, wie man optimal fahren könnte – etwa ganz ruhig im Tempo 90, wie es in Amerika üblich ist. Nein, wir fahren je nach Stimmung! Hinfahrten sind oft ein Martyrium, weil das pünktliche Eintreffen wichtig ist. Die Rückfahrt ist stressfrei, weil es nicht so darauf ankommt, wann wir zu Hause sind. Dauert die stressfreie Rückfahrt länger? Ich glaube nicht.

Neulich durfte ich einmal ein paar Flugminuten das Fliegen eines Jumbos 777 im Flugsimulator der Lufthansa im Frankfurter Flughafen üben. Der Fluglehrer hat uns gesagt, wir sollen starten. Das ist einfach. Ich bin schon nach einigen Sekunden ganz euphorisch geworden. Ich bin oben in der Luft eine Runde geflogen, das war schön und ganz einfach. Dann sollte ich landen. Unten an der Landebahn sieht man von ganz weitem sechs Scheinwerfer. Wenn drei davon leuchten, ist das Flugzeug optimal in der Einflugschneise. Wenn mehr oder weniger aufleuchten, ist das Flugzeug zu hoch oder zu tief. Ich muss dann als Pilot gegensteuern. Ich hab das genau wie beim Duschen angestellt. Hochreißen! Runterdrücken! Hoch! Runter! Ich habe gedacht, der Jumbo ist so ähnlich wie ein Auto, das ja auf Lenkversuche sofort reagiert. Ein Jumbo reagiert erst gar nicht, aber dann doch! Er ist schwerfällig wie ein Flugzeugträger oder eben eine Dusche. Ich verlor die Kontrolle. Zuerst über das Flugzeug. Es bockte wie bei einem Rodeo. Überall begannen Lämpchen zu blinken. Warntöne! Es wurde hektisch und laut. Ich drehte innerlich durch. Der Fluglehrer war der einzige, der noch wusste, dass wir im Simulator saßen. Mir wurde physisch bange. Dann crashte ich den armen Jumbo auf der Frankfurter Landebahn. Mensch, da war mir ganz anders, sage ich Ihnen! Der Trainer lächelte. Ich fühlte mich vernichtet und musste einen neuen Versuch starten. Beim zweiten Mal war ich beim Landeanflug wieder falsch dran, ich tippte das Steuer ein klein wenig, der Jumbo gehorchte wie gewünscht! Ich konnte das Flugzeug buchstäblich ganz entspannt »mit einem Finger« sicher landen. Es reagiert mit einer Verzögerung wie ein Auto. Fliegen ist kinderleicht! Ich war erneut ganz euphorisch. Ich war plötzlich ganz sicher, dass ich es wie im Film auch mit einem echten Flugzeug schaffen würde. Es war ja praktisch »ein echtes Flugzeug« im Simulator. Der Trainer sagte: »Sie müssen jahrelang üben, bis Sie wirklich gut sind. Aber der Lernhöhensprung vom ersten zum zweiten Mal ist irre groß. Nach dem ersten Aha lernen Sie nie mehr so viel in einem einzigen Augenblick. Dann müssen Sie jedes kleine bisschen Erfahrung lange üben.« – »Jahrelang?«, fragte ich. Und da flogen wir noch eine dritte Runde im Nebel mit starkem Seitenwind, plötzlichen Böen und so weiter, so dass uns die schiere Angst packte. Wieder ein Crash. Okay, wir lernen doch besser noch jahrelang.

Sorglosigkeit ist nicht so gut, wenn es optimal laufen soll. Verbiesterung auch nicht. Das »echte« Optimum muss man irgendwie in den Körper bekommen. »Ins Gefühl.« Das mathematische Optimum aber ist selbst für einen Computer schwer zu finden.

Fliegen können Sie lernen! Duschen auch. Ich kann Ihnen außerdem erklären, dass Sie vor dem Aufzug in großer Eile ausschließlich den Knopf »Hoch« beim Aufzug drücken sollten, wenn Sie hoch wollen. Sie sollten aber nicht auch noch »Hinunter« drücken! Entweder ist ein Aufzug frei, dann kommt er, weil Sie hoch wollen. Oder es ist keiner frei, dann aber hält einer zusätzlich, der gerade hinunterfährt und denkt, er nimmt sie noch mit. Dadurch kommt es zu einem unnützen zusätzlichen Halt, der die Anlage belastet. Wenn viele Leute beide Knöpfe drücken, arbeitet die Anlage zu großen Prozentsätzen unsinnig. Leider kommen die meisten Leute erst auf die Idee, beide Knöpfe zu drücken, wenn sie das Gefühl haben, dass die

Anlage bereits überlastet ist. Sie sind ungeduldig wie beim Duschen. Wenn also die Anlage zu 90 Prozent ausgelastet ist, drücken viele Leute beide Knöpfe, damit die Anlage noch 20 Prozent mehr arbeiten muss. Verstehen Sie? Ich stehe vor einem Aufzug, vor dem sich mehrere Menschen sammeln, weil er überlastet ist. Plötzlich zuckt eine ungeduldige Hand hervor und drückt auch nach unten. Zwei Drittel der Wartenden stöhnt innerlich auf. Dumm! Jemand sagt: »Es geht dadurch nicht schneller!« Die Antwort ist: »Langsamer bestimmt auch nicht!« Dumm!

In diesem Beispiel steckt viel Erkenntnis über die Ökonomie an sich. Ein bisschen Dummheit, Ungeduld oder Raserei (wie beim Autofahren) überall und ein überlastetes System bricht zusammen. Ein überholender LKW in kritischer Verkehrslage kostet Tausende Menschen eine Stunde ihres Lebens. Ein kleiner Prozentsatz von Ladendieben beschert uns Überwachungskameras wie in einem Polizeistaat. Nur ein paar Mörder kosten Unsummen an Kriminalbeamten. Das Unsolidarische, Unethische, Schlaue, Trickreiche, Listige kostet uns Unmengen von Geld! Ein paar gerissene Geduldsfaden, erlittene Ungerechtigkeit, Protest in Not oder der Terror überlastet das System bis zum Crash ... Viele Strategien im Management sind schlau, überlisten den Wettbewerb, schlagen der Konkurrenz ein Schnippchen, laden Arbeitslose auf das Staatssäckel ab. Alle agieren einzeln vermeintlich klug, manche überklug – es ist heute en vogue, an die Grenzen zu gehen oder sie zu überschreiten, wenn gerade keiner zuschaut. Leider kommt es dadurch zu einem Crash des Systems ... Alle reißen – bildlich gesprochen – an den Duschhebeln in einem Hotel, an dem um acht Uhr morgens die Warmwasseranlage überlastet ist. Ist Wirtschaft meistens »wie Montag«?

Beim Duschen, Autofahren, Fliegen, Managen gibt es optimale Lösungen für das Ganze. Kennt die jemand? Kümmern sie jemanden? Und schlimmer noch: Hilft das Wissen um das Optimale überhaupt, wenn es nicht alle wissen oder wenn manche trotz des Wissens ausscheren aus »Schlauheit« oder List? Kann ein Unternehmer weise wirtschaften, wenn alle Welt sonst durchdreht? Können Sie im Stau vernünftig fahren? Je mehr Menschen beteiligt sind, umso stärker hängt das System von der durchschnittlichen Intelligenz ab! Nicht mehr von Ihrer eigenen! Große Dummheiten kosten Unsummen, etwa globale Dummheiten in einer globalisierten Welt. Hohe Intelligenz hat Mühe, überhaupt erkannt zu werden (siehe Aufzugbeispiel).

Auch wenn feststeht, wie etwas bestmöglich zu tun wäre – wenn wir unter Stress stehen, suchen wir einen Trick, eine Abkürzung, eine Schummelei oder etwas Schmerzfreies. Es ist Not! Es handelt sich um eine Ausnahme! Weil aber alle unter Stress so handeln, ist die Welt so herzlich mäßig, wie sie ist. Karriere, Autofahren, Parkplatzsuche, Schlangestehen, Aufsatzschreiben, Sex, Gesundheit – immer gibt es so etwas wie einen richtigen Weg und dann einen für den Fall, dass es die Eingeweide ganz eilig haben.

Im normalen Leben gibt es immer etliche Egoisten, Stress hin oder her, die stets machen, was sie wollen. Aber unter Stress fühlen wir uns so ziemlich alle zu einer Ausnahmehandlung berechtigt. Leider funktioniert dann bei *allgemeinem* Stress das System nicht mehr. Ein Einzelraser kommt irre schnell ans Ziel. Wir fluchen. »Er fährt einfach so bei Rot!« Ein einzelner Egoist rafft alles an sich. Ein Chef erzählt, er allein habe alles geleistet. Wir sind neidisch. Einzelne haben Erfolg, weil sie das System missbrauchen oder sich nicht an die kulturellen Regeln halten. Wir sehen jeden Tag, dass Menschen unter Stress eine Ausnahme für sich geltend machen und damit besser abschneiden. »Ich konnte wegen Überlast nicht kommen. Schön, dass ihr jetzt meine Arbeit mit erledigt habt! Danke!« Ladendiebe lassen etwas mitgehen, Einzelne erschwindeln Arbeitslosenunterstützung, Studenten schreiben bei Prüfungen ab, Große drängeln sich vor. »Entschuldigung, es ist so ein Stress!«, argumentieren sie. Die Stressfreien scheinen die Zeche zahlen zu müssen. Sie fühlen sich wie »der Dumme«. Der Schummler aber »war schlau«.

Wenn »wir Ehrliche« dem Treiben und dem Erfolg des Egoismus ein bisschen zugesehen haben, dann reißt uns irgendwann auch der Geduldsfaden. Wir sagen: »Jetzt will ich so rücksichtslos sein wie alle.« Wie schon gesagt, in diesem Augenblick, wo alle rücksichtslos sein wollen, beginnt der Krieg.

Unter Hochdruck pervertiert das Denken. Das Ganze wird verdrängt, das Egoistische dominiert.

Ich verdeutliche Ihnen diese einfachen Gedanken nun im echten Wirtschaftsalltag. Ich beginne mit der Schilderung des normalen Schweinezyklus, der aus naivem Egoismus im Auf und gestresstem Bremsen im Ab entsteht. Dann kommen die Manager der Schweinefabriken und verstärken diese Tendenzen, indem sie noch mehr Stress auf das System laden. Am Ende gibt es Gammelfleisch und Polizeikontrollen, Betriebszusammenbrüche und Hungerlöhne.

Der Schweinezyklus

Das Wort Schweinezyklus kennen wir, seit 1928 Arthur Hanau seine Dissertation *Die Prognose der Schweinepreise* publizierte. Er wurde damit zum Begründer der landwirtschaftlichen Marktforschung in Deutschland. Der Schweinezyklus ist ein erstes Lehrbeispiel für das Zusammenspiel von Angebot und Nachfrage. Heute ist der Schweinezyklus für fast alles beschrieben worden. Für Immobilien und Mitarbeiter gibt es Zyklen lokaler Schlauheit – und wir kennen schon lange die Wörter *Lehrerschwemme* und *Studentenberg*. Lassen Sie mich den Zyklus kurz an den Originalschweinen beschreiben.

Irgendwann – so beginnt der ganze Jammer – sind aus unerfindlichen Gründen die Schweinepreise sehr hoch. (Wir sehen gleich, dass die Gründe gar nicht unerfindlich sind, sondern dass sie nur in der Natur des Zyklus liegen.)

Die Bauern reiben sich die Hände. Sie verdienen gut. Da juckt es sie natürlich (das ist die lokale Bauerschläue im Bauch, dieses Jucken!), mehr Schweine zu züchten. Sie kaufen mehr Jungsauen als sonst zu, deren Preise daraufhin steil ansteigen. Sie verkaufen keine weiblichen Schweine mehr an andere, das verknappt das Angebot weiter, so dass die Preise für Schlachtschweine weiter anziehen. Die Kühlhäuser leeren sich. Da juckt es die Besitzer des rasch an den Handel abfließenden Kühlfleisches, es nur zögernd zu verkaufen. Sie spekulieren ein bisschen. Das treibt die Preise noch weiter hoch. Die Verbraucher seufzen, kaufen aber noch, bevor sie irgendwann später auf Huhn umsteigen. Inzwischen werden viel mehr Ferkel geboren. Sie werden aufgezogen – das Futter wird teurer, weil nicht so viel Futter produziert worden ist. Die Zucht wird teurer, weil die Futterpreise steigen. Das alles dauert ein paar Monate, weil man ja Schweine nicht herzaubern kann. Inzwischen sind die Verbraucher die hohen Preise leid und essen mengenmäßig *weniger* Schweinefleisch. »Ich kaufe immer ein Schnitzel für 1 Euro, mehr gebe ich nicht aus.« Und dann überschwemmen die vielen Schweine den Markt, der eher weniger aufnimmt als vorher. Die Preise fallen sofort. Die Kühlhäuser füllen sich wieder. Die armen Bauern schlittern in Verluste, weil sie teures Futter gekauft haben und nun ganz unrentabel arbeiten. Die Preise fallen immer schneller. Die Bauern bekommen Angst. Es werden weniger Schweine oder gar keine mehr gezüchtet, weil das Futter so teuer ist. Derweil drücken die schon schlachtreifen Schweine auf den Markt. Das Schweinefleisch gibt es bald fast geschenkt. Die Verbraucher sind froh darüber, essen nun wieder mehr und mehr Schweinefleisch, weil inzwischen Huhn teurer wurde, weil Schweinfleisch gemieden wurde. »Ich kaufe das Schnitzel immer so für 1 Euro.« Plötzlich ist der Schweineberg ganz weggegessen. Nun sind nur wenige Schweine groß geworden, weil die Bauern das Züchten eingeschränkt haben. Die Verbraucher essen aber gerade sehr viel davon. Die Preise steigen deshalb wieder an. Die Bauern wundern sich. Dann reiben sie sich die Hände. Da juckt es sie, wieder mehr Schweine ...

Haben Sie es gemerkt? Es ist wie im Flighttrainer. Der Jumbo reagiert mit Verzögerung. Wenn Sie am Steuer reißen, verursachen Sie einen Crash. Sie müssen ganz feinfühlig sein, ganz ausgeglichen, dann geht alles wie von selbst. Wie ein Jumbo ist auch die Schweinezucht behäbig träge. Wenn die Bauern einfach nachdächten, dass die Leute ja immer etwa gleich viel Fleisch essen – ja dann würden sie nicht so hektisch hin und her handeln. Wenn die Bauern stabil produzieren und die Verbraucher stabil essen würden, wäre die Welt gut und in Ordnung. Wenn sich aber die Verbraucher plötzlich eine Vogelgrippe einbilden, Schweinepestfilme anschauen, durch Indiskretion die chemische Zusammensetzung von Wurst erfahren oder wenn die Bauern plötzlich mehr oder weniger Schweine züchten, dann geht die Balance wie beim Jumbo verloren und es gibt ein Unglück – so oder so. Das Problem der lokalen Schläue besteht darin, dass alle gleich schlau sind und einen Systemcrash oder eine prozyklische Katastrophe auslösen.

Wie verhindert man Schweinezyklen (im Englischen Porc Cycles)? Das ist eine gute Frage. Mein Vater war Bauer. Wir hatten gutes und schlechtes Wetter, gute und schlechte Ernten. Wenn die Ernten schlecht waren, glichen gestiegene Preise das Elend etwas aus. Wenn die Ernten sehr gut waren, trübten die schlechten Preise etwas die Stimmung. Es ging auf und ab je nach Regen, Hagel, Klauenseuche und Wind. Wir lebten damit. Es gab fette Jahre und magere Jahre, für die wir wie Josef in Ägypten Ersparnisse auflösten. Das wissen Bauern seit jeher. Die Zeiten wurden erst instabil, als die Ökonomie über die Landwirtschaft hereinbrach, als jeder Bauer bei jeder Schwankung begann, mit lokaler Schläue zu reagieren. Die Gelassenheit wurde vom Gewinninstinkt verdrängt. Seither ist, wie man neudeutsch sagt, die »Volatilität der Märkte gestiegen«. Das ganze Geschehen ist rastlos und hektisch geworden. Die Zyklen verschärfen sich durch unvernünftige Gier und nachfolgende Depression. Das will ich im Folgenden darstellen. Die Zyklen schaukeln sich nämlich schon dann auf, wenn nur einige ganz wenige Marktteilnehmer »sehr schlau« sind und Unruhe schaffen. Der vernünftige Einzelne ist offenbar machtlos.

Sehen Sie sich einmal schlaue Wirtschaftsstudenten beim Bierspiel an. So handeln die Manager von morgen, wenn man sie zu Hochleistungen aufhetzt.

Der Instinkt im Bierspiel

In den sechziger Jahren entwickelte die Sloan School of Management am MIT das so genannte Bierspiel. Es simuliert einen ganz kleinen mehrstufigen Markt mit einem einzigen Produkt, dem »Lover-Bier«. In vollem Detailgrad finden Sie das Spiel von Peter Senge in seinem wundervoll einsichtigen Buch *Die fünfte Disziplin* oder *The Fifth Discipline* beschrieben. (Dieses Buch gibt so unbedingt vernünftigen Rat, dass er unter Instinktmanagern absolut nicht umsetzbar ist. Instinktmanager hupen nämlich doch im Stau und hoffen, dass alle beiseite fahren – mit dem vollen Wissen, wie optimal langsam zu fahren wäre!)

Kurz die Regeln des Spiels: Verbraucher kaufen Bier an verschiedenen Kiosken. Die Kioske bestellen das Bier beim Großhandel, der wiederum bestellt das Bier direkt bei der Brauerei. Jeder Spieler bekommt beim Bierspiel eine dieser verschiedenen Rollen zugewiesen. Er ist Kioskbesitzer, Großhändler oder Brauer. Als solcher gibt er Bestellungen auf und versucht, möglichst viel Gewinn zu machen. Die Bestellungen brauchen auf jeder Stufe ihre Zeit, die Logistik zum Heranschaffen des bestellten Bieres ebenfalls. Wenn man also im Spiel etwas bestellt, wird erst vier Wochen später geliefert. Wie beim echten Schweinezyklus ist also eine Verzögerung in dieses Spiel eingebaut.

Die Kundennachfrage wird vom Spielleiter gesteuert. Er sendet Kunden zum Kaufen von Lover-Bier an die Kioske. Natürlich weiß niemand, wie viel die Kunden in der Zukunft davon kaufen werden. Die Kioske, Großhändler und die Brauerei agieren unabhängig voneinander, sie reden also nicht miteinander – wie im wirklichen Leben.

Sie sind alle lokal schlau.

Der Spielleiter lässt nun Woche für Woche vier Kästen Bier bei jedem Kiosk kaufen. Das System pendelt sich ein. Jeder Kiosk bestellt jede Woche vier Kästen Bier nach. Dann lässt der Spielleiter plötzlich ab einem bestimmten Zeitpunkt die Kunden immer die doppelte Menge von acht Kästen Bier an jedem Kiosk pro Woche kaufen und ändert diese Strategie nicht mehr bis zum Ende des Spiels. Wenn die Kunden etwa drei Wochen die doppelte Menge abnehmen wollen, gibt es zusätzlich für alle Spieler vom Spielleiter die erklärende Meldung, dass es einen Werbespot gibt, bei dem das Lover-Bier unabsichtlich vorkommt. Das erklärt, dass nun so lange doppelt so viel Bier gekauft wird, wie der Spot im Fernsehen läuft.

Achtung: Die Spieler kennen die Änderung der Nachfrage auf das Doppelte *nicht!* Die hat der Spielleiter heimlich vorgenommen. Die Spieler sehen jeweils nur, was bei ihnen an Käufen oder Bestellungen hereinkommt. Sie wissen nur, dass etwas los ist. Sonst nichts. Die Kioske sehen nur, dass nun die doppelte Menge gekauft wird. (Ich verrate Ihnen dies hier persönlich nur deshalb vorher, damit ich es besser beschreiben kann.)

Typischerweise kommt es im Spielverlauf so: Der Kioskbesitzer merkt, dass sein Lager schrumpft, denn plötzlich wollen alle mehr Lover-Bier. Er bestellt also mehr Bier nach. Wenig später kann er nicht mehr richtig liefern, weil seine höhere Bestellung wegen der Verzögerung im System ja erst nach vier Wochen kommt – so lange kommt nur die niedrige Menge von vier Kästen. Die Kunden maulen herum. »Schon wieder kein Lover-Bier da!« Manche Kunden bestellen vor. Das macht den Kioskbesitzer nervös und er bestellt zur Sicherheit viel mehr Bier.

Nach vier Wochen kommt endlich einmal die doppelte Menge, die er bei der ersten Mehrbestellung geordert hat. In den folgenden Wochen aber, für die er schon ganz viel Bier bestellt hat – kommt nur ganz wenig oder gar nichts! Er wird auf den Großhandel wütend, die Kunden klagen. Er bestellt noch mehr …

Schauen wir zu den Großhändlern: Diese bekommen plötzlich doppelt so viele Bestellungen und mehr, nachdem die Nachfrage der Kioske anzieht. Sie sehen, dass ihre Lager schrumpfen. Noch etwas später nehmen die Bestellungen der (nun ganz ungeduldigen) Kioskbesitzer deutlich auf mehr als das Doppelte zu. Dadurch leert sich das Lager rasant. Die Großhändler spüren, dass ihnen ein großes Geschäft winkt und ordern bei der Brauerei große Mengen von Lover-Bier, um liefern zu können, wenn bestimmt bald alle nur noch Lover-Bier wollen. Die Großhändler sind immer noch verwirrt und wissen gar nicht, warum plötzlich alle so viel Lover-Bier trinken wollen. Sie wissen nicht, dass die Kioskbesitzer viel zu hoch ordern, weil sie alle »lokal schlau« gehandelt haben! Die Großhändler ahnen das nicht und denken im Ernst, dass es allein die steigende Kundennachfrage ist, die den Absatz treibt! Da aber die Großhändler ebenfalls lokal schlau sind, ordern sie noch optimistischere Mengen an Bier.

Schauen wir zur Brauerei: Die Brauerei bekommt ganz plötzlich irre hohe Bestellungen von den Großhändlern. Die Großhändler sind ihrerseits lokal schlau und bestellen viel mehr als sie wirklich brauchen. Es juckt sie wie den schlauen Bauern. Das Lager der Brauerei ist daraufhin fast schlagartig leer. Nun muss sofort die Produktion hochgefahren werden. Die Brauerei stellt neue Leute ein. Jemand träumt von ganz neuen modernen Groß-Produktionsanlagen. Die Augen leuchten.

Zurück zu den Kioskbesitzern: Weil sie alle so irre viel aus Ungeduld bestellen, sind in kurzer Zeit alle Lagerbestände weg. Deshalb bekommen die Kioske trotz hoher Bestellungen nur wenig oder gar kein Bier geliefert. Wir wissen als Beobachter, warum. Die Brauerei produziert insgesamt in der ersten Phase des Bierspiels immer so viel, dass jeder Kiosk seit vielen Jahren vier Kisten pro Woche bekommt. Mehr wird ja nicht verkauft! Nun aber wollen die Kunden am Kiosk doppelt so viel. (Das weiß die Brauerei nicht!) Das kann logischerweise erst gehen, wenn doppelt so viel produziert wird. Und das dauert lange! Das aber – noch einmal deutlich unterstrichen – wissen nur wir! Sie, der Spielleiter und ich.

Im normalen Leben sehen die Spieler nur sich selbst. Sie denken nicht über das System nach. Normale Vernunft sagt, dass die Brauerei nach einiger Zeit gar nicht liefern kann. Sie muss erst die Produktion umstellen. In 2005 bin ich überall Beck's Green Lemon suchen gegangen, weil meine Tochter das so toll fand. Es war deshalb natürlich überall ausverkauft. Drei Monate lang gab es nur welches im ganz kleinen Edeka, wohin der Hype offenbar nicht schwappte. Ich war echt stolz, meiner Tochter einen großen Gefallen für ihre Party tun zu können. Jetzt gibt es überall fassweise Beck's Lemon, ich schaue es nicht mehr an. Ich will sagen: Jeder optimiert sich selbst.»Ich will es jetzt!« Im Bierspiel will der Kiosk die Kunden bedienen. Deshalb ordern die Spieler im Bierspiel immer mehr und mehr, aus reiner Ungeduld und aus Ärger. Ich nenne es hier lokale Schläue oder Instinkt. Senge berichtet in seinem Buch von Spielrunden, in denen Kioskbesitzer bis zu 40 Kisten pro Woche orderten, obwohl Woche für Woche nur acht gekauft wurden. Die Gier brennt durch! Ich habe damals zur Sicherheit für Anne gleich einige Six-Packs Lemon gekauft, aber sie trinkt selbst ganz wenig. Das wusste ich nicht. Ich werde nervös, weil ein Verfallsdatum draufsteht. Das erinnert mich an mein väterliches Desaster vor vielen Jahren, als Alete Rind in Gläschen so irre billig war und ich es in Paletten kaufte. Anne hatte es so gern. Leider aß sie dann bald darauf gar nichts mehr aus irgendwelchen Gläschen. Gier brennt durch!

Wenn die Instinktbestellungen der Kioskbesitzer beim Großhandel eintreffen, glaubt der, dass geradezu eine Lover-Bier-Sucht in der Bevölkerung ausgebrochen sein muss. Instinktiv bestellt er Massen bei der Brauerei und noch einmal viel mehr, als er erfährt, dass die Brauerei gar nicht liefern kann.

Die Brauerei bekommt so irre hohe Bestellungen, dass sie neue Anlagen in Betrieb nimmt und Leute einstellt – Sie merken schon: auch die Brauerei reagiert aufgeregt und instinktiv. Irgendwann wird die Brauerei fünfmal, zehnmal so viel Lover-Bier brauen wie sonst!

Und nun kommt die wirkliche Katastrophe: In dem Augenblick, an dem die Brauerei nach vielen Wochen die Produktion panikartig hochgefahren hat, liefert sie in kurzer Zeit so viel Bier, dass sie alle Lieferrückstände aufholt. Die Lager des Großhandels füllen sich mit zuviel bestellten Kästen. Die Überbestellungen der Kioskbesitzer sind bald ganz ausgeführt, die Kioske sind mit Lover-Bier-Kästen zugemauert. Die Kunden kaufen an den Kiosken nach wie vor, bis in alle Zeit, acht Kisten pro Woche, so lange der Spot im Fernsehen läuft. Erste Reaktion: Die Kioskbesitzer bestellen nun für viele Monate gar kein Bier mehr! Sie warten mit Neubestellungen so lange, bis die Biermassen an Kunden abgeflossen sind – acht Kisten die Woche! Nun merken die Großhändler, dass überhaupt niemand mehr bestellt. Was ist da los? Die Lager sind wegen ihrer eigenen Gierbestellungen überübervoll. Keine einzige Bestellung von den Kiosken mehr. Null Komma Null. Woche für Woche Null Komma Null. Die Brauerei liefert und liefert. Die Großhändler geraten in Panik und bestellen auch nichts mehr.

Plötzlich sieht die Brauerei, die nun fünfmal mehr produziert als sonst, dass die Bestellungen überall Null Komma Null sind. Sie brauen noch etwas weiter und denken, es müsse ein Irrtum sein. Denn die Kunden trinken doch noch! Dann ist Totenstille. Der Konkursrichter kann die Brauerei abholen kommen.

Seit Jahrzehnten ist das Bierspiel nun von vielen Studentengenerationen Runde um Runde ausgetragen worden. Immer reagieren die Studenten instinktiv, aus dem Bauch heraus. Es kommt zu regelmäßigen Desastern. Wenn man sie das Denken im ganzen System lehrt – wenn man sie aufklärt, wie sie alle selbst das Unglück erzeugen, weil sie blind für das ganze (kleine) System sind, erst dann können sie lernen, besser zu werden. Dann können sie die Unheil bringenden Schwankungen der Märkte eindämmen. Ja, wenn nur alle an einem Strang zögen! Das Problem besteht darin, dass jeder im System dazu neigt, sein eigenes Problem lokal schlau zu lösen. Keiner denkt an die Auswirkungen seiner Entscheidung auf den anderen. »Das ist mein Bier!« So wie Raser auf der Autobahn einen Stau für alle verursachen, ruiniert sich eine ganze Lieferkette. Am Ende produziert die Brauerei gar nichts mehr, und alle Höfe und Lager stehen voller Lover-Bier.

Was passiert hier eigentlich? Ich formuliere es penetrant noch einmal mit dem am Anfang gebrauchten Wort »rücksichtslos«. Alle Beteiligten handeln nur für sich selbst. Den Kioskbesitzer leitet beim Überbestellen der naive Gedanke, schlauer als andere zu sein und dadurch in Vorteil zu kommen. Das ist keine direkte Rücksichtslosigkeit wie beim Drängeln im Straßenverkehr. Es ist eine verdeckte Rücksichtslosigkeit. Jeder kämpft gegen alle anderen, ohne sie zu sehen. Alle wollen gemeinsam eine kontinuierliche Bierversorgung, so wie alle Verkehrsteilnehmer einen geregelten, fließenden Verkehr brauchen. Sie verstehen nicht, dass diese Gemeinsamkeit unter falsch verstandenem Wettbewerb zusammenbricht.

Wenn aber das System zusammenbricht, bemerken alle im System, wer die Schuldigen sind: Jeweils die anderen, die sie erst naiv übervorteilen wollten.

Die Kioskbesitzer sind glühend böse, weil der Großhandel am Anfang nicht liefern kann und dadurch die Kunden bei ihm klagen. Er sieht jetzt die anderen Kioske als Feinde an, die ihm das Bier wegbestellen, indem sie durch unsinnig hohe Bestellungen eine bessere Priorität erhalten könnten. Er muss sie mit noch höheren Bestellungen übertrumpfen!

Überall ist es die schlaue rücksichtslose Gier, die zu Teufelszyklen führt! Und wenn wir dann wegen der später einsetzenden vernichtenden Logik viel Geld verlieren, schimpfen wir auf die jeweils anderen. Die anderen Kioske und Großhändler sind unser Feind schlechthin. Die Brauerei hat keine Ahnung, was die verrückten Händler tun. Alle sind unfähig! Und der letzte unwiderlegbare beste aller Vorwürfe lautet: »Das ganze System ist schlecht.« Die Autobahnen sind am Stau schuld. Mit diesen Hassgefühlen dämpfen wir unsere Wut.

Kennen Sie das? Von sich selbst? Ich möchte Ihnen jetzt zum tiefen Nachdenken und als Schocktherapie diese eine wichtige Erkenntnis mitgeben:

Aus der Erfahrung wird nichts gelernt. Die Erfahrung der Niederlage im Bauch lehrt uns, dass alle anderen schuld sind. Sie lehrt uns nicht, kollektiv auf lokale Schläue zu verzichten. Sie lehrt nicht, dass jeder im Systeminnern eine Mitverantwortung für das Funktionieren des Systems wahrnehmen muss.

Wir können aus den Desastern nur dann lernen, wenn wir alle das System im Nachhinein verstehen und erkennen, wie alles dazu kam, was wir erlebten. Das tun wir nicht. Deshalb nützt die Erfahrung einer Euphorie (»Alle

wollen Lover-Bier!«) und einer Depression (»Sie haben uns hineingelegt.«)
gar nichts. Wir reagieren als Herde oder Masse – rein aus dem Bauch. Wir
nennen das Handeln im Bierspiel wirtschaftliches Agieren. Die Spieler, die
aus Gier zu viel bestellen, werfen sich in die Brust und verkünden stolz, sie
seien *proaktiv*. Proaktivität heißt Handeln in Vorausschau, nicht Handeln
in aggressivem Aktionismus. Aber die Aggressiven sagen, sie seien proaktiv.
Die anderen haben sie hineingelegt. Beim nächsten Mal werden sie noch
viel aggressiver reagieren. Das ist vielleicht das einzige, was wirklich gelernt
wird – nämlich: die gleichen Fehler noch stärker und aktiver zu begehen.
»Das nächste Mal bestelle ich noch früher mehr.«

Es gibt eine ganz simple Strategie für das Bierspiel. Die ist idiotensicher:
»Bestelle immer das nach, was in der letzten Woche gekauft wurde.« Ein
solcher Kioskbesitzer bestellt eben acht Kisten statt vorher vier. Er hätte
im Spiel einige Wochen gar nichts geliefert bekommen, weil ja die Lager
leer waren. Dann hätte er mit der Zeit wieder acht Kisten die Woche bekommen. Das geht, oder? Senge schreibt, dass diese Strategie nicht die
beste ist, dass aber Kioskbesitzer mit dieser Strategie meist im besten
Viertel liegen. Mitten im Krieg ist stoische Gelassenheit ganz gut!

Der absolute Sieger des Spiels ist sehr oft jemand, der lokal schlau, instinktiv und aus anderer Sicht rücksichtslos handelt. Da der Sieger von
allen öffentlich gesehen wird, lehrt uns die Erfahrung, dass sehr, sehr oft
das Wagnis, die Gier oder der blinde Mut siegen. Wir lernen vor allem:
»Man muss als absolut allererster blitzschnell genau das Richtige tun. Wer
nachdenkt, ist schon aus dem Rennen.«

Vergleichen Sie bitte die zwei Wahrheiten in den beiden Rahmen. Der ge-
lassene Mensch weiß: Gier zahlt sich auf Dauer nicht aus. Der mehr unruhige, lokal schlaue Mensch denkt, er könne kurzfristig gewinnen. Es sind
zwei verschiedene gefühlte Wahrheiten in verschiedenen Menschen. Die
eine Wahrheit ist eine der Ruhe und Weisheit, die andere eine der Umtrie-
bigkeit und Aktionslust – sie will sofort Resultate sehen.

Es ginge ja auch so: *Leben und leben lassen.* Diese Lebenshaltung würde
sagen: Versteht das Biersystem und redet bei drohenden Schwankungen

miteinander. Übervorteilt euch nicht. Übt gemeinsame Tugend und Geduld. Mäßigt euch und steuert nicht aktiv zu einer Destabilisierung des Systems bei. Versucht nicht, andere auszutricksen. Benehmt euch anständig. Seid selbst dann und besonders dann ausgeglichen, wenn es einmal Schwankungen gibt. Widersteht der Versuchung, die ihr im Bauche spürt.

Zur Regelung des Straßenverkehrs gibt es die Straßenverkehrsordnung. Der Paragraph formuliert ein gegenseitiges Rücksichtnahmegebot. Das klingt genau so! *Leben und leben lassen.*

Menschengesellschaft oder Hammelherde? Gibt es vielleicht den Homo oeconomicus in verschiedenen Ausprägungen? In ruhiger Form, in umtriebiger Form, in dauerhafter Gemeinschaftshaltung? Gibt es mehrere mögliche gefühlte Wahrheiten? Ja, doch – oder? Und diese Wahrheiten und resultierenden Strategien haben mal Oberhand oder gelten gerade als falsch. Die Wahrheiten schwanken mit dem Markt?

Die Effizienz und die Industrieschweine

Wir lassen aber nicht leben und leben dann auch nicht. Wir beobachten heute eher eine vollkommen entgegengesetzte Eskalation zur lokalen Hochintelligenz. Diese antizipiert und kalkuliert die Schwankungen in den Märkten und überlegt sich, wie sie in der nächsten Runde des Bierspiels oder des Schweinezyklus die anderen Marktteilnehmer übervorteilt oder am besten vernichtet. Aus dem Zyklus wird eine Todesspirale, die der optimistische Initiator immer naiv optimistisch zu überleben glaubt. Sonst würde er ja nicht alles in Gang setzen.

Ich gehe vom Lehrbeispiel des »Lover-Biers« wieder zur Schweineproduktion über und stelle diesen Eskalationsprozess dar, der später als ruinöser Wettbewerb oder gnadenloser Preiskampf bezeichnet wird, aus dem nur ein Sieger hervorgehen soll. Frei nach dem Highlander-Motto »Es darf nur EIN Schwein geben«. In der Ausgangssituation versucht ein Marktteilnehmer, alle anderen zu »besiegen«. Die anderen tragen zunächst gehörige Wunden davon, wollen sich dann aber nicht einfach vernichten lassen und »ergreifen Maßnahmen« ... Während des allgemeinen Niedergangs halten es alle für ihre Pflicht, an ihren schließlichen Sieg zu glauben.

Zurück also zu den Schweinen:

Wenn die Preise hoch sind, ist der Bauer glücklich. Wenn sie sinken, macht er Verlust. Die Produktion (»Aufzucht«) eines Schweins kostet bei niedrigen Preisen mehr als er dafür erlöst. Wenn er nun aber als bester Bauer von allen – als der EINE Bauer, denkt er sich – die Schweine am allerbilligsten herstellen kann, gehen alle anderen Bauern vor ihm in den Bankrott. Er selbst aber überlebt. Das ist schön! Er sieht sich schon im Geiste als den besten aller Bauern.

Er überlegt sich scharf: Der Bauer muss also vor allem produktiver werden! Dann besiegt er alle! (Das ist eine große Überlegung, die sich in der Regel im ganzen Hirn breit macht und danach wohlig den Bauch flutet. Der Gedanke, dass alle anderen genau so denken könnten, beunruhigt ihn nicht.)

Was jetzt geschieht, schreibe ich als Bauernsohn einmal in der neuzeitlichen schrecklichen Industriesprache auf, damit Sie sehen, wie etwas ganz Vertrautes in fremder Profitsprache klingt. Der folgende Absatz ist denn auch ganz unnötig mit Fachvokabeln und Einzelheiten durchsetzt. Aber glauben Sie mir, so wird heute überall gesprochen – nicht nur bei Schweinen, auch in den Personalabteilungen zum Beispiel. Hören Sie einmal in die Diktion herein!

Das Futter wird billiger eingekauft. Der Stall hat die optimale Temperatur. Die Futterrhythmen werden wissenschaftlich bestimmt. Wie viele Tage wollen Sie die Ferkel saugen lassen? Nach älteren Sitten 34 Tage, nach neueren 20 Tage. Im ersten Fall kann die Sau 2,37 Mal nur pro Jahr werfen, sonst 2,61 Mal. Dafür müssen Sie die Ferkel teurer aufziehen. Nach einer Leerzeit von ein paar Tagen (fünf?) nach dem Abferkeln muss die Sau zum Eber. Wollen Sie wirklich Ihre Eber selbst produzieren oder auf künstliche Besamung zurückgreifen? Bester Ebersamen ergibt mehr als 9,53 Nettoferkel (ohne Totgeburten und Saugferkelverluste), bei normalen Ebern kommen vielleicht nur 7,7 Nettoferkel heraus. Sie müssen für sich selbst berechnen, wie günstig Sie hervorragende Eber produzieren, nicht einfach nur unfähige. Sie müssen den Erfolg jeder einzelnen Besamung sicherstellen, sonst haben Sie eine hohe Umrauschquote bei den Sauen (unbefruchtet) und müssen teuer nachbesamen (kostet Geld und vor allem Zeit!). Ein guter Normbetrieb drückt die Umrauschquote unter 15 Prozent. Es ist furchtbar, wenn Sie das Umrauschen der Sau zu spät erkennen, da sie dann unproduktiv ist. Setzen Sie etwa 50 Euro Kosten für das Umrauschen an und 2 bis 3 Euro Kosten pro unproduktivem Tag. Arbeiten Sie mit einer ultrasonographischen Trächtigkeitsdiagnose zum Scannen besamter Sauen! Treiben Sie die Jungsauenwurfquote in die Gegend von 20 Prozent! Suchen Sie etwa 40 Prozent (Remontierungsquote) der besten weiblichen Jungferkel zur Weiterzucht aus! Bei weniger als 2,3 Würfen pro Saujahr können Sie den Betrieb fast schließen. Wie wollen Sie denn die Würfe organisieren? Wollen Sie alle Sauen gleichzeitig werfen lassen? Das geht nur bei künstlicher Besamung, weil sonst ja Ihre Eber das nicht auf einmal schaffen und die übrige Zeit nicht ausgelastet sind. Das rhythmische Werfen hat den Vorteil, dass alle Ferkel zugleich aufwachsen – das ist einfacher zu organisieren. Wenn Sie aber rollierend ferkeln lassen, brauchen Sie dafür nur einen kleinen Extrastall zum Werfen und für die Saugzeit. Für die Saugzeit müssen ja eigene Klimabedingungen herrschen. Wie oft wollen Sie die Ferkel impfen? Wollen Sie von Maschinen gestreichelte Bio-Schweine oder bessere Wasserbehälter als Sonderangebotsfleisch aufziehen? Bone oder Bonus? Ab wann ist ein nicht mehr lebendes Schwein für Sie tot? Ich meine, schlachten Sie tote Schweine noch? Ja, ja, ich werde immer zynischer und komme zu der Gammelfleischfrage, welches Gewebe noch für Sie Fleisch im engeren Sinne sein kann ...

Das Industrieschwein aus einem Nettozehnerwurf wird genormt gezüchtet. Die Tabellen für den State-of-the-art-Stall stehen im Internet. Betriebe, die schlechter sind, sterben oder lassen den Bauern umsonst arbeiten. Der gnadenlose Wettbewerb hat diesen Segen möglich gemacht.

Wenn Sie Lust haben, denken Sie sich parallel etwas über die Menschen aus, wie viele geniale Würfe von ihnen pro Jahr erwartet werden können, ob sie Tag und Nacht rollierend arbeiten (kleines Büro für je ein paar Anwesende) oder alle zusammen (kommunikativ). Man darf keine Leerzeiten zwischen den Projekten haben und nicht zu viele Arbeitgeberwechsel (umrauschen). Muss man Menschen scannen?

Realismus beiseite! Die Idee der Produktivitätssteigerung ist es, andere zu besiegen. Die Verwundeten aber wollen sich nicht besiegen lassen und fühlen nun die Wahrheit, die Idee der Produktionssteigerung sei es, das Überleben zu sichern. Die gnadenlose Effizienzsteigerung hat dadurch einen universellen Sinn verliehen bekommen. Man MUSS die Effizienz steigern.

Beim nächsten Schweinezyklus aber, wenn die Preise ins Bodenlose stürzen, sterben wieder die schlechtesten Betriebe. Da sie alle inzwischen fast gleich sind, weil sie nach den gleichen Tabellen arbeiten, sterben viel mehr auf einmal als früher. Das reine Chaos beginnt. Man kürzt die Löhne der Mitarbeiter, feuert viele, lässt sie länger arbeiten!

Immer weiter kreist die Todesspirale.

Sie sterben, weil sie durch Kämpfen überleben wollen. Das Schwein selbst ist nicht mehr die Hauptsache, auch nicht der Kunde. Beide sind nur noch der umkämpfte Markt.

Früher, als es noch keine Industriebauern gab, da ließen die schlauen Bauern die Schweine vor dem Verkaufen salziges Futter fressen – ganz viel davon. Und ganz kurz vor dem Wiegen zum Verkauf bekamen die Tiere nach Herzenslust beliebig viel frisches Wasser. Das war nur ein kleiner unschuldiger Trick. Heute ist aber alles ganz genau bis ins Letzte durchgetrickst. Und bestimmt kommen die Käufer mit Salzscannern und Wassersonographen, um sich vor gefaketen Ballonschweinen zu schützen.

Es trickst, wer sonst untergeht

Können Sie sich Betriebe vorstellen, die bei einem Preisverfall dem Tode ins Auge sehen? Was würden Sie tun, wenn Sie gerade Ihren Betrieb auf Kredit auf dreifache Größe ausgedehnt hätten und nun von einem Preisverfall überrascht würden?

Was kann man tun?

Viele Betriebe werden den Schweinen Wachstumshormone geben – ach, was soll's, die Radfahrer tun es auch. Die Schweine bekommen unzulässige Medizin. Ganz natürlich gestorbene Schweine (verreckt aufgefunden) werden verwurstet. Wasserschweinefleisch wird verkauft, das in der Pfanne verdunstet. In der ganzen Branche rumort es. Gefrorenes wird als Frischfleisch verkauft, Abfälle kommen in die Leberpastete.

Das kommt irgendwann ans Licht. Wir hören folglich von Gammelfleischskandalen oder Hundefutter in Suppen. Viele Unternehmen sind ganz gewöhnlich kriminell, sie nutzen Schlupflöcher. Viele andere Unternehmen betrügen aus Not. Chefs bestrafen barbarisch kleine Angestellte, wenn nach Ladenschluss noch unverkauftes Hackfleisch vernichtet werden muss. »Sie dürfen sich eben nicht verschätzen!« Da etikettieren die Angestellten angstvoll altes Fleisch um. Wenn es herauskommt, fliegen sie raus. Der Chef bleibt da und mahnt die Neuangestellten, sich nicht zu verschätzen.

Bei eBay werden oft Produkte verkauft, die nicht wirklich von der behaupteten Nobelfirma produziert worden sind. Im Urlaub sehen wir überall die so genannten Fakes von Designer-XYZ. Damit können wir noch ganz gut leben, wir wissen um diese Problematik. Aber es gibt heute schon deutsche Innenstadtluxusläden, die einen Teil ihrer Oberbekleidungskollektion direkt aus dem fernen Osten beziehen und dann unter die echte authentische Nobelware mischen. Damit bessern die Läden in der Not der derzeitigen Geiz-ist-geil-Welle in Deutschland ihre Gewinne auf. Wem, bitte, können wir noch trauen? Ich war selbst sehr betroffen, als ich hörte, dass Nobelproduzenten Funkchips (RFID) in die Kleidung nähen wollen. Dann könnte man bald mit dem eigenen Handy feststellen, ob die Ware echt ist! Der Funkchip übermittelt dem Handy seine Nummer und die wird vom Handy an den Hersteller durchgegeben und verifiziert. So entstehen neue Kosten des Misstrauens. Der Funkchip verrät, ob die Ware gefaket ist oder nicht.

Gestern habe ich einen Studenten wegen eines Stipendiums interviewt. Er hatte gerade ein Auslandspraktikum bei einem ganz großen Konzern absolviert. Ich fragte: »Also sind Sie fast ohne Bezahlung da gewesen? Mussten Sie denn echt arbeiten?« – »Oh ja, aber sicher! Es waren fast nur Gratispraktikanten da. Das ganze Projekt wird damit fertiggestellt. Ich denke, sie rechnen uns gegenüber den Auftraggebern mit Top-Beratersätzen ab. Ich habe dadurch die Chance, etwas zu lernen. Ich hoffte, indirekt eine Ausbildung zu bekommen. Ich dachte, sie stellen mich eventuell ein. Aber sie haben mir nicht gedankt und neue Praktikanten geholt, die umsonst arbeiten. Es ist wie bei den 1-Euro-Jobs, glaube ich. Sie locken uns, dass wir bald wie normale Menschen arbeiten. Dabei pressen sie uns aus wie Zitronen.«

Zu allen Zeiten wird betrogen, veruntreut oder geschmiert. Aber in den Notzeiten wird es als fast legaler Sport betrieben. Sogar Dopingsünder dürfen nach einem Jahr wieder mitmachen! Es ist üblich und gilt als professionell, beim Fußball Schwalben zu simulieren. Früher wurden Vortäuscher wegen Unehre vom Trainer nicht mehr aufgestellt. Heute beschimpft man im Fußballweltmeisterschaftsfinale den Gegner vor Milliarden Zuschauern, um ihn zu einer Tätlichkeit zu provozieren. Tolle Leistung von Italien! Die Fans freuen sich. Der Zweck heiligt die Mittel. Wenn es um so viel geht, *muss* alles versucht werden.

Wenn es um das eigene Leben geht, *wird* eben alles versucht. Das gleiche gilt bei Gefährdung des Erfolges. Der ist ebenso wichtig wie das Leben!

So. Jetzt habe ich in das Standardgejammer eingestimmt. Ach, wie böse ist diese Welt! Ach, wie sehr ich mich entrüste! Ich bin ja so empört!

Ach ja. Das ist leider nicht der Punkt. Die wahre Katastrophe ist diese:

Wo betrogen wird, verliert das Ehrliche an Wert

Alle diese kleinen bösen Tricks führen in ihrer Gesamtheit zu einem echten Niedergang im Markt. Ich will dieses Phänomen zunächst kurz am berühmten Beispiel des Gebrauchtwagenmarktes vorstellen und Ihnen zeigen, wie allgemein dieser Wirkmechanismus auf den gesamten Markt Einfluss nimmt.

Im Jahre 1970 publizierte George A. Akerlof den Artikel *The Market for ›Lemons‹: Quality Uncertainty and the Market Mechanism.* (Der Markt der Zitronen – Marktmechanismen bei unsicherer Qualität.) Dieser setzte eine große Welle von Forschung in Gang. Im Jahre 2001 wurde den drei Wissenschaftlern Akerlof, A. Michael Spence und Joseph E. Stiglitz der Nobelpreis für Wirtschaft verliehen (»The Bank of Sweden Prize in Economic Sciences in Memory of Alfred Nobel«). Der Preis wurde ihnen je zu einem Drittel »for their analyses of markets with asymmetric information« (für die Analyse von Märkten mit asymmetrischer Information) vergeben.

Ich skizziere kurz den Markt »der Zitronen« nach Akerlof. Im Gebrauchtwagenmarkt kennt der Anbieter des Autos dessen Qualität genau, der Käufer nicht so wirklich, weil er kein Fachmann ist. Nehmen wir an, auf einem Markt gibt es zur Hälfte richtig solide, gute Autos und zur anderen Hälfte Autos, die nur zur Brautschau aufgeputzt sind und ihr Geld bei weitem nicht wert sind, für das sie angeboten werden. Die Käufer gehen nun im Wissen dieser Verhältnisse nur noch mit Angst zum Kauf. Sie haben Angst, eine in den USA so genannte »Zitrone« zu erwischen, also ein fehlerhaftes Auto. Deshalb kaufen sie sehr vorsichtig. Im Grunde werden sie nicht vollkommen vermeiden können, auch einmal eine Zitrone angedreht zu bekommen. Sie werden also im Durchschnitt ab und zu einen Schaden davontragen, indem sie ein wertloses Auto gut bezahlen. Deshalb handeln sie nun auch die guten Autos gnadenlos herunter. Wenn sie die guten Autos im Durchschnitt billiger bekommen, als sie wert sind, dann können sie damit ihre Verluste durch einen Betrug wieder wettmachen. Bei eBay akzeptieren wir auch die Betrüger, weil wir die ehrliche Ware oft sehr viel billiger bekommen. Wenn dort die ehrliche Ware zu einem fairen Preis angeboten würde, aber trotzdem viel betrogen würde, dann könnten wir bei eBay nicht kaufen, weil unsere Reinfälle nicht kompensiert werden könnten!

Im Endergebnis muss also der ehrliche Anbieter seine Waren unter dem normalen Preis abgeben, um durch den Preisabschlag den Käufern das allgemeine Betrugsrisiko zu minimieren. Ist das für einen ehrlichen Anbieter tragbar? Nicht für jeden von ihnen. Viele ehrliche Anbieter von Autos, die ihr Geld wert sind, ziehen sich vom Markt zurück. Die Quote der schlechten Autos nimmt zu. Viele Anbieter von guten Autos versuchen, sehr hohe Preise zu verlangen – vielleicht finden sie ja einen Dummen? Damit aber beginnen auch die zunächst ehrlichen Anbieter, mit Zitronen zu handeln.

Am Ende ist die gesamte Qualität des Marktes schlechter geworden. Die Preise sinken tendenziell, weil die schlechten Autos im Verhältnis zunehmen. Dadurch werden die Käufer noch vorsichtiger, weil sie mehr Furcht vor Ramsch haben.

Der Markt bricht zusammen! Diese Entwicklung hat Akerlof im Gebrauchtwagenmarkt aufzeigen können. Die Haupterkenntnis ist: In einem Markt, in dem sich die Anbieter verschieden gut in der Produktqualität »auskennen«, werden die guten Angebote aus dem Markt gedrängt. Zwar will jeder die guten Angebote haben, zwar sucht jeder am Markt nach guten Angeboten – aber wegen des Misstrauens über die tatsächliche Güte des

Angebotes ist niemand bereit, den vollen Preis zu zahlen, wie er ohne Misstrauen gerechtfertigt wäre. Deshalb ziehen sich die guten Angebote vom Markt zurück, weil sie mit Verlusten rechnen. Die schlechten »Zitronen« bleiben natürlich da, weil sie immer noch gute Gewinne abwerfen.

Akerlof führte den Begriff der *Adversen Selektion* in die Wirtschaftswissenschaft ein. Wenn in einem Markt Unklarheit über die Qualität des Angebotes herrscht, dann verlassen die guten Angebote den Markt. Sie können es auch darwinistischer ausdrücken: Die schlechten Angebote verdrängen die guten.

Merken Sie etwas? Darwin? Darwin sagt, dass die Fitten die Unfitten verdrängen. Die Wirtschaftswissenschaftler sagen, dass Wettbewerb zu Fortschritt führt. Konkurrenz belebt das Geschäft! Wenn die Leute unter Stress gesetzt sind, werden sie besser arbeiten! Usw. usw. Hören Sie das auch jeden Tag? Es ist aber so, dass es unter Stress zu Schummelei und Betrug kommt. Dann aber machen Ehrliche Verlust, weil sie Preisabschläge wegen der Qualitätsunsicherheit hinnehmen müssen.

Ich habe vorhin berichtet, dass die Nobeleinkleider RFID-Chips einbauen wollen, damit man elektronisch Ramsch von Fakes unterscheiden kann. Wenn ich das als Kunde lese, wird mir ganz anders. Warum zahle ich für ein Original zehnmal mehr, wenn ich die Echtheit nur per Funk verifizieren kann? Ich denke an die Jahrtausende des Betrugs mit falschem Gold, mit Glasperlendiamanten für die Schwarzen in Afrika, mit Zuchtperlen …

Adverse Selektion: In einem Markt, wo hochwertige Ware vorgetäuscht wird, wird die wirklich hochwertige Ware hinausgedrängt, weil sie den Verdacht kostenmäßig nicht tragen kann. Verdächtigte Ware ist nämlich nur mit einem Abschlag auf den Preis absetzbar.

Der Markt konvergiert in einen Zustand, den eigentlich keiner der Marktteilnehmer will. Die Klassiker der Ökonomie um Adam Smith sagen, der freie Markt pendele sich ein. Aber wohin?

Neben dem Gebrauchtwagenmarkt wird immer das andere Beispiel zitiert, wo wir Kunden die ungewissen Kandidaten sind. Bei der Krankenversicherung wissen nur wir selbst, ob wir ganz gesund sind. Die »Zitronen« unter uns sind die häufig Kranken, die will die Versicherung ja gar nicht haben.

Aber die Kranken ihrerseits wollen sich unbedingt versichern, so wie sich die schlechten Autos unbedingt verkaufen sollen. Die Gesunden aber merken, dass die Versicherungsprämien so hoch sind, weil »ungesunde« Leute rauchen, trinken, Skiunfälle haben oder jährlich Brille und Gebiss wechseln. Da sagen sich die Gesunden, dass sie sich lieber nicht versichern lassen. Wenn sie sich aber nicht versichern, ist der Rest der Versicherten relativ kränker als vorher. Nun steigen die Prämien an. Daher bleiben noch mehr Gesunde weg. Usw. Zum Schluss betreiben die Versicherungen, die ja nur Gesunde versichern wollen, nur noch Zitronenhandel. Sie bleiben auf den Kranken sitzen.

Erst Armani oder ALDI – zum Schluss der Basar

In einem gestressten Markt fällt übers Ganze gesehen die Qualität, es wird geschummelt und alles unklar gemacht, um den minderen wahren Wert zu vernebeln. Marketing und Werbung bauschen unseriös auf. Die Anbieter verwirren die Kunden mutwillig durch undurchsichtige Paketangebote. Es gibt zum Beispiel einige tausend verschiedene Handy-Verträge, die in Laufzeit, Auslandsgebühr, Gratishandy, Frei-SMS, Abrechnungstakt und vielem anderen variieren. Die wirklichen Kosten sind nur noch von Experten abzuschätzen. Handyverträge oder Klingeltonabonnements sind an etlichen Stellen fast auf dem Niveau von unseriösen Gebrauchtwagen-Deals angelangt. Die Anbieter wollen uns absichtlich verwirren! Sie bieten undurchsichtige Bankkontenkonditionen oder Stromverträge, was immer. Einige Handelsketten werben mit »dem niedrigsten Preis weit und breit«, lassen aber alle ihre Waren von den Herstellern durchgängig mit eigenen Typennummern versehen, so dass sie zwar die bekannten Marken verkaufen, aber exklusive Nummern haben. Dadurch gibt es das exakt gleiche Produkt nirgendwo anders, kann also nicht verglichen werden.

Schuhe, Hemden, Anzüge gibt es für 10 bis 1000 Euro. Was ist das überhaupt wert?

Jetzt werden wir Verbraucher wirklich böse und schauen ganz genau nach. Wir alle vergleichen unerbittlich und fragen nach dem tatsächlichen Nutzen. Bei jedem Luxus, den wir uns gönnen wollen oder könnten, hängt der Verdacht in der Luft, wir könnten gehörig reingelegt sein. Wir beginnen mit geilem Geiz, wie es heute so schön heißt. Die Orientierungspunkte sind Firmen wie Gucci, Armani & Co., die bei uns für die absolute Qualitätstreue stehen. Gucci sagt ewig ungerührt: »Der niedrige Preis erfreut ein einziges Mal, die hohe Qualität des täglich genutzten Produktes erfreut dessen ganzes Leben lang.« Es gibt nur noch wenige Firmen, die wir nicht der undurchsichtigen Qualität verdächtigen. Das sind ganz kurz und pauschal ausgedrückt »Armani und ALDI« in verschiedenen Ausprägungen. ALDI ist so billig, dass es nicht sein kann, dass wir übervorteilt sind. Hermès ist so schön, dass uns der Preis wie eine Eintrittskarte ins Paradies erscheint. Dazwischen herrscht Kungelei im Dschungel der Angebote.

In unserem Urlaub in Ägypten seufzte ich oft, dass ich so gerne vieles kaufen würde, aber in höherer Qualität. Die gab es nicht – nur irrsinnig viele merkwürdige Ware für kindhaft spontane Kauflust oder für den Mitnehmzwang. Alles Ausgelegte sah nach Ware aus, die offenbar mit astronomischen Handelsspannen angeboten wurde. Sehen Sie – dort in den Touristenhochburgen *kann* es keine normale gute Qualität geben, weil die unter dem Misstrauen gegenüber »Zitronen« ausstirbt. Der Verdacht schlechter Qualität kann nur vom Trödelmarkt ertragen werden, wo er in natürlicher Umgebung residieren kann. Marktschreier überbieten sich. Sie bieten mit irren Rabatten an, die ein denkbar schlechtes Licht auf die Ware werfen. Wer hier normal bezahlt, ist sicher geneppt worden. Sie bedrängen uns als dumme Touristen, die den Wert nicht kennen. Sie reden auf uns ein, versprechen uns alle Welt.

Haben Sie das schon erlebt? Sie erinnern sich? Ich bin sicher. Aber merken Sie, wie auch unser Land unter Verkaufsdruck gerät, wie wir als Kunden immer mehr bedrängt werden?

Unter dem Druck der Anbieter verwandeln sich solide Märkte in turbulente Basare. Dauerqualität weicht unter Druck dem permanenten Schnäppchen bei einem Gelegenheitskauf. Wie ich schon sagte: In Ägypten hätte ich so gerne viel Geld ausgegeben. Aber das eine war das Geld nicht wert, und Qualität, die ich gekauft hätte, wurde nicht angeboten. Wäre sie aber angeboten worden, hätte ich mich unwohl gefühlt wie meine Frau, die mitten in der Wüste ein wundervolles Schmuckstück anbetete, das aber ziemlich teuer war. Sie kaufte es nicht. War es denn absolut sicher auch wirklich 585er Gold? Wir fühlen uns auf einem Basar nicht wohl, wir gehen lieber zu einem Wohltätigkeitsbasar, da sind die Verhältnisse ebenso, aber der unbekannte Wertunterschied, den wir in Ägypten nicht zurücklassen wollten, kommt hier den Bedürftigen zugute ...

Unter Stress wandelt sich ein früheres stabiles Marktgleichgewicht mit Waren hoher Qualität in einen hektischen, turbulenten Basar mit Waren minderer Qualität. Tagespreise, Sonderposten und »Sales!« beherrschen das rege Treiben. Es wird dabei immer schwerer (gemacht), die Qualität der Produkte oder deren Preise zu vergleichen. Der Kunde findet ein verwirrend vielfältiges Angebot von Waren oder Dienstleistungen vor, die sich ihm aufdringlich anbieten.

Am Ende kann der Wert einer Ware eigentlich nur noch durch hartnäckiges Handeln oder Verhandeln bestimmt werden. Der Käufer weiß, dass ihm vom Verkäufer im ersten Anlauf nur Mondpreise vorgesetzt werden, die offenbar für Dumme bestimmt sind. Jetzt muss er wohl lange verhandeln. Das ist heute zum Beispiel bei Ausschreibungen für Großaufträge aller Art die Regel. Es werden ungeheure Energien verschwendet, nur um ein preisgünstiges Angebot zu finden. Viele Anbieter warten mit schönsten Versprechen und farbigsten Unterlagen auf. Dann unterbieten sie sich alle – Runde um Runde. Erst wenn langsam die ersten Anbieter enttäuscht abwinken und keine Preissenkungen mehr diskutieren wollen, merkt der hart verhandelnde Käufer, wo bei den Verkäufern die Schmerzen beginnen. Er verhandelt weiter, bis er »das erste Blut« oder die nackte Angst sieht. Derjenige Anbieter, der am Schluss den Vertrag »gewinnt«, freut sich gar nicht wirklich. Er wird unter Schweiß und Tränen den sauer zugestandenen Auftrag abarbeiten müssen und dabei die ganze Zeit ängstlich hoffen, doch noch etwas Geld dabei zu verdienen. Das wird alle Wochenenden kosten.

Signaling, Screening & Co. gegen den Niedergang

Was tun wir denn, wenn die Märkte immer mehr zu Basaren werden? Die Ursache für den Niedergang der Märkte sind Anbieter, die andere Anbieter und auch ihre Kunden übervorteilen wollen. Die Qualitätsanbieter werden aus dem Markt gedrängt und die Käufer, die Qualität suchen, finden sie nur schwer. Sie sind voller Misstrauen, Fehlkäufe zu tätigen. Die Individuen beginnen nun ebenfalls, sich opportunistisch zu verhalten und luchsen dem Staat Sozialleistungen ab, lassen sich in Rente schicken, verheimlichen Risiken bei Versicherungen, vergessen Einnahmen bei der Steuer und arbeiten schlicht schwarz.

Die Wirtschaftstheorie empfiehlt natürlich Auswege aus der Misere:

- Signaling: Die Qualitätsanbieter sollen Signale aussenden, dass sie wirklich vertrauenswürdig sind. Sie legen Qualitätskriterien fest, mit denen beim Verkauf geworben wird.
- Screening: Die nach Qualität suchenden Kunden bauen eigens Informationssysteme auf, um genug Wissen über die Qualität zu sammeln.
- Self-Selection: Die Qualitätsanbieter bieten hochwertige Verträge an, die minderwertigen Anbietern nicht möglich sind, etwa 2-Jahres-Garantien auf Gebrauchtwagen.

Qualitätssignale sind: Das Teppichsiegel, das Öko-Zeichen, die TÜV-Plakette, die Zertifizierung bei Berufen, der Meisterbrief. Stempel auf Eierschalen sollen beweisen, dass es wirklich gelegte Eier sind. Nahrungsmittelhersteller werden gezwungen, die Inhaltsstoffe anzugeben. Diamanten haben ein Zertifikat, Goldringe einen Stempel mit dem Goldgehalt.

Diese Signale der Qualität kosten viel Geld! Alles muss geprüft werden und »unter ständiger Kontrolle« stehen. Anschließend bestempeln aber doch wieder die Missetäter die minderwertigen Eier mit irgendwelchen anderen Angaben oder wälzen sie vor dem Verkauf in Freilandmist. Die Qualitätseierlieferanten führen nun Prozesse um den einen einzigen erlaubten wahren Stempel. Erbsen aus der Dose sind »sehr jung« oder »schmackhaft A«, obwohl die offiziellen Güteklassen »fein« oder »sehr fein« lauten.

Die Schummler schlagen zurück! Glauben Sie es mir! In den Wirtschaftsbüchern steht nur drin, dass die Qualitätsanbieter durch Signaling das Vertrauen wiederherstellen. Laut Buch oder Theorie gelingt das dann auch.

Da muss ich doch lachen! Die anderen Anbieter ersticken uns nun mit noch mehr Signaling, was uns wiederum noch weiter verwirrt. Vor lauter Signalen weiß ich als Verbraucher wieder nicht, was das alles zu bedeuten hat. Statt die Waren zu vergleichen muss ich jetzt die Signale studieren? Welche sind denn jetzt echt, welche nur eine neue Schummelei?

Die Verbraucher können ja auch »Screening« betreiben: Sie kaufen sich Testberichte, Zeitschriften, suchen im Internet nach Erfahrungsberichten. Wer eine Digitalkamera kauft, investiert doch sicher in drei, vier Testjournale à 10 Euro, oder? Er läuft in Läden herum, vergleicht ein paar Stunden und Tage Preise und Funktionalitäten? Er fragt Freunde. Wie groß ist das Gesamtinvestment in Zeit, Geld, Benzin, Parkgebühren? Ich schätze: vielleicht 100 Euro? Ist dieser Aufwand angemessen für eine Kamera für 300 Euro?

Was ich sagen will: Der Basar verwirrt uns absichtlich und die Qualitätsanbieter und die Qualität suchenden Kunden investieren vielleicht 15 bis 30 Prozent der geplanten Ausgaben in das Prüfen, ob es sich um Qualität zum fairen Preis handelt oder nicht. Durch die entsetzliche Vergleicherei finden die Kunden eventuell mehrere gute Anbieter und spielen die nun durch Preisvergleiche gegeneinander aus, so dass sie den Qualitätsanbietern nun kaum noch das Geldverdienen erlauben. Dadurch werden auch die Qualität suchenden Kunden zu Feinden der Qualitätsanbieter. Die Anbieter von Qualität finden mehr und mehr, dass sich das Angebot von Qualität nicht rentiert. Die Käufer suchen zwar Qualität, aber wollen nicht genug dafür bezahlen, so dass die Anbieter auskömmlich leben könnten. Die stöhnen denn auch unter den Kunden: »Der Kunde will alles! Ich muss mir den ganzen Tag unverschämte Zusatzforderungen anhören. Ohne Aufpreis alles ändern! Ohne Aufpreis frei Haus liefern! Ein kleines Geschenk mitgeben!«

Die Spirale dreht sich weiter! Wie zwischen der Polizei und den Verbrechern. Die Verbrecher denken sich Tricks aus, die Polizei hinkt hinterher. Die Lösung wäre: mit den Verbrechen aufhören.

> Die wahre Lösung wäre: Vertrauen und Wahrhaftigkeit unter den Markt-
> teilnehmern herstellen.

Aber es geht immer weiter und weiter nach unten.

Ich kann die Kosten für das Signaling, das Screening, für die Tests, die Zeitschriften, die Verbraucherorganisationen fast wie »Kriegskosten« gegen die auf Vorteile bedachte lokale Intelligenz sehen. Wir zählen, prüfen, evaluieren, testen, berichten. Vielleicht ein Viertel unseres Geldes geben wir dafür aus. Für die endlich erworbene Leistung zahlen wir die restlichen 75 Prozent.

Das ist die Schlussbilanz allgemeinen »egoistischen« Managements aller Beteiligten.

Wenn sich in einer freien Welt jeder in bester Weise hervortut,
kommt für das System das Bestmögliche heraus.
Diese Erkenntnis bildet die Grundlage unserer Wirtschaftsordnung.

Diese Zeichnung stammt von Joe Brockerhoff, einem der führenden Air-Brush-Meister.
Der Text ist von mir, aber nicht wirklich, er ist ja eine allgemein anerkannte Weisheit,
die hier nur illustriert wird.

Wissen Sie noch, was der Kalte Krieg ist? Die UdSSR und die USA taten sich alles Erdenkliche an, ohne aber direkt aufeinander zu schießen.

Allgemeine lokale eigensüchtige Intelligenz führt zum Gleichgewicht der Kalten Wirtschaft. Hohe Energien wenden sich gegeneinander und egalisieren sich wie beim unentschiedenen Tauziehen.

Erinnern Sie sich an den Zyklus der Räuber und der Beutetiere? Wenn die Räuber zu stark zunehmen, dezimieren sie die Beute zu stark. Danach siechen beide Arten dahin, die Räuber und die Beutetiere. Irgendwann – das kann sehr lange dauern – lecken sich alle die Wunden. Es gibt keine lohnende Beute mehr. (In einigen Jahren wird man zum Beispiel sagen: »Die Inder wollen jetzt den gleichen Lohn. Wo bekommen wir nur Leute her, die umsonst arbeiten?«) Dann werden sich alle besinnen. Sie müssen mit den Beutezügen aufhören und wieder etwas Neues ansäen oder erschaffen. Aber was? Jetzt beginnt ein quälender Prozess, etwas keimen zu lassen. »Innovation!«, so hoffen alle auf ein neues Wunder. Diese Seite des Wirtschaftslebens hat mit dem Aufstieg zu tun. Darüber will ich im nächsten Kapitel nachdenken. Vorher aber müssen wir noch das Hässlichste anschauen: Es geht nicht nur mit der Wirtschaft bergab, auch mit uns selbst.

Die Entstehung der Klassen

Die Aufteilung der Wirtschaft in Armani und ALDI schreitet im Abschwung nicht nur für Produkte und Firmen voran. Sie betrifft auch uns selbst. Speziell unsere Arbeit. Die meisten Menschen haben Angst vor der letzten Konsequenz, ihrer Arbeitslosigkeit. Die ist nicht das große Problem! Wirklich nicht! Die großen Schwierigkeiten der Märkte rühren daher, dass die Berufe auf das niedrigstmögliche Niveau »hinuntergefaket« werden, um Geld zu sparen. Das ist nicht nur Schuld der Unternehmer, sondern auch Ihre eigene.

Angenommen, Sie gehen zum Arzt. Würden Sie ihm 100 oder 200 Euro für eine Stunde Beratung bezahlen? Nein! »Ein paar Tipps muss er umsonst geben, ich zahle eh so viel Versicherung.« Würden Sie einem Buchhändler Geld bezahlen, weil er Sie beraten hat? »Die haben so eine hohe Handelsspanne. Und dann haben sie ausgerechnet das Buch, was sie mir als bestes empfohlen haben, nicht da. Ich soll einen Tag warten! Pah! Ich habe es bei Amazon bestellt.« Würden Sie einem Bankberater 50 Euro für eine Vermögensanalyse geben? »Die sitzen da sowieso in der Bank rum, das können sie nebenbei machen. Ich bin ein guter Kunde.« Würden Sie IBM für eine Computerarchitektur und Rechenzentrumsplanung ordern, die einige hunderttausend Euro kosten wird? »Wir schreiben einen Riesenauftrag aus und lassen alle Anbieter einen gut ausgearbeiteten Vorschlag machen. Dann sehen wir, was wir tun müssen. Wir lassen den besten eingereichten Vorschlag von demjenigen Anbieter umsetzen, der den niedrigsten Preis anbot. So bekommen wir das meiste für das wenigste.« Wir gehen privat in ein Luxusküchendesigngeschäft, lassen uns die neue Küche anbieten und zeichnen – und ab zum Media-Markt.

In diesem Sinne sind wir als Kunden für den ehrlichen Anbieter »Zitronen« oder »saure Gurken«. Wir greifen Beratung oder Leistung ab und zahlen nicht für die Extras. Wir täuschen ihn mit unserem Gehabe, ein guter potentieller Kunde zu sein. Wir missbrauchen sein Vertrauen und schädigen ihn. Es lohnt sich also für die Anbieter nicht, Qualität anzubieten, für die sie nicht bezahlt werden, oder?

Aber: Sie selbst sind doch der Buchhändler, der Bankangestellte, der Arzt, die Pflegeschwester, der Professor! Sie sind im Call-Center und bekommen Prügel wegen Unproduktivität, weil Sie sich nett mit Kunden unterhalten haben (die das nicht bezahlen!).

Ihre – nochmal: *Ihre* – Arbeit wird nicht mehr im vollen Wert bezahlt! Und Sie – nochmal: *Sie* – bezahlen die anderen auch nicht mehr im vollen Wert. Wir suchen alle unseren Vorteil, nicht wahr?

Alle Arbeit wird nur noch so gut gemacht, wie sie bezahlt wird.

Bankberatung nur gegen Bezahlung! Ein Rat des Arztes nur gegen Geld! Forschung an den Universitäten nur nach Teilbezahlung durch die Industrie! Jede Arbeit muss beweisen, ob sie etwas wert ist und wie viel. »Bezahlt der Fluggast schöne Modell-Stewardessen? Nein? Dann eben nicht ...« So geht es überall. Deshalb gibt es bald Apparatemedizin, Schmalspurlehrer mit 1-Jahres-Vertrag, Bankautomaten zur maschinellen Beratung. Unsere eigenen Arbeitsverhältnisse werden in der Qualität ausgepresst. Wir selbst werden nach Tabellenmindestwerten optimiert wie die Jungsauen bei der Schweineproduktion. Am Ende verkommt unser Beruf zur Routine oder zur Aushilfstätigkeit.

Wir selbst bezahlen Qualität nicht mehr – und wir bekommen auch keine. Da wir selbst Teil des Marktes sind, werden unsere eigenen Qualitäten nicht mehr gewürdigt und nicht mehr gebraucht. Wir bekommen Billigjobs. Unsere Gehälter und Löhne sinken. Unser Ehepartner und wir waren Doppelverdiener, nun sind wir zwei Halbverdiener geworden. Wir jammern: »Ich gebe mir solche Mühe im Job!« – Antwort: »Spar dir die Mühe. Die bezahlt niemand. Du musst Zählbares vorzeigen.«

Nun verfällt alles, was nicht sofort auf der Stelle bezahlt wird:

- Bildung, Weiterbildung
- Kinder bekommen, Erziehung
- Betreuung unserer Eltern – wir werden später auch abgeschoben
- Vereinsaktivitäten, Nachwuchsarbeit
- Ehrenämter
- Glauben und Kirche, soziales Engagement
- Miteinander – einfach so
- Betriebliche Aus- und Weiterbildung
- Grundlagenforschung
- Ethik

Und wir selbst verfallen mit.

Fast alle Menschen verlieren an Klasse. Sie sinken ab.

Die Zeitungen sind auf der anderen Seite voll von Berichten über Stars im Sport, in der Unternehmensgründung, der Unterhaltung, in der Wissenschaft oder im Management. Die Gehälter dieser »bestselling« Gruppen steigen ins Unermessliche. Hier bildet sich eine neue Oberschicht der neuen Reichen. Sie können etwas liefern, wofür sehr viele bezahlen. Sie gestalten Events und Spektakel. Sie geben Hoffnung oder versprechen gute

Investments. Sie reißen alles heraus, sie erfinden eine neue Welt, in der Geld ohne Ende fließen wird. Sie sind unsere Helden, sie haben Berufe, die »unique«, einzigartig sind. Red Adair, der als einziger brennende Ölquellen löschen kann, ist so ein Beispiel. Er kann so viel Geld verlangen wie Michael Schuhmacher oder John Lennon.

Armani oder ALDI.
Reich oder arm.
Jung oder alt.
Oben oder unten.
Arbeitsplatzbesitzer oder Jobber.
Star oder »Commodity«.
Luxusauto oder Kompaktwagen.
Villa oder Appartement zu zweit.
Und nach Karl Marx: Bourgeoisie oder Proletariat

Das Mittlere verschwindet, eine Schere öffnet sich. Wir sehen eine immer größere Kluft in unserer Mitte. Die meisten von uns sind Verlierer. Wir sind als Arbeitskräfte zum großen Teil austauschbare Einheitsware.

Wer keinen Job bekommt, gerät in eine prekäre Situation. Er gerät ins Prekariat, in die neue wachsende Unterschicht, die nichts an Qualitäten bieten kann, welche sofort in echtem Geld bezahlt würden. Die Unterschicht ist die verschiebbare Masse, die das Risiko des Auf und Ab trägt. Das Prekariat hat in etwa die atmende Auf-und-Ab-Funktion wie die »früh an Hunger sterbenden Kinder der unteren Schichten« bei Adam Smith.

Unter Stress konvergiert der Markt in ein Gleichgewicht des Überlebenskampfes, das geprägt ist durch wenige Reiche und viele Arme, die letztlich die Last der Marktschwankungen tragen. Adam Smith lebte 1776 in einem solchen Zustand und hielt ihn für gut. Er kam deshalb zu der Ansicht, dass der Markt alles bestens regle.
Der ganz freie Markt aber erzeugt arm und reich, oben und unten, Privatjets und Slums. Die klassische Wirtschaftstheorie ist in Herrenhäusern entstanden.

Dieses Kapitel heißt: Unter Stress zum Prekariat. Das betone ich hier nochmals. Nicht, dass Sie auf falsche Gedanken kommen, wenn ich hier harte Wertungen über den Kapitalismus umrahme. Ich habe nicht gefolgert, dass der Kapitalismus die Ursache des Prekariates ist, sondern der Stress. Das möchte ich hier deutlich wiederholen.

Karl Marx hat das so gesehen: Das Kapital oder generell die Organisation der Kapitalgesellschaft ist die Ursache der Probleme rund um Bourgeoisie und Proletariat. Marx will die Revolution der Arbeiterklasse, die den Sozialismus oder Kommunismus anstreben soll, also eine andere Organisation der ökonomischen Welt.

Und ich sage:

Klassen entstehen unter Stress oder Kampf – egal welche Weltordnung gerade herrscht oder beabsichtigt ist. Gute Zeiten sind Zeiten des inneren Friedens.

Der reale oder irreale oder scheinbare Sozialismus oder Kommunismus hat in allen Ländern Parteiendiktaturen hervorgebracht. Die Vertreter der führenden einzigen Partei genossen alle Privilegien wie etwa die Gutsbesitzer bei Adam Smith. Die Idee des Kommunismus muss nach dem Prinzip der *Adversen Selektion* scheitern, d. h. sie steht für einen Zustand, in dem es auf einem Markt systematisch zu unerwünschten Ergebnissen kommt. Wie auch der Kapitalisums setzt sie die Genossen und Genossinnen unter Stress, etwas Fremdgewolltes zu verwirklichen. Dadurch kommt es zu Schummelei, zu Umgehungen, zu Fakes ...

Unter Stress verschwinden Liebe, Ehre, Wahrheit, Sinn, Würde, Ethik und alle ihre Verwandten. Es gibt kein menschliches Leben unter unmenschlichem Stress.

Das Prinzip der *Adversen Selektion* zeigt, dass »der Markt des Verdrängungswettbewerbs« oder »die unter Stress stehende Welt« in einen Zustand konvergiert, den eigentlich außer den Reichen niemand will. Ein Zustand allgemeinen Glücks kann höchstens ohne Stress erreicht werden – durch Forschergeist, Pioniertum, Unternehmerfreiheit, Bildung, Kultur und Gemeinschaftssinn.

> Ohne Stress gibt es meist mehr Lachen, Freiheit, Vielfalt, Faulheit, als eine Organisation es mag.

Die kommunistischen Länder haben gerade in einer Zeit Druck auf die Art des Lebens ausgeübt, als in der westlichen Welt die technologische Revolution der Maschinen einsetzte. Im Grunde haben sie einen ganzen Technologie-Zyklus vor allem auch ideologisch »verschlafen« und dadurch den Anschluss an die Weltwirtschaft verloren. Bis zum Ende haben sie es bringen müssen, bis zur Revolution der Menschen auf der Straße. Es war wohl nicht der Kapitalismus, der den Kommunismus besiegte, sondern die westliche Welt genoss relativ ungestört in einer langen Wohlstandsphase die Segnungen der Werkzeugmaschinen, der Autos und der Traktoren. Wir hatten »Wohlstand für alle«, fast ganz ohne Stress.

Heute aber beginnt der vorher bejubelte und angeblich gegen den Kommunismus siegreiche »Kapitalismus« in Gestalt des »Shareholder-Value« selbst, in finsterster Weise Druck auf uns zu machen. Es ist aber nicht der Kapitalismus, sondern der Stress der letzten Technologiephase und der Stress zum ungewissen Beginn des Informationszeitalters.

Wir spüren in uns ein Auf und Ab des Stresses und verbrämen es mit Vorstellungen, in denen eigentlich nur unser jeweiliges Körpergefühl ideologisch ausgedrückt ist und nicht unsere rationale Weltsicht. »Phasic Instinct« nannte ich das und stellte es gegen unser fiktives Selbstbild des Homo oeconomicus.

Ich stelle Ihnen dieses Auf und Ab auf einer noch tieferen Stufe anhand von Technologiewellen dar.

Wirtschaftszyklen und Life Cycles

Was rettet uns aus dem finsteren Tal? Kommt ein weiser König, der das Land befriedet? Ein Religionsstifter, der uns alle wieder in Gottes Nähe führt?

Mein Vater schüttelte oft den Kopf und sagte: »Es muss erst wieder Krieg kommen. Krieg reinigt. Sie müssen es erst ganz bis zum Ende bringen.« Dann habe ich wütend mit ihm diskutiert. Und er lächelte.

Die heutige Zeit wenigstens rettet sich ab und an durch gewaltige Innovationsschübe, die aus neuen Technologien entstehen. »Das gibt neues Business!«, jubeln vor allem die neuen Unternehmen. »New Economy« nennen sie sich. Neues Geschäft gibt Zuversicht und mehr Zukunftsperspektiven. Das Neue gibt Hoffnung, dass der Stress und die Angst nachlassen. Wenn es aufwärts geht, gibt es wieder für eine Zeit lang Brot genug für alle. Die drückende Arbeitslosigkeit hört auf. Die Löhne steigen wieder.

Wir haben in dieser Weise periodisch die Hoffnung auf eine bessere Welt. Neue Technologien eröffnen uns neue Welten wie die Entdeckung Amerikas.

Der Übergang aber ist schwierig. Denn das Neue tötet auch das Alte. Ja, genau so, wie mein Vater sagte und es nicht so meinte: Die neue Technologie vernichtet alte Berufe, Gewerbe, Unternehmen und Industrien. Erst danach, nach dem Kampf ums Überleben, nach dem Festhaltenwollen des Shareholder-Value, geht es wahrhaft aufwärts.

»Die schon jahrelangen hauchdünnen Gewinnmargen im Geschäft mit der Schweinezucht bringen uns um!«, stöhnt die alte Wirtschaft, aber die New Economy frohlockt: »Das Internet ruft!« Und das Neue nennt das Alte abschätzig »Brick & Mortar« (Ziegel und Mörtel). Der Wandel freut die einen und schmerzt die anderen. Das Handy macht das Telefonnetz obsolet, die Telekom muss Zehntausende entlassen oder »marktkonform bezahlen«, was fast genauso düster wird. Die Banken verschwinden online. Sobald aber die Schmerzen des Wandels verkraftet sind, freuen wir uns über einen Aufschwung. Die ganz großen Aufschwünge aber – die mit den ganz großen Schmerzen – werden durch die allgemeinen Basisinnovationen verursacht.

Glühbirne und Elektrizität, Öl und Benzinmotor, Computer und Mechanisierung, Internet und Management führen zu immensen Turbulenzen, die uns erst nach ihrem Abflachen oft Jahrzehnte der Prosperität bescheren.

In diese Zyklen schauen wir jetzt hinein. Heute stehen wir am düsteren Ende eines Zyklus – bis hin zum Prekariat. Das habe ich im Buch bisher besprochen. Nun breite ich den ganzen Zyklus aus. Neudeutsch spricht man heute in allen Bereichen der Ökonomie von »Life Cycles«.

Lebenszyklen überall

Der Begriff des Lebenszyklus stammt aus der Biologie. Neudeutsch spricht man von Life Cycle. Diese Bezeichnung wird in der Ökonomie allgemein vorgezogen.

Kennen Sie die Lebenszyklen der Pflanzen und Tiere? Die habe ich in der Schule gelernt. Der Schmetterling! Ach ja, wie war das noch? Aus dem Ei schlüpft die Larve, die frisst sich nimmersatt bis zur Raupe, die wiederum verpuppt sich und endlich entfaltet sich der wundervolle Falter. Wie entsteht ein Frosch? Aus dem Ei schlüpft die Kaulquappe, die sich auf die Metamorphose zum Jungfrosch (noch mit kleinem Schwanz) begibt. Die Kaulquappe lebt unter Wasser, der spätere Frosch aber kann bei Luft atmen. Die Sterne haben ebenfalls Lebenszyklen: Aus den Urnebeln bilden sich Sterne, werden zu Roten Riesen, dann zu weißen und schwarzen Zwergen – ja, oder sie erstrahlen alternativ zu Supernovae und mutieren irgendwann zu Neutronensternen oder enden in einem schwarzen Loch.

Schmetterlinge sind noch recht zuverlässig, Frösche auch. Bei den Sternen wird es komplizierter, weil sie sich verschieden entwickeln können. Dann gibt es Käferarten im Wald, bei denen die Larven besonders unter sehr schlechten Bedingungen viele Jahre (bis zu 50!) im Holz bis zur Verpuppung warten. Wir Menschen kennen ebenfalls Lebenszyklen, die sind aber schon sehr unscharf. Aus dem Baby erwächst ein Kleinkind, dann ein Kind, ein Jugendlicher, ein Erwachsener und schließlich ein alter Mensch. Wann ist man was? Das ist im Einzelfall überhaupt nicht klar – es wird bei manchen Fragen gesetzlich geregelt. Wann kommen wir in den Kindergarten? In die Schule? Wann dürfen wir heiraten?

Obwohl schon die Lebenszyklen von konkreten Käfern oder Menschen so individuell unterschiedlich sind, unternehme ich jetzt trotzdem den Versuch, Lebenszyklen der ökonomischen Weltanschauungen zu verfolgen. Das ist bestimmt sehr viel schwieriger! Es gibt ja selten gleiche ökonomische Zyklen. Wirtschaftliche Entwicklungen werden meist durch Kriege, gigantische Spekulationen, Entdeckungen von Erdteilen (heute Entdeckung der virtuellen Welt) oder große technologische Erfindungen unterbrochen oder in ganz andere Richtungen gelenkt. Zu allem, was ich jetzt schreibe, muss nun immer wieder unterstellt werden, dass ich vom *normalen* Lauf der Dinge ausgehe. Natürlich gibt es dann unzählige Varianten am Rande. Natürlich weiß ich, dass alle »Theorien« der Gesellschaftswissenschaften nur so etwa in der Hälfte der Fälle anwendbar sind – zwei Drittel wären schon sehr gut!

Ich beginne mit einem ersten Fall aus der Ökonomie. Seit einigen Jahrzehnten befasst man sich mit dem Lebenszyklus von Produkten. Vor dieser Zeit ging man stillschweigend davon aus, dass alle Produkte wie Pril, Maggi oder Leibnizkeks unendlich lange am Markt bleiben würden, was nur selten stimmt. Wer also expandieren wollte, musste immer neue und viel mehr Produkte an den Markt bringen. Besonders in den siebziger Jahren des letzten Jahrhunderts, als die Welt in voller Blüte stand und prosperierte, begannen die Unternehmen, sich in viele andere Gebiete zu begeben. Sie expandierten zügig, manche verirrten sich in alle Richtungen, manche wuchsen zügellos in alle möglichen Märkte.

Mit der Zeit verloren ganz große Firmen fast den Überblick über ihre vielfältigen Aktivitäten. Es wurde insbesondere schwierig, die verschiedenen Unternehmensteile miteinander zu vergleichen. Wie managt man ein Unternehmen, das zur Hälfte Stahl produziert und zur anderen Reisen anbietet (Preussag Stahl und TUI)? Damals begann man, die Unternehmensteile als separate Elemente in einem Portfolio zu betrachten. Die Boston Consulting Group teilte die Unternehmensteile in vier verschiedene Arten auf und zog mit diesem Beratungskonzept durch alle Unternehmen. Heute ist diese Denkweise Allgemeingut. Die vier »Arten«:

- *Poor dogs* (arme Hunde oder Schweine – wo es noch nicht oder nicht mehr richtig läuft)
- *Question Marks* (Fragezeichen – wo schon etwas wächst und man entscheiden soll, es aufzugeben oder voll hineinzuinvestieren)
- *Stars* (hohes Wachstum bei hohem Marktanteil – wie etwa Google oder eBay heute)
- *Cash Cows* (Melkkühe – hoher Marktanteil, nur noch wenig Wachstum, noch guter Gewinn)

Heute wird das auch mit uns Menschen selbst angestellt: Es gibt Mitarbeiter, die es noch nicht oder die nichts mehr bringen. Die heißen wirklich arme Schweine oder Low Performers, was man in meiner Jugend nur heimlich denken durfte, aber heute ungeniert vor dem Betreffenden ausspricht. Es gibt Leistungsträger, die hier Shooting Stars genannt werden. Es gibt erfahrene Mitarbeiter, die normal und stetig ihr Geld verdienen, aber keine Bäume mehr ausreißen. Sie können sich sicher gut vorstellen, wozu diese Einteilungen genutzt werden: für eine Arbeitnehmer-Portfolio-Optimierung und – Bereinigung.

Die Erfassung in vier Typen ist natürlich statisch. Sie berücksichtigt allenfalls implizit die zeitliche Dynamik. Poor Dogs sind Anfang und Ende, wie »Baby« und »kurz vor der Rente«. Fragezeichen sind wie »eigentlich viel versprechender Jugendlicher« und so weiter. Es liegt deshalb nahe, von einem Lebenszyklus von Unternehmen oder Produkten zu sprechen.

Wie entwickelt sich das Leben von Schreibmaschinen? Sie ersetzen zunächst zögernd den Füller und erobern erst langsam und dann stürmisch mit dem Tipp-Ex die Welt. Dann sterben sie am Computer. Wie entwickelt sich ein Festnetztelefon? Der Negativfarbfilm? Das Moped?

Sie können ein bisschen nachdenken – dann kommen Sie sicher fast von selbst auf die folgende Graphik:

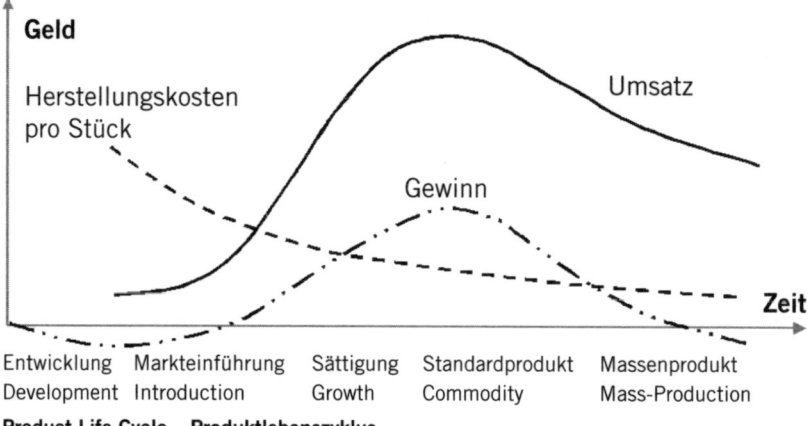

Geld				
Entwicklung	Markteinführung	Sättigung	Standardprodukt	Massenprodukt
Development	Introduction	Growth	Commodity	Mass-Production

Product Life Cycle – Produktlebenszyklus

Das Leben des Produktes wird in verschiedenen Phasen gesehen, die hier schematisch gleich lang skizziert sind. Im Leben sind sie das ja nicht unbedingt.

- *Entwicklung:* Zuerst wird das Produkt entwickelt und sein Marketing vorbereitet. Das kostet Geld und führt zu Anlaufverlusten.
- *Einführung:* Jetzt kommt das Produkt mit einer Anfangsmenge auf den Markt. Die Herstellung des Produktes ist noch sehr teuer, weil es in kleinen Mengen hergestellt werden muss. Bei Technologie gelingt die Herstellung am Anfang noch nicht gut. In dieser Phase geht es um das Überleben des Produktes, es steigt vom »Poor Dog« zum »Question Mark« auf.
- *Wachstum:* Wenn aus dem Produkt überhaupt etwas wird, wächst der Umsatz oft rasant. Das Produkt wird bald ein »Star«, es erreicht die Gewinnzone, die Stückkosten fallen. Spätestens jetzt sitzen dem Unternehmen viele Wettbewerber im Nacken. Sie alle wollen ein Stück vom Kuchen ergattern, wie man sagt.
- *Sättigung:* Wegen der Wettbewerber und der Sättigung des Marktes erreicht das Produkt als »Cash Cow« den Zenit im Umsatz und im Gewinn. Der Markt wächst kaum noch, aber die Gewinne sind noch gut, weil die Herstellkosten wegen größerer Stückzahlen immer weiter sinken.

- *Standardisierung:* Am Markt bilden sich übliche Qualitätsstandards heraus. Die Produkte sind jetzt »übliche Güter«, die man nicht mehr gleich immer neu anschafft, wenn es eine neue Version im Markt gibt. Die Kunden haben das Gefühl: »Das tut es.« Das ist logisch gesehen sehr gut, aber die Käufer sehen es als selbstverständlich. Sie zahlen keine Preise der Begeisterung mehr. Deshalb sinken die Gewinne langsam und stetig ab.
- *Massenfertigung:* In ihrer Not versuchen die Hersteller die Gewinne durch Massenfertigung zu retten. Firmen fusionieren um der kritischen Masse willen. Viele Wettbewerber bieten Billigversionen des Produktes an, der Markt ist heiß umkämpft, es gibt ruinöse Preiskämpfe. Dieses Verhalten aller Anbieter führt zu Verlusten und zur Marktbereinigung.

Die obige Kurve stellt einen typischen Grundverlauf dar. Natürlich floppen viele Produkte, und manche erleben wegen technischer oder finanzieller Probleme nicht einmal das Ende ihrer Entwicklung. Viele Produkte (»grüne Pfefferminzcola«, »naturbraunes Toilettenpapier genau wie die Melitta-Tüten«) gehen zuerst weg wie warme Semmeln, weil sie so sehr zum Ausprobieren reizen. Aber die Käufer sind damit sehr unzufrieden und sagen es weiter. Dann ist das Produkt sofort tot! Es gibt so sehr viele verschiedene Produktleben wie Menschenschicksale. Die Kurve oben gibt nur den Grundtyp an sich wieder.

In der großen Weltwirtschaft werden jeden Tag neue Produkte eingeführt und erfolglose vom Markt genommen. Das ist normal für eine pulsierende Ökonomie.

Was aber passiert, wenn es viele neue Produkte gleichzeitig gibt? Was geschieht, wenn gleichzeitig viele sterben?

So eine Phase erleben wir heute. Es liegt an der Revolution des Internets. Das Internet verändert alles. Das Sterben vieler Produkte treibt Unternehmen in Verluste, und die Entwicklung ganz neuer Produkte kostet Geld. Das führt die Welt an den Rand eines Chaos. Die Märkte werden volatil und turbulent, und wir alle fürchten um unsere Arbeitsplätze. Das will ich etwas prägnanter mit dem Einbrechen großer Basisinnovationen erklären. Sie erzeugen die großen Konjunkturwellen – so sehen es viele im Gefolge der Innovationspioniere Kondratieff und Schumpeter.

Kondratieff-Wellen

Auf Nikolai Dmitrijewitsch Kondratieff gehen die Ideen zu langen Konjunkturwellen zurück. Kondratieff publizierte 1926 seine Arbeit *Die langen Wellen der Konjunktur.* Er zeigte anhand von Daten aus verschiedenen Volkswirtschaften, dass es immer wieder zu etwa 40 bis 60 Jahre währenden großen Zyklen in der Wirtschaft gekommen ist. Diese Ideen wurden 1939 in einem Buch von Joseph Schumpeter weitergeführt. Er verwendet als erster den Begriff der *Kondratieff-Zyklen* oder *Kondratieff-Wellen* und spricht von zugrunde liegenden neuen *Basisinnovationen*, deren breitester Einsatz die Wirtschaft und Gesellschaft neu prägen.

Wenn ich die großen Basisinnovationen so anschaue, auf die sich die Experten dieses Gebietes heute wohl weitgehend geeinigt haben, so kommen mir persönlich einige Zweifel. Denn eigentlich gibt es noch andere. Die Erfindung des Dynamits zum Beispiel hat ebenfalls zu einer breiten Anwendung geführt und der Gesellschaft zu einem großen Boom verholfen. Dynamit oder die Atombombe kommen aber bei den Basistechnologien in den Büchern gar nicht vor. Sie sehen daran, dass es wie bei den Produktlebenszyklen um das Bild eines typischen Ablaufes geht, nicht aber um eine hundertprozentige Erklärung der Wirklichkeit in einem naturwissenschaftlichen Sinne. Es geht um das Verstehen eines oft beobachtbaren Phänomens und das Erarbeiten von Handlungsalternativen in solchen Situationen.

Allgemein geht man heute von bislang fünf großen Zyklen aus. Ich übernehme die Konsens-Jahreszahlen und die kleine Graphik aus Wikipedia. Die Jahreszahlen sind natürlich cum grano salis zu sehen und ich kann mir besonders als Wissenschaftler herzlich wünschen, dass die Zyklen alle gleich lang sind, damit es eine adrette Theorie gibt. Trotz all dieser in der Natur der komplizierten Sache liegenden Schwächen ist es wichtig, die folgende Liste zu kennen.

1. Periode (ca. 1780-1849): Frühmechanisierung; Beginn der Industrialisierung in Deutschland. »Dampfmaschinen-Kondratieff«
2. Periode (ca. 1849-1890): Zweite industrielle Revolution »Eisenbahn-Kondratieff« (Bessemerstahl und Dampfschiffe)
3. Periode (ca. 1890-1940): »Elektrotechnik- und Schwermaschinen-Kondratieff« (auch Chemie)
4. Periode (ca. 1940-1990): »Einzweck-Automatisierungs-Kondratieff« (Basisinnovationen: Integrierter Schaltkreis, Kernenergie, Transistor, Computer und das Automobil)
5. Periode (ab 1990): »Informations- und Kommunikations-Technik-Kondratieff«

Schematisch (und mehr geht wegen der unscharfen Abgrenzungen leider nicht) sehen die Zyklen so aus:

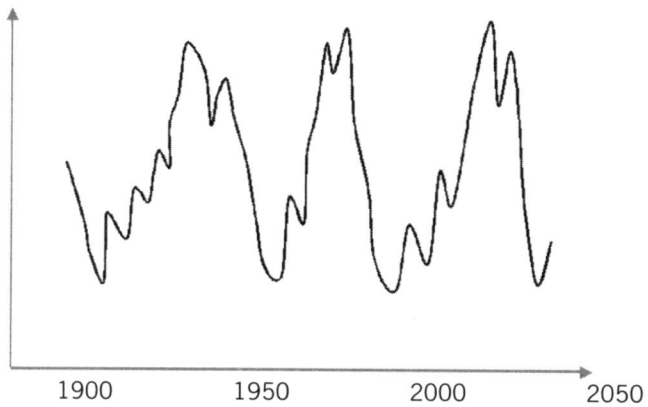

1900   1950   2000   2050

Projektionsskizze der Kondratieffzyklen

Die Kondratieff-Wellen zeigen genau den Effekt, den wir beobachten, wenn viele Produkte und Dienstleistungen sich *gleichzeitig* plötzlich stark verändern oder gar sterben. Heute stehen wir am Beginn des so genannten Informations- oder Kommunikationszeitalters.

Die Computer, speziell die PCs und die kommenden Kleingeräte wie iPods und Blackberrys verändern die Welt extrem stark, seit sie alle durch das Internet vernetzt sind.

Beispiele von Produkten, Verfahren oder Dienstleistungen, die sich in der Folge des Internets verändert haben, billiger oder anders hergestellt werden können oder ganz entfallen:

- herkömmliche Kameras und Negativfilme
- Versandhandel
- Buchhandel
- alle Logistik
- Maklerdienste (Immobilien, Stellenmarkt)
- Informationssuche (ein guter Teil der Arbeitsmenge bei einer Dissertation)
- Buchungen von Reisen oder Veranstaltungen
- Telefonieren in Festnetzen
- Abwicklung von Bankgeschäften
- alles, was durch Fernkommunikation zu erledigen ist, kann in »Indien« erledigt werden, auch Telefon-Banking, etc.
- Versicherungen
- Versandapotheken
- Musikhören
- bezahlen, kassieren & abbuchen

Sie kennen diese Beispiele sicher alle, aber haben Sie sich schon einmal richtig gefürchtet? Die Liste bedeutet, dass die Banken, Versicherungen, Telefonanbieter, Apotheker, Zwischenhändler, Großhändler oder Reisebüros zu einem guten Teil verschwinden können. Alle auf einmal! Dahinter stehen Tausende von Produkten, die plötzlich und fast unvorhergesehen nicht mehr in der alten Form nachgefragt werden. Es hagelt bei den Anbietern ungeheure Verluste.

Gleichzeitig sind durch das Internet ganz neue Produkte und Dienstleistungen entstanden. Aber welche?

- Online-Versteigerungen (die führen dazu, dass die Leute alles mehrfach benutzen, nicht wegwerfen – schrecklich für die Wirtschaft! Das kostet viel Wachstum!)
- Informationssuche im Internet (die wird durch Werbung finanziert,

die anderswo eingespart wird – deshalb haben Zeitungen und
Fernsehen ein schwereres Leben!)
• Musik-Downloads

Ja, und nun? Jetzt setzen Sie sich einmal fünf Minuten hin und verlängern
die Liste! Fällt Ihnen auch nicht viel ein? Sind die Beispiele neuen Geschäf-
tes denn schon umsatzträchtig? Google macht heute immer noch ganz
wenig Umsatz im Vergleich zu einem großen Konzern!

In der stürmischen Zeit dieser neuen Basisinnovation entfallen viele alte
Produkte und Dienstleistungen. Fast alle Produkte und Dienstleistungen
lassen sich in der Folge des Internets billiger herstellen, es kommt also zu
einer generellen Senkung der Stückkosten. Mörderischer Wettbewerb ent-
brennt. Die Preise fallen den Stückkosten nach. Die Arbeitslosigkeit steigt,
dadurch sind viele bereit, für weniger Geld zu arbeiten als bisher. Die
Löhne sinken, die Arbeitszeit steigt. Es ist allgemeine Not! Neue Produkte
müssen mitten in der Geldknappheit entwickelt werden. Viele der Produkte scheitern und kosten nur Geld bis zum Frühtod (»cash burn« und
»dot.com crash«).

Die teure und *gleichzeitige* Geburt vieler Produkte und Services fällt mit
dem Tod von noch viel mehr Produkten und Dienstleistungen zusammen.
Das ist schwer zu verkraften. Nach dem Kraftakt aber winkt ein langer
Boom, der mehrere Jahrzehnte dauern kann.

Viele fragen heute verzweifelt, was denn überhaupt boomen soll. Was
sollen wir noch produzieren, wo wir doch alles haben! Womit können wir
noch unsere hohen Löhne verdienen?

Meine Antwort: Indien, Brasilien und China haben durch das Internet
Anschluss an die industrialisierten Ökonomien gefunden. Früher waren sie
viel weiter weg! Früher sprach man vom Handel und vom Handelsvolu-
men mit einem Land. Heute aber arbeiten wir über das Internet quasi in
einem anderen Land! Die Beziehungen der Länder werden viel, viel enger.
Der Lebensstandard wird sich angleichen. Stellen Sie sich vor, dass wir in
den neuen Industrieländern Autobahnnetze, Eigenheime und Autos für
alle bauen. Sehen Sie, wie viel Wachstum uns winkt?

Ein kleines Beispiel aus der IBM, in der ich arbeite. Der Jahresumsatz
von IBM liegt bei knapp 100 Milliarden Dollar, davon entfallen auf Brasi-

lien, Russland, Indien und China zusammen vielleicht zwei bis vier Prozent. Das ist insgesamt nicht viel, es gleicht Rückgänge durch Preisverfall
anderswo nicht aus. Es sieht für den Laien nun so aus, als ob IBM stagniert
und als Firma im Company Life Cycle alt wird. Die Wachstumsraten der
IBM sind in den neuen Ländern aber dramatisch. In wenigen Jahren machen die Umsätze dort 10 oder 15 Prozent vom Gesamtumsatz aus. Und
dann steigt IBM wieder auf und auf und ...

Ich will sagen: In der Talsohle verschiebt sich alles. Vieles stirbt, vieles
entsteht. Nach einiger Zeit verstehen die Menschen, wie ihr neuer Weg aussehen könnte. Dann gehen sie erneut mit froher Energie zur Arbeit. Der
nächste Boom kommt.

Mit diesem Abschnitt wollte ich Ihnen verdeutlichen, dass große Turbulenzen in der Ökonomie oft damit erklärt werden können, dass statt der
üblichen Geburten und Tode *plötzlich gleichzeitig* ein großes Sterben und
ein großes Gebären einsetzt. Diese vielfach unruhige und schmerzhafte
Phase dauert vielleicht fünfzehn oder zwanzig Jahre. Diese Zeit reicht aus,
dass eine neue Generation heranwächst und neue Weltanschauungen in
unser Leben trägt. Wenn aber der nächste Boom anbricht, wird sich wieder
alles ändern!

Abgesang: Statt sich zu überlegen, wie denn der nächste Boom inhaltlich
aussehen soll, sind die Wissenschaftler schon Jahrzehnte weiter. Sie strei-
ten, was die nächste Basisinnovation sein könnte. Was kommt nach dem
Internet?

Um diese Antwort wetteifern heute schon viele! Es geht um das Recht-
haben, was wohl der nächste »Kondratieff« sein wird. Wer erntet den
Ruhm, als Erster Extremschnellwuchsmenschen für militärischen Verbrauch vorhergesagt zu haben? Oder die Züchtung von Einzweck-Olym-
pioniken? Kandidaten für die nächste große Basisinnovation fallen Ihnen
sicher selbst ein: Biotechnologie, Nanotechnologie! Leo Nefiodow glaubt
an »Psychosoziale Gesundheit und Kompetenz«. Das wäre schön! Im Ernst:
Ich könnte mir vorstellen, dass Menschen wie wir, die wir heute alles
haben, uns zu den teuren Autos bald auch schöne Körper leisten. Ein schöner Mensch signalisiert automatisch Reichtum und Stil – ganz ohne Porsche. Das wird ein gigantisches Geschäft! Wir zahlen alle lebenslang für das
Schönsein und versichern uns gegen die Geburt hässlicher Kinder, die uns

viel zu teuer kommen. Adoption schöner Babys wird deshalb die Regel! Wahrscheinlich schaudern Sie ein bisschen, aber diese Geschäftsform bringt einfach immens viel Umsatz und erfordert unendlich viele top ausgebildete Akademiker. In der Vorstellung vieler Menschen löst Schönsein alle Probleme (das mag in der Anfangsphase partiell stimmen, später sind ja alle schön). Diese Vorstellung löst einen irren Boom aus und …

Ich möchte jetzt ein typisches Vorstellungsmodell entwickeln, welche Turbulenzen zwei aufeinander folgende Basisinnovationen in der Gesamtökonomie erzeugen. Ich habe in der folgenden Abbildung zwei Zyklen skizziert.

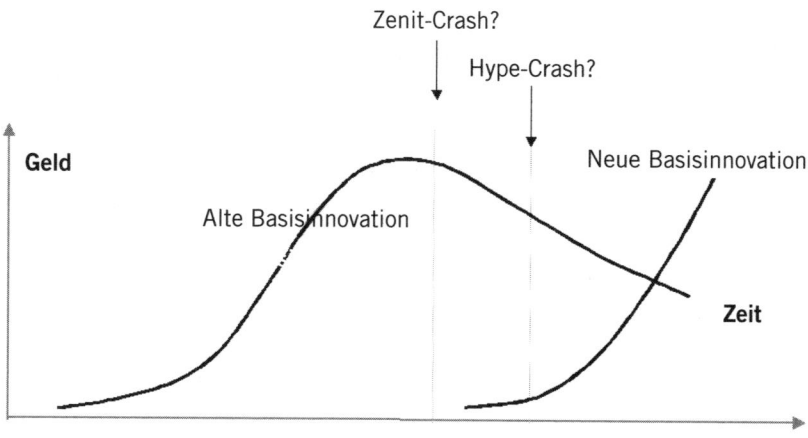

Ich will mit der Graphik folgenden typischen Ablauf illustrieren:

- *Wachstumsphase der ersten oder »alten« Basisinnovation:* Die Wirtschaft boomt, alles gelingt, was man auch anfasst. Viele neue Unternehmen sind erfolgreich. Wissenschaftler oder Forscher denken schon die nächste Basisinnovation voraus, aber im allgemeinen Wachstum ist der Antrieb sehr niedrig, gerade jetzt wieder mit irgendetwas ganz klein anzufangen, wo doch das große Geschäft brummt.

- *Sättigung:* Das Wachstum flacht ab, aber die Herstellungskosten fallen noch immer. Die Firmen stellen immer noch viele neue Leute ein. Es gibt Vollbeschäftigung. Warnende Stimmen werden ignoriert. Die Masse der Unternehmen und Mitarbeiter ist jetzt ganz euphorisch und denkt, das Wachstum ende in Ewigkeit nicht. Inzwischen sind die Forschungen des nächsten Kondratieff schon weit gediehen. Weil das Wachstum abflacht, beginnen sich Wissenschaftler für etwas Neues stärker zu interessieren. Ökonomisch gesehen bedeutet das nichts.
- *Eventuell ein Crash im Zenit?* Das Wachstum flacht Besorgnis erregend ab, weil der alte Boom ausläuft. Beispiel: Die Fernseher, Waschmaschinen oder Autos, die wir unbedingt alle paar Jahre neu brauchten, weil sie stets nach einigen Jahren so viel besser waren, sind nun einfach gut. Wir haben keine echten Sehnsüchte mehr, alle paar Jahre neu zu kaufen. Wir kaufen die neuen Produkte jetzt in längeren Intervallen. Die Waschmaschinen und Autos halten jetzt auch länger – die Rostlauben von früher sind liebe Erinnerung. Es kann nun ein allgemeines Erschrecken geben. Die Unternehmen merken, dass sie vor einer Herausforderung stehen. Das alles zugleich kann in einer dramatischen Schrecksekunde klar werden. »Schwarzer Montag an der Börse.«
- *Effektivität und Konzentration auf die Produktionstechnik:* Bisher haben die Unternehmen *die Produkte* ständig verbessert – hier ist aber kaum noch Spielraum für große Verbesserungen. Die Unternehmen haben im Vertrauen auf noch bessere Produkte und höhere Umsätze viele Menschen und besonders Entwickler und Experten eingestellt. Nun orientieren sie sich um. Sie verbessern jetzt nicht mehr so sehr die Produkte, *sondern die Produktionstechnik.* Dadurch stellen sie die Produkte billiger her und steigern die Gewinne, weil sie Kosten sparen.
- *Effizienz, Massenfertigung und Marktschlacht der Anbieter:* Die billiger hergestellten Produkte reizen die Anbieter zu Preissenkungen. Die Gewinne fallen schnell. Die Umsätze sinken. Die Unternehmen beginnen gegeneinander zu kämpfen. Sie senken brutal und radikal die Produktionskosten. Sie beginnen, Mitarbeiter zu entlassen. Was kann man tun? Wie kann man noch Geld verdienen? Nun beginnen die Pioniere des Neuen ins Visier der Ökonomie zu rücken. Lassen sich neue Technologien anwenden? Kann man mit ihnen noch mehr sparen oder die alten

Produkte aufpeppen? Das Neue regt sich jetzt deutlicher und kommt zaghaft aus dem Wissenschaftlichen heraus. Das Neue ist nun schon da, aber nur als belächelte Vision. Die Manager setzen ihren Fokus noch voll auf die Rettung des Alten.

• *Ein Crash am Übergang?* Die alte Wirtschaft konsolidiert, fusioniert und baut Kapazitäten ab. Da erscheinen die Vorboten des neuen Zyklus. Beispiel: Die Internet-Firmen. Die Wirtschaft greift nun nach dem Neuen wie nach einem rettenden Strohhalm. Fieberhaft wird in das Neue investiert! Man versteht leider aber nicht, dass alles seine Zeit braucht. Man kann das nicht wirklich verstehen, weil Kondratieff-Zyklen nur alle paar Jahrzehnte erscheinen. Keiner hat Erfahrung damit. Es kann jetzt in der allgemeinen Überstürzung zu einem Überschaum mit anschließendem Crash kommen.

• *Überlebenskampf und hektische Neuausrichtung vor dem neuen Aufschwung:* Das Alte liegt in Agonie, es verbraucht die letzten Reserven und nimmt im Todeskampf keine Rücksicht mehr auf Menschen, Ethik und Kultur. Das Neue aber ist nicht mehr nur spekulativ da. Überall entstehen junge Firmen der nächsten Basisinnovation. Sie erzeugen im noch andauernden Niedergang des Alten einen wiederkehrenden Optimismus, aber auch Angst und Chaos im Alten, das ja der Verlierer sein muss. Die Newcomer erzielen noch nicht so viel Umsatz, dass die Einbußen im Alten aufgefangen würden. Die Menschen aber sehen wieder Land. Obwohl alles noch schrumpft, beginnen Unternehmen mit Investitionen in die Zukunft. Damit beginnt der neue Aufschwung.

So. Nun habe ich Ihnen erst einmal mit *sachlichen* Worten das Auf und Ab geschildert. Sie kennen es so von den meisten Management-Büchern. Aber wir wollen in diesem Buch *nachfühlen, was wir dabei denken!* Ich will auf unsere Weltanschauungen hinaus, die sich in solchen Zyklen verändern.

Das Auf und Ab im Körper

Im Aufschwung sind wir alle froh und zanken uns nicht. Aufschwung ist wie das Besiedeln des neu entdeckten Amerika. *Es ist genug Land für alle da!* Alles wächst und gedeiht! Wir denken, wir sind im Paradies! Wir vermehren uns stark, ein Babyboom setzt ein. Plötzlich merken wir, es wird enger. Plötzlich wandern andere ein! Das sind Zeiten, in denen die Stimmung umkippt. »Welcome!«, haben wir lange jedem zugerufen. Wir hatten nie genug Arbeitskräfte und zu viel Arbeit. Dann aber kehrt sich das Verhältnis um. Da werden wir böse und rufen erregt: »Stopp! Haut ab!«

Aufschwung ist entspannt und voller positiver Energie, die sich auf ihren fast sicheren Erfolg freut.
Abschwung ist stressig und voller erbitterter Energie, die sich gegen drohendes Verhängnis stemmt.

Erinnern Sie sich noch an die Entwicklung der Beutetiere und der Räuber? Im Aufschwung werden wir als Konsumenten satt. Wir bekommen Babys und vermehren uns. Wir konsumieren die Produkte als Beute. An einem bestimmten Punkt wird es eng. Eine Zeit lang leben wir über unsere Verhältnisse. Wir essen mehr als nachwächst. Ein Abschwung setzt ein.

In den verschiedenen Phasen dieser Zyklen denken wir jeweils anders. Es kommt zu einem Zyklus verschiedener Weltanschauungen.

Das möchte ich in einem gesonderten Kapitel darstellen. Erst mit diesem Rüstzeug kann ich ein bisschen tiefer über unsere Anschauungen schreiben. Es kommt jetzt im Buch zu einem scheinbaren inhaltlichen Bruch. Ich entführe Sie für ein paar Seiten in die Facetten von Auf- und Abschwüngen in der Physiologie unseres Körpers. Wir haben ja in uns auch Stoffe der

Ruhe, des Stresses, des Kampfes oder der Freude und des Glücks. Die überwiegen in uns je nach Wirtschaftslage und beeinflussen unser als so furchtbar logisch empfundenes Denken. Das denken Sie aber nur, dass Sie logisch sind, es stimmt doch nicht! Je nach Stoffwechsel sind wir ein anderer Mensch und haben dann je ein anderes Werte- und Denksystem. Die Unterschiede sind fast so groß wie bei Dr. Jekyll und Mr. Hyde. Ich fragte ja schon im letzten Kapitel, ob wir vielleicht zwei Menschenversionen unterscheiden könnten. Jekyll & Hide. Hmmh. Vielleicht Homo oeconomicus und Animal oeconomicum? Schwer hinzunehmen? Glauben Sie es lieber gleich – oder eben nach diesem Kapitel.

Stimmungen wie Auf und Ab spiegeln sich in Körperzuständen wider. Wir kennen Stress und Entspannung. Das Gehirn zieht bei hohen Wellenfrequenzen die Stirnfalten, oder es verharrt bei Niederfrequenzen in meditativer Ruhe. Die Körperchemie stachelt uns mit Adrenalin auf, oder wir freuen uns wie verliebt mit Endorphineinschüssen. Bei der Arbeit wollen wir ganz ernst »pünktlich fertig werden«, oder wir arbeiten lustvoll vor uns hin – ohne auf die Uhr zu schauen. Wenn hier eine dieser Haltungen zur Arbeit vorherrscht, dann beeinflusst es unsere Weltanschauungen!

Darf Arbeit Spaß machen?

»Darf Arbeit Spaß machen?« Das ist eine sehr wichtige Frage. Meine Mutter sagt: »Gunter, IBM bezahlt dich nicht so hoch, damit du Spaß hast. Arbeit dient dem Lebensunterhalt.« Ich sage: »Mutti, wenn Arbeit keinen Spaß macht, leiste ich zu wenig. Arbeit *muss* Spaß machen.« Zwischen diesen beiden Positionen klaffen Welten und Weltanschauungen, die tief in die Philosophie und in unsere Seele hineinreichen, wie ich später aufzeigen möchte.

Aber dieser Zwiespalt lässt sich in einer Gruppe von Menschen sehr schwer diskutieren. Abgesehen von den beiden hoffnungslos divergierenden Meinungen ist es leider so, dass Arbeit bestimmt keinen Spaß macht, wenn man sie nicht gut kann/versteht oder wenn man dabei überfordert ist. Das wollen aber »überforderte« und deshalb oft gescholtene und unter Druck stehende Menschen bestimmt nicht tief durchdenken! Ganz zuletzt

»überforderte« Manager. Die sagen mir regelmäßig: »Viele Arbeiten sind einfach großer Mist und können keinen Spaß machen. Spargelstechen! Müllabfuhr! Die müssen auch getan werden. Dazu müssen wir eben die Leute zwingen. Keiner wird sie freiwillig verrichten.« Da denke ich an meine Jugend auf dem Bauernhof zurück. Ich habe im Nieselregen unter dicker Jacke schwitzend mit der Hand Rüben gerodet – das war für ein Kind echt schwere Arbeit, mit der ich mir Taschengeld verdiente. Ich weiß nicht – vielleicht sehe ich das zu verklärt –, das war schönere Arbeit als das Sitzen in Meetings. Und auch die Taxi-Fahrer erzählen sehr oft, wie sehr sie an ihrem Beruf hängen (»Ich bin frei, ich kann einen Kaffee trinken, wann ich will und muss keine Krawatte tragen wie Sie.«), und ich zitiere auch gern die Fleischverkäuferin bei Tengelmann (»Hier hinter dem Tresen bin ich frei. Es ist mein Reich.«).

Ich will diesen ganzen Komplex aber hier gar nicht so lange kontrovers diskutieren, ich komme einfach gleich mit einer konkreten Erhellung.

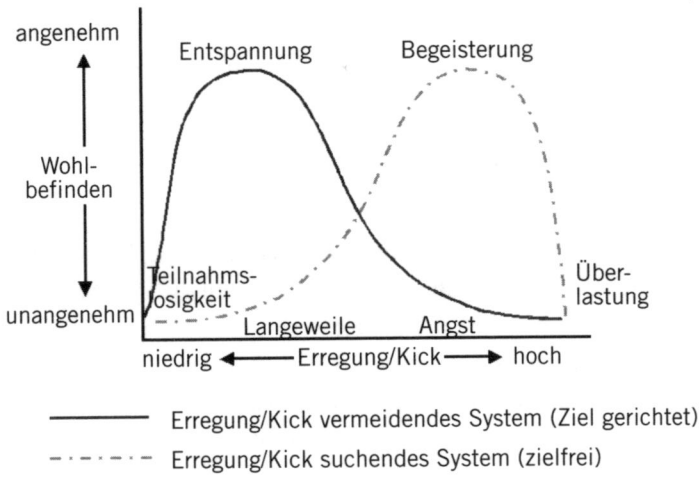

»Reversal Theory« Apter 1982

Michael J. Apter's *Reversal Theory* von 1982 diskutiert verschiedene »Erregungszustände« in Menschen, zwischen denen sie hin und her wechseln können (»reversal«). Ich habe die Hauptidee in der Graphik dargestellt. Die Kurven zeigen den Wohlfühlgrad von Menschen bei einer Arbeit in Beziehung zur »positiven Aufregung« dabei. Im Amerikanischen benutzt man das Wort »Arousal«, es bedeutet im normalen Sprachgebrauch meist sexuelle Erregung. Die Psychologen verstehen darunter nur »Erregung« an sich, ich habe für das Verständnis im Deutschen noch »Kick« dazugeschrieben, weil für Deutsche das Wort Erregung etwas negativ belegt sein mag. Ich meine mit Erregung so etwas wie das wundervolle Gefühl von positiver Energie bei der Arbeit. Nicht Stress! Noch einmal: NICHT Stress.

Die »linksgebauchte« Kurve – ich sage einfach die linke – steigt schon bei kleiner Erregung bei der Arbeit an. Das Wohlbefinden wächst schlagartig. Bei nur kleinster positiver Anspannung sitzen wir erst teilnahmslos da, bei etwas größerer arbeiten wir bereits optimal. Mehr »Erregung« braucht ein typischer Pflichtmensch nicht! Er braucht eigentlich entspannte *Anregung*. Wird aber die Erregung weiter gesteigert, wird sie schnell zur ungemütlichen Anspannung – und noch höher hinauf fühlen wir uns unwohl und bekommen schnell Angstzustände, weil wir so unter solchem Stress nicht mehr vernünftig arbeiten können.

Schauen wir die »rechtsgebauchte« Kurve für »gern Hocherregte« an. Bei kleiner Erregung ist uns hier die Arbeit sterbenslangweilig, erst bei ziemlich hoher Erregung gibt die Arbeit genug »Kick«, damit wir genug Kraft hineinstecken können. Erst bei extremer Herausforderung fühlen wir uns überlastet.

Diese Zustände kommen zu verschiedenen Zeitpunkten im selben Menschen vor. Viele Menschen bevorzugen aber insgesamt die eine oder andere Art. Sie entwickeln meist eine Präferenz. Die einen Menschen wollen also entweder wenig Stress oder eine geringe »gefühlte Bluttemperatur«, andere wollen stets eine hohe.

Die linke Kurve steht eher für »ruhige, vernünftige« Menschen, die konzentriert eine Arbeit zu Ende bringen wollen. Es geht ihnen um die Fertigstellung. Wenn die Arbeit getan ist, freuen sie sich. »Ich möchte gerne meine Arbeit einteilen und wissen, was ich wegschaffe. Ich ärgere mich über Störungen oder Unterbrechungen. Ich will sehen, wie ich nach und nach meine Liste abarbeite.«

Die rechte Kurve ist eher kennzeichnend für Menschen, die eine bestimmte positive Erregung zum Arbeiten brauchen. Nur bei dieser hohen »gefühlten Bluttemperatur« mögen sie Arbeit gern. Sie sind die Menschen, die Spaß bei der Arbeit haben wollen. Sie sagen auch meist: »Ich brauche Fun. Ich arbeite besser, wenn etwas zu tun ist. Ich hasse das Herumhocken und Labern und die Bürokratie. Wenn ich im Rausch arbeite, schaffe ich wie ein Tier. Ich gehe dann auch nicht früher nach Hause.«

Apter hat solche Wohlfühlzustände untersucht und unterscheidet in seinem Werk zwischen von ihm so genannten »telic states« und »paratelic states«. Telic bedeutet hier so etwas wie »zielgerichtet«, paratelic in etwa »den Zustand genießend«.

- *Telic State:* Ein von außen gegebenes Ziel wird verfolgt. Die Zielerfüllung steht im Zentrum der Arbeit. Sie soll zu Ende kommen. Man möchte fertig werden. Man plant dafür und freut sich schon auf das fertige Werk. Man hasst irgendwelchen Stress dabei, der den Termin der Fertigstellung in Frage stellt, man möchte »vernünftig« arbeiten.
- *Paratelic State:* Ein *selbst* gewähltes Ziel wird anvisiert, das als erregende Herausforderung gesehen wird. »Das pack ich, auch wenn es unmöglich aussieht! Das ist der Reiz dabei! Ich setze mir das jetzt einmal zum Ziel!« Der Prozess der Arbeit muss den Körper wohlig erfüllen. Das »vernünftige Arbeiten« ist nicht die wirkliche Hauptsache.

Fällt Ihnen nicht gleich viel Plakatives ein?

- *Telic:* Beamter, Lehrer, Manager, Verwaltung, Administration, Fragebogen, Schritt für Schritt, systematisch, Leistungsmessung, Vorgesetzter, Tadel, Belohnung.
- *Paratelic:* Handwerker, Unternehmer, Pionier, Gründer, Boxer, Taxifahrer, Schauspieler, Künstler, Chirurg, Pilot, Holzfäller, Verkäufer, versuchen, spüren, Meisterschaft, Stolz, Freiheit, Selbstbestimmtheit.

Der zielgerichtete Mensch ist hier mehr vom Willen zur Bewältigung einer Pflicht bestimmt, der andere von dem Wunsch nach Hingabe an etwas als sinnvoll Gespürtes. Das sind zwei ganz verschiedene Gefühls- oder Instinktlagen.

Kant diskutiert in seinem Werk die Pflicht und die Neigung bei der Arbeit. Er postuliert, dass die Pflicht vorgehen müsse. Er wünscht sich, dass

Pflicht und Neigung zusammenfallen. Das ist die Hybrid-Lösung für Denker, die unbedingt eine Antwort geben wollen. Wenn sie aber nicht zusammenfallen, soll sich der Mensch Mühe geben, seine Pflicht gern zu tun, dann lebt er so, wie es am besten ist. Die weitergehende Idee, Menschen so bei der Arbeit einzuteilen, dass sie jeweils »Neigung« verspüren, scheint auch heute immer noch etwas seltsam zu sein, weil die meisten Manager »telic« sind, auf ein Ziel gerichtet. Und diese Personenklasse kann die gern »paratelic« Arbeitenden nicht verstehen. Deshalb werden »paratelic« arbeitende Menschen immer mit Kant belehrt.

Kant hat da etwas Schlimmes in Gang gesetzt, nicht wahr? Lehrer sind meist »telic«. Sie werden deshalb allen »paratelic« Schülern beibringen, jedes noch so uninteressante Zeug aus dem Lehrplan zu schlucken, weil es sein muss. Der »paratelic«-Schüler muss sich Mühe geben, die Pflicht zur Neigung zu machen, sonst wird er zum Hyperaktiven erklärt und als krank bezeichnet. Deshalb haben die »paratelic«-Schüler immer schlechtere Noten oder keinen Schulabschluss. Deutsche Lehrer sind bestimmt sehr »telic«, weil Kant so deutsch ist.

Merken Sie schon, wie diese unterschiedlichen »Ansichten« bzw. Körperpräferenzen eng mit den verschiedenen ökonomischen Lagen verwoben sind?

Wenn es aufwärts geht, bestimmt uns mehr die Freude an der Arbeit. Jeder soll sich in einer Arbeit aufgehen lassen können. Im Aufschwung achten wir auf die Motivation der Menschen und auf inspirierende Arbeitsumgebungen.

Im Aufschwung ist es leicht, Pflicht zur Arbeit und Neigung zur Arbeit zur Deckung zu bringen.

Im Abschwung aber ächzen wir unter Überlast und schaffen nur mit Mühe unser Mindestsoll. Dazu blafft der Chef uns an: »Tut eure verdammte Pflicht!« Die Lehrer erzwingen Nachhilfestunden. Die Eltern zürnen.

Im Abschwung dominiert so sehr der adrenalindurchtränkte Pflichtgedanke, dass er den Stress verstärkt und den Abschwung eher beschleunigt als aufhält.

Welche (Bio-)Chemie stimmt?

Adrenalin! Das ist so eine Ersatzdroge, um die Arbeitsleistung zu »pushen«, wie Manager sagen. Management ist in schwierigen Zeiten wie »Pushen«. Marketing und Verkaufen ist wie »Pushen«, Antreiben oder »Feuer unter den Hintern machen« oder ganz derb – Entschuldigung, so sagt man es – unter den Lahmärschen.

In diesem Abschnitt will ich zeigen, dass das Erzeugen von Stress anstelle von Kick eine einfacher zu erzeugende Ersatzdroge ist. Viele ökonomische Weltanschauungen sind beeinflusst von Menschen, die unter dieser Ersatzdroge stehend entsprechende Gedanken aus ihrem mit Adrenalin gefluteten Gehirn beziehen, etwa: »Überall sehe ich faule Arbeitslose!« (Adrenalin wird im Nebennierenmark gebildet, nicht im Gehirn – ich rutsche jetzt ab und an ein wenig in Vorstellungen ab, die besser für das Leben taugen. »Die Chemie stimmt!« ist doch z. B. eingängiger als das korrekte »Die Bio-Chemie stimmt!«, oder?)

Ich gebe Ihnen jetzt eine Vorstellung, wie Arbeit mit biochemischen Substanzen zusammenhängt, die »im Gehirn« (nicht direkt da, aber ...) als Botenstoffe aktiv sind.

- Endorphine vermitteln »Glück« oder stillen Schmerz.
- Adrenalin setzt Notreserven frei (»Stress!«).
- Noradrenalin ist wie kraftvolle Energie (»Ich packe das jetzt!«).
- Serotonin regelt den Rhythmus (»Abends Ruhe, am Morgen geht's los!«).
- Dopamin regelt das »Pleasure Center«, das »Glückszentrum«, das Wohlfühlen.

Natürliche Arbeit wird durch Endorphin und Noradrenalin geregelt und durch Serotonin rhythmisch getaktet. Apter beschreibt, dass es verschiedene als gut empfundene Energie- und Begeisterungslevels gibt. Stress kommt dabei nicht vor. Stress durch empfundene Not oder Zwangslagen aktiviert Adrenalin und setzt Reserven im Körper frei. Es ist oft das alleinige Ziel des Managements, diese Reserven für die Arbeit freizusetzen. Die Nebenwirkungen des Adrenalinrausches aber sind immens. Im Detail:

Endorphine haben zwei mögliche Wirkungen: Sie vermitteln Glücksgefühle oder sie betäuben das Schmerzempfinden bei »Unglück«. Die beiden Extrempole sind: Endorphinrausch beim Verlieben und der betäubte Schock bei einer schweren Verletzung, die nicht schmerzt.

Adrenalin stimuliert den Körper ganz ruckartig in Gefahr. Alle Schalter stehen auf »bereit«. Das Empfinden ist sehr hellhörig und scharf. Der Körper fährt den Blutdruck hoch. Kampf! Adrenalin ist wie Stress, es setzt Reserven ein, um in Not kurz Erfolg zu haben. Stress ist von der Natur nicht als Dauerzustand gedacht. Adrenalin verbrennt Ressourcen für kurzfristigen Erfolg. Im Körper wird es relativ schnell wieder abgebaut – in Minuten! »Der regt sich gleich wieder ab.« Es muss für einen Dauerzustand immer wieder neu erzeugt werden. Faustballen! »Ich will!«

Serotonin taktet unsere biologische Uhr und sorgt für einen vernünftigen Tagesablauf. Am Tag wird der Körper mehr auf Aktivität eingestellt, er kann mehr Energie verbrauchen. Am Abend wird die Energie zurückgeschraubt. Der Körper wird ruhiger, entspannt sich und soll schlafen. Der Botenstoff Serotonin spielt bei diesen Körpereinstellungen eine wichtige Rolle. Jeden Tag wird das Serotonin in einen verwandten Stoff umgewandelt, er heißt *Melatonin*. Dieser wird wieder in Serotonin zurückgewandelt. Die Zeitdauer dieses Zyklusses ist im Prinzip etwa 25 Stunden und passt sich gut an den Tagesrhythmus an. Während dieses Zyklusses wird auch die Körpertemperatur um etwa ein Grad hin und her bewegt. Am Tag sind wir aktiver und haben eine schwach höhere Temperatur. Zum Schlafen hin sinkt die Temperatur wieder. Deshalb mögen Sie es nicht zu warm in der Nacht. Sie öffnen gerne ein Fenster. Zur Nacht produziert der Körper wenig *Cortisol,* unser »Kampfhormon«. Der Hunger flaut ab, wir rennen nicht mehr herum, werden kampfesmüde. Diese Gefühle kommen erst am Morgen wieder, wenn Sie sich zum Beispiel Rührei mit Speck oder Jogging wünschen. Wenn alles ruhig ist, fließen Sie in einen erquickenden, tiefen Schlaf, in dem Sie sich in mehreren Traumzyklen regenerieren.

Unter Stress arbeitet die Körperuhr nicht mehr richtig. Wer zu viel am Tage kämpft und Managermeetings bis in die Nacht durchmacht, kommt gestresst nach Hause, die Körpertemperatur ist zu hoch, Adrenalin und Cortisol sind zu hoch konzentriert. Der ruhige Schlaf bleibt aus, die Regeneration funktioniert nicht richtig. »Ich konnte nicht entspannen.« – »Ich wälzte Probleme und konnte nicht einschlafen.« – »Der Konflikt mit meinem Chef ging mir nicht aus dem Kopf.« – »Ich war noch hellwach, mein Körper wollte einfach nicht schlafen, obwohl ich es so gerne gehabt hätte.« Ich selbst muss viele Reden halten, oft die vor dem Dinner und oft auch so genannte Dinner-Speeches. Dann bin ich bis etwa 2 Uhr wach, keine Chance zu schlafen!

Unter Stress funktioniert die Körperregelung durch Serotonin relativ schnell nicht mehr. Die Körperuhr ist sehr labil und versagt im Vergleich zu anderen Funktionen im Körper fast »zuerst«, wenn etwas nicht stimmt.

Noradrenalin ist für den richtigen Energielevel im Körper zuständig. »Energized.« Wenn der Körper energiemäßig falsch eingestellt ist, fühlt er sich erschöpft, müde, lethargisch oder schlapp. Er lässt sich hängen. »Ich habe keine Lust, etwas anzufangen. Ich möchte mich nur noch hinsetzen.« Sie kennen es vielleicht aus dem Urlaub, wenn Sie mit Kindern ein großes Museum besichtigen oder noch besser die Pyramiden oder Ephesos in sengender Sonne. »Papa, wann ist das zu Ende? Papa, wo gibt es etwas zu trinken? Papa, ich setze mich hier hin und warte auf euch, ich will das nicht angucken. Es ist so entsetzlich langweilig. Ich verstehe nicht, was wir hier sollen. Es sind nur alte Steine. Ich kenne sie schon vom Fernsehen.«

Dopamin ist eng verknüpft mit der Produktion von Endorphinen, die uns Glücksgefühle bescheren. Dopamin wird als Regler des körpereigenen »Freudenzentrums« gesehen (»pleasure center«). Unter Stress können wir keine Freude mehr empfinden. »Ich verstehe jetzt keinen Spaß mehr! Ich bin gereizt! Seht euch vor!«

Unter Stress verlieren wir also die Balance im Körper. Keine Beständigkeit, kein Schlaf, unzureichende Regeneration, wenig Freude, viel Ärger, wenig Energie. Bei noch höherem Stresslevel fühlen wir uns energielos und bald auch nutzlos. Wir verlieren das Interesse an der Außenwelt. Alles ist egal. Noch eine Stufe weiter kommen die Schmerzen. Die Schultern verziehen sich, Brustbeklemmungen stellen sich ein, der Kopf brummt. Wir sagen jetzt: »Das Leben macht keinen Spaß mehr.« Das Leben geschieht wie ohne uns, wir haben keine Macht mehr. Die Depression schleicht wie Gift in uns herein. Es kann sein, dass die Angst dazu kommt. Werden wir einen Herzinfarkt erleiden? Manche von uns bekommen Panikattacken. Der Bauch ist unruhig, die Verdauung spielt verrückt …

Viele arbeiten heute gerade unter so viel Stress, dass sie bei der Arbeit noch reibungslos funktionieren.

Ich hoffe, der Unterschied ist nun klar. Adrenalin ist wie kurzfristige Stimulation, Noradrenalin wie Energiereichtum. In trendy American: »Stimulated« versus »Energized«.

Wir fühlen uns bei der Arbeit eigentlich nur gut, wenn wir »energized« sind und ein bisschen glücklich dabei. Unter Stress sind wir beides nicht.

Anstatt den Stress abzubauen, simulieren wir das Gefühl von Energie im Körper durch Ersatzdrogen.

Unser Körper spürt nämlich, dass unter Stress verschiedene Maßnahmen Erleichterung liefern. Ich nenne jetzt ein paar. Keine von ihnen bringt die Körperuhr wieder zur Funktion, sie regenerieren nicht wirklich, sie verschaffen nur eben Erleichterung. Die innere »chemische« Balance bleibt verloren, die »Seele bleibt verkauft«, aber sie fühlt sich temporär wie in einem nachgemachten Zustand, der dem gewünschten der Seelenruhe ähnelt. Wir erschaffen im Körper ein Fake, indem wir grob gesagt Pillen schlucken, die den Schmerz lindern, aber nicht einmal vom Ansatz her Heilung bringen. Ersatzdrogen halten den Überstressten in einem funktionierenden Zustand.

»Pick me up!« – »Bring mich wieder auf Touren!«

Typische »Pick me ups«, die den gefühlten Zustand verbessern, auch wenn der Körper in den Burn-out abgleitet:

- Alkohol vor dem Schlafengehen. Schnaps korrigiert die defekte Körperuhr für jetzt. Oder richtig betrinken, um sich zu enthemmen, was sich wie Entspannung anfühlt.
- Rauchen und Kaffee trinken, zu aller Zeit. Kaffee zum Aufwachen, Kaffee vor jeder Arbeit. Kaffee zum Wachhalten in Meetings. Cola dazu oder noch stärker Red Bull.
- Tabletten, Drogen.
- Zuckerkonsum – Honig, Glucose, Fruktose, Saccharose. Schokolade gibt Glück.

- Bei Unruhe immer wieder zum Kühlschrank gehen und irgendetwas nehmen.
- Exzessives Einkaufen – »Kaufrausch« – »Belohnungskaufen«.
- Den Kick suchen: Motorrad fahren, Drachen fliegen, Fallschirmspringen, Joggen bis zum Runner's High.
- Viel Fernsehen.
- Vielleicht die wichtigste »Droge«: Selbstanstachelung oder Selbstmotivation, mehr Adrenalin zu aktivieren. Workaholics erzeugen ständig Eigenadrenalin und leben in diesem Eigenrausch.

Viele Menschen konditionieren sich auf Dauer selbst. Sie verbinden in ihrem Hirn untrennbar Arbeit mit Zigarette, Meeting mit Kaffee, Schlafengehen mit Trinken, Aufregung mit Trinken, Versagen mit unaufhörlicher Arbeit unter Kaffee, damit das Eigenadrenalin nicht abgebaut werden kann. *Wer es schafft, sich selbst zu automatisieren, spürt den Dauerstress nicht mehr!*

Der Selbstkonditionierte fühlt sich nur oft unausgeglichen, weil andauernde Gesundheitsdefizite ständig durch »Pick-me-ups« repariert werden müssen. Mit so viel chemischem Hintergrund stellt sich nun die Frage, ob Arbeit Spaß machen soll oder darf, ganz neu:

Leistet der dauerhaft durch Ersatzdrogen in Funktion gehaltene Überstressmensch mehr als ein natürlich Energiereicher bei sinnvoller Arbeit?

Das ist eine ernsthafte ökonomische Frage. Die Antwort ist schwierig. Es gibt zwei wichtige Aspekte:

- Ersatzdrogen und Stress sind leicht zu beschaffen. Manager geben dazu grundsätzlich zu hohe Zielvorgaben und sehen zu, dass genug Kaffee da ist. Die Arbeitsbedingungen müssen nicht auf den Menschen Rücksicht nehmen. Es gibt Geld für Arbeit, mehr nicht.
- Unter echter Energie, also unter Hingabe und Herzblut werden die meisten Höchstleistungen vollbracht! Solche Zustände erfordern aber hohe Führungskunst für Mitarbeiter und etliche Rücksichten auf Seelen und Arbeitszustände.

Deshalb wird bei erforderlichen Höchstleistungen der echte Mensch ökonomisch mehr bringen – das ist klar. »Lass ihn in Ruhe arbeiten, er ist etwas wunderlich, aber genial.« Bei Routinearbeit und nur mäßigen Managern wird allgemein das erste Modell vorgezogen. Es gibt einzelne Firmen, die im zweiten Modell besser fahren, aber sie haben exzellente Führungskräfte. Stichwort: Toyota und Kaizen (die Managementmethode der ständigen Veränderung zum Besseren). Toyota überholt seit 50 Jahren beharrlich alle Firmen. Man sagt, dass Toyota so schwer zu kopieren sei – viele haben es versucht. Verstehen Sie, warum? Toyota setzt auf »ständige beharrliche Verbesserung ohne Verschwendung, ohne Überlastung und durch Ernstnehmen der Mitarbeiter«. Das ist Kaizen. Kein Stress! Offensichtlich verstehen mittelmäßige Führungskräfte die ganze Chemie nicht, sonst könnten sie einfach wie Toyota allen Erfolg der Welt ernten.

Kaizen und Toyota zeigen uns ökonomisch in Zahlen, dass positiv energiereiche Mitarbeiter mehr Profit erzielen. Diese Einsicht scheint aber an allen Köpfen abzuprallen, die unter Stress stehen. Toyota lässt sich also nur mit Hingabe und Herzblut kopieren, nicht unter Stress. Diese Hürde macht Toyota fast unbesiegbar.

Lassen Sie diesen Gedanken ein wenig wirken. Verstehen Sie, wie wenig Ihr Gehirn rational denkt? Ihre grundsätzlichen Einstellungen zu den Eckpfeilern wirtschaftlichen Denkens hängen irgendwie mit Ihrem Kaffeekonsum zusammen! Und mit der Wirtschaftslage – denn wahrscheinlich sagen auch Sie wie die meisten: »Im Abschwung ist Stress normal.« Und ich will nur sagen: Toyota wächst, obwohl sie Autos bauen – das ist ein ganz schlechtes Business heute!

Genug Biochemie, jetzt sehen wir uns Menschen aus der Sicht des Mediziners an:

Aggressive Typ-A- und entspannte Typ-B-Menschen

Im heute klassischen Buch *Type A Behavior and Your Heart* studieren Meyer Friedman und Ray Rosenman Faktoren, die bei Menschen leicht zu Herzattacken führen. Sie unterscheiden den stressgefährdeten Typ A von dem ruhigeren Typ B.

A	B
Ehrgeiziger Leistungsmensch	Denkt nicht viel über Aufstieg nach
Ziemlich aggressiv	»Easy« im Umgang
Schnelle Arbeit	Steht nicht unter Zeitdruck
Ungeduldig	Selten ungeduldig
Ruhelos	Nimmt sich Zeit für Freude, Genuss
»Hyper«-wachsam	Nicht so leicht erregbar
Angespannt, fühlt Druck	Stetig arbeitend
Spricht hektisch	Langsamer in Sprache/Bewegung

Ich interpretiere dies so: Typ A lebt mehr vom eigenen Adrenalinausstoß oder braucht extreme Erregung bei der Arbeit, Typ B erhält die Energie normal über einen gesunden Noradrenalinhaushalt und braucht keinen Kick.

Cunningham schreibt: »Type A behavior is not a personality disorder, but might be called a socially acceptable obsession.« Deutsch: Es ist noch keine Persönlichkeitsstörung, Typ A zu sein, es ist mehr eine gesellschaftlich akzeptable Manie oder Zwangsvorstellung/Besessenheit. Ich habe eigentlich schon im DSM nachgeschaut, ob dort Typ A als Krankheit oder Persönlichkeitsstörung vorkommt. (*DSM IV Diagnostic and statistical manual of mental disorders*, das vom Kreis der American Psychiatric Association herausgegeben wird.) Das DSM, heute in der vierten Version vorliegend, enthält »offizielle« Diagnosekriterien bei Störungen der Psyche. Die Psychologie erkennt eine Störung, wenn ein Mensch sich nicht normal benimmt, also etwa magersüchtig oder depressiv ist. Sie definiert dieses unnormale Verhalten erst als Abweichung, dann als Krankheit. Das Zitat von Cunningham will sagen: Eigentlich ist Stresssucht oder Arbeitssucht auch eine Krankheit, aber sie ist nicht unnormal. Wenn alle dieselbe Krankheit haben, müssen sie wohl gesund sein? Wenn alle Sünden begehen, müssen sie wohl doch alle in den Himmel kommen? Jedenfalls ist der Typ A zwar ein Suchtmensch, der als ständiges Pick-me-up das Eigenadrenalin nutzt, aber er ist »akzeptabel«. Er arbeitet wie verrückt, aber er ist nicht verrückt.

Typ A zeigt folgende Tendenzen:

- Hyperaggressivität
- Ständiges Gefühl der Dringlichkeit (time urgency)
- Tendenz zur Übererfüllung der Ziele
- »Polyphasic Behavior« und Impulsivität

Hyperaggressivität: Er hat im Grunde Angst und leidet unter dem Druck, unter dem er steht. Angst, zu versagen, die Ziele nicht zu erreichen. Sie drückt sich in vermehrter Aggression aus. Auf alle Signale von Unsicherheit und Angst reagiert Typ A mit Leistungswillen, Aktionen und Aktionsplänen, der Annahme von Herausforderungen. Das führt dazu, dass sich dieser Mensch praktisch ständig in Kampfbereitschaft fühlt oder quasi im Krieg steht. Er will die anderen übertrumpfen, koste es, was es wolle. Er verliert das Gefühl für Effizienz (!).

Dringlichkeitsgefühl: Er hat nie Zeit genug, alles zu tun, was eigentlich getan werden könnte. Er übernimmt tendenziell zu viele Aufgaben. Er versucht, immer mehr in der vorgegebenen Zeit zu erledigen. Er hat es dann stets eilig, um mehr zu erreichen. Dafür plant er ständig die Zeit, setzt sich Deadlines und klare Ziele. Er verordnet sich Regeln und Standards, die einzuhalten sind, alles letztlich mit dem Ziel, noch schneller zu arbeiten und noch mehr zu schaffen.

Tendenz zur Übererfüllung: Er will mehr und mehr erreichen (»drive to achieve more and more«). Durch diesen steten, immer präsenten Drang verliert er das Gefühl für die Freude über das Erreichte. Er sagt zu sich nur kurz: »Gut.« Und dann macht er innerlich einen Haken an die Liste und sagt: »Okay, weiter!« Typ A sammelt Orden, Auszeichnungen, Gehaltserhöhungen, Wein, Möbel, Hunde, immer größere Häuser und Autos oder alles, was Status ausdrücken mag: Die Anzahl der Publikationen, die Punktzahl beim Triathlon. Der Wert muss messbar sein. Wirklich messbar. Nicht in Qualität oder Freude oder Schönheit oder Lust. Typ A sagt: »Das ist nicht handfest.«

Polyphasic Behavior & Impulsivität: Impulsive springen auf etwas, ohne alles ganz durchzudenken. Sie haben ja solche Lust, sofort anzufangen. Sie stehen in Gefahr, etwas Wichtiges zu übersehen. Vor Eifer hören sie nicht zu, schon gar nicht auf Warnungen oder Einwände. Sie beginnen zu arbeiten, ohne vorher die Bedienungsanleitung angeschaut zu haben. Typ-A-

Menschen arbeiten polyphasisch; das heißt, sie unternehmen viele Arbeiten gleichzeitig. Resultat: Sie sind fast gewollt unkonzentriert und damit überall gleichmäßig weniger effektiv, gleichzeitig jedoch sehr stolz, alles auf einmal zu schaffen.

Der Stresssüchtige leidet innen wie ein heiliger Krieger, der sich unaufhörlich dafür verantwortlich fühlt, Wunder zu vollbringen. Er will so viel erreichen, dass er sich leicht das Doppelte vornimmt, was er schaffen könnte. Er schafft es nicht. Dafür versucht er es ruhelos. Er führt innerlich den heiligen Krieg gegen die Konkurrenz der anderen Menschen und Firmen. Er versucht, viele Dinge zur gleichen Zeit zu erledigen und wirkt nun unkonzentriert und seltsam abwesend. Er scheint nicht immer zu hören, was man ihm sagt, weil er zu sehr beschäftigt ist. Wer etwas von ihm will, muss ihm wahrscheinlich den Ernst der Lage klarmachen, also am besten eine leidenschaftslose Deadline setzen.

Die Symptome von Typ A sehen eigentlich genau wie die Symptome von ADHD aus (Attention Deficit/Hyperactivity Disorder, Aufmerksamkeitsstörung und Hyperaktivität). Typ A könnte erlernte oder durch fortschreitende Arbeitssucht erworbene ADHD sein.

Hirnwellenlängen

In meinem Buch *Topothesie* habe ich die verschiedenen Wellenlängen des »entspannten Menschen« und des »gestressten Menschen« zu einer großen Metapher erhoben und zu *meinem* Thema gemacht. Leser dieses Buches kennen die folgenden Erklärungen schon. Die Kurzaussage: Unter Stress arbeitet unser Gehirn in fast der doppelten Wellenfrequenz. Ich zeige Ihnen das am besten anhand einiger Bilder. Sie zeigen Ihnen wahrscheinlich noch schlagender, wie groß der Unterschied zwischen der »positiven« und »negativen« Energie im Körper ist. Sie sollten aus diesem Abschnitt mitnehmen, dass Ihr Gehirn im Stresszustand so etwas wie krank ist. Deshalb brennen Sie aus, wenn Sie zu lange in diesem Zustand verharren. Es wäre schön, wenn Sie mindestens jetzt, wenn noch nicht geschehen, tüchtig erschräken.

Sehen wir also in unser Gehirn:

Es gibt eine Methode, Wellen in unserem Gehirn zu messen, die so genannte Elektroenzephalographie. Sie misst die elektrische Aktivität unseres Gehirns, besonders die der Großhirnrinde, die spontan abläuft oder durch Versuchsreize evoziert (hervorgerufen) wird. Dabei können Aktivitäten in bestimmten Wellenlängen registriert werden. Eine graphische Darstellung dieser Wellen in der Zeit der Messung heißt EEG (Elektroenzephalogramm). Verschiedene Bereichsabschnitte im Frequenzbereich der Hirnaktivität haben Namen:

Deltawellen haben eine Frequenz von 0 bis 3 pro Sekunde.
Thetawellen haben eine Frequenz von 4 bis 7 pro Sekunde.
Alphawellen eine von 8 bis 13.
Betawellen von 14 bis 30.

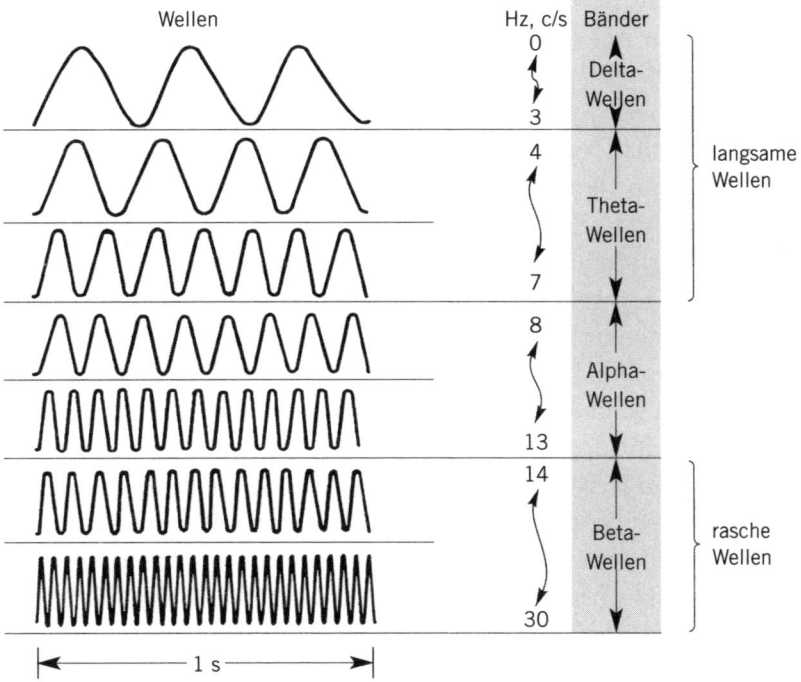

(Alle EEG-Bilder stammen aus dem hervorragenden Buch: *Leitfaden für die EEG-Praxis.*
Ein Bildkompendium von Mitsuru Ebe und Isako Homma, Urban & Fischer Verlag,
München 2002³)

Aus einem EEG kann zum Beispiel viel über ein Vorliegen einer Epilepsie gesagt werden. Wir können uns aber EEGs ganz normaler gesunder Menschen anschauen. Es fällt dabei zuerst auf, dass es ganz verschiedene EEGs ganz normaler gesunder Menschen gibt. Die Mediziner sprechen von verschiedenen Normvarianten. Sie kennen zum Beispiel die *Alpha-* und die *Beta-*Normvarianten.

In den folgenden Passagen geht es eher um medizinische Fragen, während die Erörterungen über Hyperaggression aus der Psychologie stammen. Ich verbinde sie erst danach miteinander. Aber Sie merken beim Lesen sicher sofort, dass die Hochfrequenzmenschen zum Typ A gehören und die Niederfrequenzmenschen zum Typ B. Medizin und Psychologie kreisen immer um dieselbe Problematik, nämlich die der positiven und negativen Energie. Die Philosophie redet dann von »Streben nach eitlem Tand und Hetze für Mammon« gegenüber der ruhigen weisen Tugend, das Gute zu wollen. Alle erfassen das Phänomen an einem anderen Zipfel.

Hier nun die Hirnwellensicht aus der Medizin: In unserem Hirn lassen sich dominierend *Betawellen* messen, wenn wir uns nach außen konzentrieren und genau beobachten, was in der Welt geschieht. Wir zeigen eine erhöhte Vigilanz (durchschnittliche psychische Wachsamkeit), wir verarbeiten Sinneseindrücke von außen und denken darüber nach im Sinne des prüfenden, logischen Analysierens. Ein hoher Anteil von Betawellen in der Hirnaktivität geht gewöhnlich mit einem hohen Adrenalinausstoß einher. Das Hirn steht unter Aufmerksamkeitsstress nach außen, sorgt sich unruhig, ist angstvoll und oft ärgerlich. Und man stellt bei der Untersuchung von normalen gesunden Menschen fest, dass ein beta-dominiertes Gehirn eine häufig auftretende Normvariante ist.

Die längeren Wellen des *Alpha-Frequenzbereiches* sind eine Anzeige für körperliche und geistige Zustände der Entspannung. Wenn wir zum Beispiel die Augen geschlossen haben und langsam einschlafen, befindet sich unser Gehirn in einem Zustand dominierender Alpha-Aktivität. Wir fühlen innere Ruhe, Wohligkeit, frei fließendes Denken in großer Zuversichtlichkeit, wir fühlen eine gewisse Einheit von Geist und Körper, wir sind eins, ganz ruhig und gelassen. Im Alpha-Zustand, also in einem Zustand erhöhter Alpha-Aktivität, sind wir aufnahmefähig, können uns viel merken, wir sind kreativ, haben Phantasie. Wir spüren intuitiv. Wir sind in zuversichtlicher Erwartungsspannung. Während die Beta-Zustände mit erhöhten Adrenalinkonzentrationen korrespondieren, sind im Alpha-Zustand oft vermehrte Endorphin- oder Serotoninkonzentrationen zu messen, unter denen man tendenziell »Glück« fühlt.

Thetawellenaktivität zeigen die normalen gesunden Menschen gewöhnlich nur im Schlaf während des Träumens. Manche Menschen schaffen es bei der Meditation, bei der Hypnose oder in Selbstversunkenheit Thetawellen im Wachen zu erzeugen. In diesem Zustand sind Kreativität und Phantasie bis ins Extreme gesteigert. Bildhafte Vorstellungen und Inspirationen erreichen den Menschen. Er entwickelt ungewöhnliche Ideen und Problemlösungen. Wir sind in diesem Zustand eins auch mit Teilen des Unterbewussten. Sind die ekstatischen Zustände der Mystiker solche Momente? Die meisten Menschen erreichen fast nie Theta-Zustände im Wachzustand.

Delta-Zustände sind nur im Tiefschlaf erreichbar. Man spekuliert, dass buddhistische Mönche in extremer Versenkung (Samadhi) die Leere des Nirwana empfinden.

Was ist die »natürliche Wellenlänge« des Menschen? Dazu fand ich nur eine sehr nachdenklich stimmende Graphik, die schematisch die typisch vorherrschenden Wellen der verschiedenen Lebensstadien zeigt. Die Kernerkenntnis: Die Wellenfrequenz nimmt bis zum Erwachsensein immer mehr zu, das Leben wird also immer stressiger, danach sinkt die dominierende Wellenfrequenz im Alter wieder ab. Meine Interpretation ist: Beta-Wellen werden von der westlichen Kultur gewollt. Das Stressniveau des Berufstätigen wird künstlich hochgetrieben. Ist der Mensch endlich in Rente, darf er wieder ein glücklicheres Gehirn haben, wenn er es noch schafft, sich zu entspannen. Viele sterben ja fast dahin, wenn der tägliche Adrenalinrausch ausbleibt (»Ich bin ganz unnütz geworden!«).

Kinder bis 5 Jahre zeigen fast keine (!) Betawellenaktivität.

Säuglinge (bis 18 Monate) zeigen dominierende Delta-Zustände, die langsam durch höhere Amplituden gekennzeichnet sind.

Kleinkinder (18 Monate bis 5 Jahre) sind Thetawellen-dominiert.

Kinder ab fünf Jahren bis ungefähr 15 Jahren sind Alphawellen-dominiert. Die Thetawellenanteile gehen langsam zurück.

Betawellen erscheinen erst nach und nach mit dem Großwerden. Das

»normale Erwachsenen-EEG« mit hohen Beta-Anteilen bildet sich erst im Alter von etwa 14 bis 20 Jahren heraus.

Später, wenn wir alt geworden sind, beruhigen sich die Hirnwellen und gehen wieder in den Alpha-Bereich zurück.

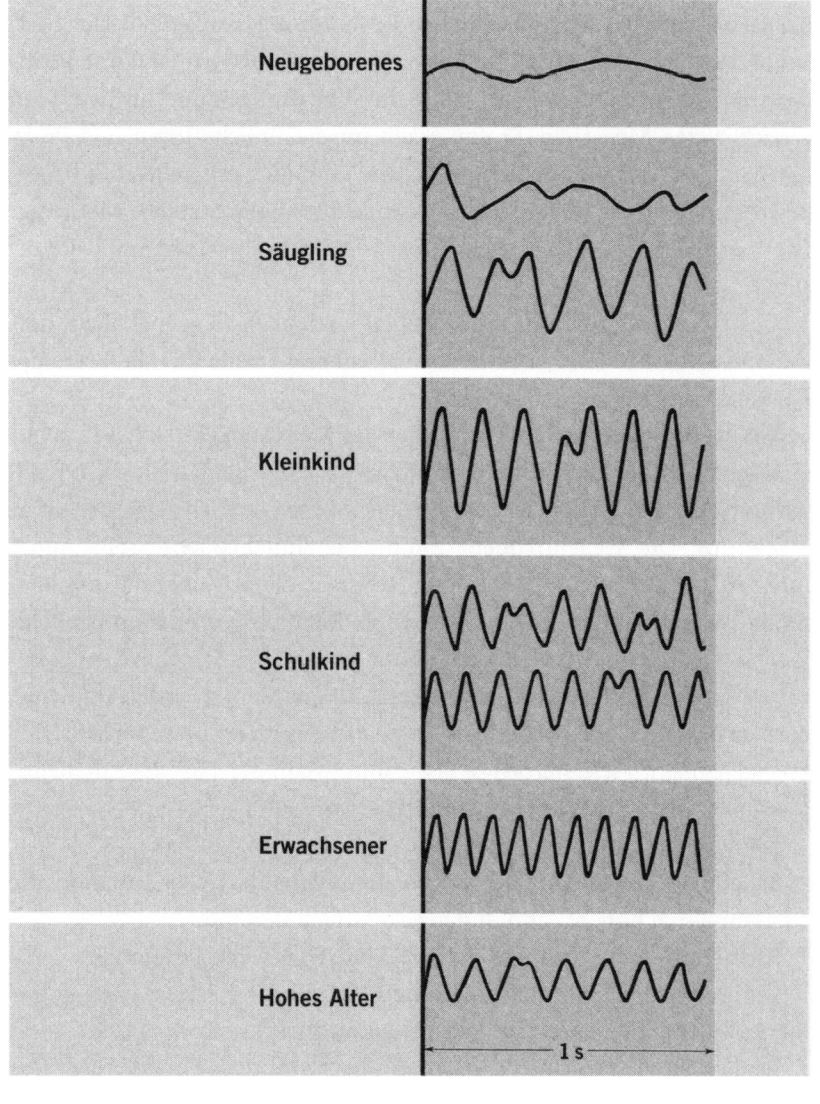

Es scheint, als ob die Erziehung des Kindes und später das Management der Mitarbeiter nichts als ein einziges gewaltsames Herausreißen aus den so empfundenen »kindlichen« Bewusstseinszuständen ist, zu denen wir dann später wieder mühsam hinwollen, nachdem wir sie verloren haben.

Die abschließende Graphik (mehr dazu in meinem Buch *Topothesie*) zeigt zwei EEG-Normvarianten. In der Graphik finden Sie ein A und ein B. Links ist ein typisches Alphawellen-EEG mit langen Wellen, die höher schwingen (niedrige Frequenz, hohe Amplitude). Rechts ist ein typisches Beta-Wellen-EEG mit hoher Frequenz und niedriger Amplitude (sieht wie Zittern aus).

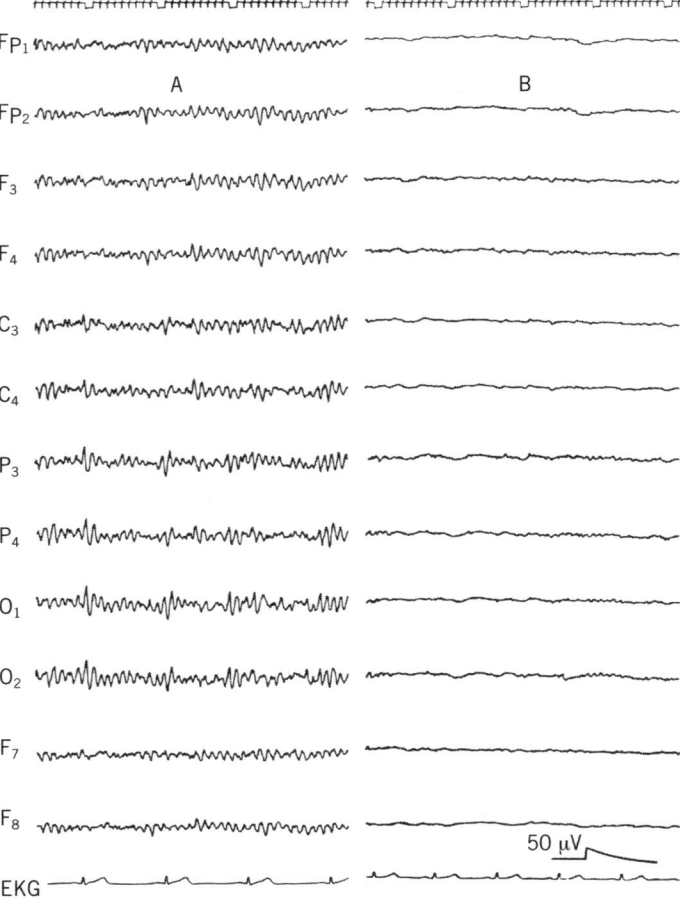

Was denkt ein entspanntes Hirn über Ökonomie? Was dagegen ein gestresstes im »Pass auf!«-Modus?

Jeweils etwas Anderes! Das ist das Thema dieses Buches.

Zu diesem kehre ich jetzt wieder zurück, nachdem ich Sie so lange in anderen Wissenschaften herumgeführt habe.

Life Cycle der ökonomischen Anschauungen

Nach der Erörterung menschlicher Befindlichkeiten in Arbeitssituationen wollen wir sehen, wie diese sich zu generellen Meinungen über die Arbeit und die Ökonomie schlechthin potenzieren. Welche Ansichten herrschen im Aufschwung, welche im Chaos? Warum verändern sie sich und wie? Wer wird reich und wer verarmt dabei?

Während der großen Konjunkturwellen kommt es typischerweise zu den schon besprochenen sieben Phasen, in denen sich die ökonomischen Ansichten und auch die Weltanschauungen verändern. Wir kommen damit zu dem zentralen Thema dieses Buches. Ich zeige Ihnen den Kreislauf oder das Hin und Her hier aus der Vogelperspektive. In späteren Kapiteln gehen wir dann zu Besuch ins echte Tages-Business.

Für jede Phase und jeden Gefahrenpunkt erläutere ich Ihnen im Folgenden die spezifischen Ansichten der Menschen, die jeweils zu ihrer Lage passen.

Es ist nicht so, dass es keine anderen Ansichten gäbe. Nein! Es gibt immer alle Ansichten! Zu jeder Zeit! Aber zur jeweils gegenwärtigen Lage herrscht eine einzige Ansicht fast dogmatisch vor und bestimmt den derzeitigen Lauf der Welt. (Zum Beispiel heute, 2007: Shareholder Value! Effizienz! Morgen: Innovation!)

Ich gebe den Inhalt der folgenden sieben kleinen Abschnitte ganz grob in ein paar Zeilen wieder, damit Sie sich schon einmal orientieren können. Für jede Phase ein paar Schlagworte:

1. *Wachstum*: protestantische Arbeitsethik, Aufbaustimmung, »telic«, Hauptenergieregelung durch Noradrenalin, dazu gesunde Anspannung in Vorfreude auf eine gute Zukunft. Nur wenig Konkurrenzdenken. Spa-

ren, Vermögensbildung, Hausbau. Aufbau von Substanz. »Handwerkerstolz.« Streben zur Exzellenz.

2. *Sättigung:* »Handwerkskunst.« Streben zu verfeinertem Luxus. Tiefe allgemeine Zufriedenheit, Beginn der Erfüllung höherer Bedürfnisse, weniger Energie bei der Arbeit, kein Stress, »Alpha-Wellen-EEG«. Zunehmend »Endorphin« und paratelisches Verhalten bis hin zur Euphorie. Sozialleistungen ohne Ende. Spießer, Schrebergarten, bürgerliche Verfeinerung (»Eiche rustikal«, »illustrierte Prachtbibel in weinrotem Leder«). Viel Geld für das Ewige: Universität, Kunst, Theater. Sympathie für Utopien. Wohlstand für alle. Vollbeschäftigung, hohe Lohnforderungen, Heranholen von Zusatzarbeitskräften aus ärmeren Ländern und gleichzeitige Senkung der Arbeitszeiten. Mehr Urlaub. Explosion der Produktvielfalt im Luxus. Warnungen der Propheten.

3. *Crash:* Jähes Erschrecken im Luxus. Menetekel: Zurück zur Pflicht!

4. *Nutzenbetrachtungen der Arbeit – Konzentration auf Effektivität und Standards:* Rückbesinnung auf das Wesentliche – Pflicht, Sorgsamkeit, konzentrierte Arbeit, Fokus. Messen der Leistungen und Vergleichen der Leistungen. Bekämpfung der früheren Verschwendung. Kostensenkungen, vermehrter Ersatz von teuren Arbeitern durch Maschinen. Aufgeben von »Schnickschnack«. Immer noch Alpha-Wellen-EEG, aber jetzt mehr Stress im Umbruch, Rückkehr zu zielgerichtetem Verhalten (»telic«). Aufkommende Angst vor dem Morgen. Bemühen um Bestandssicherung.

5. *Kostenbetrachtung der Arbeit – Konzentration auf Effizienz und Leistungsmessung:* Antreiben der Mitarbeiter zur Mehrleistung. Enorm wachsender Stress und Tunnelblick auf das Morgen, »Beta-Wellen-EEG«, zunehmend Adrenalin statt Noradrenalin, kurzfristige Ziele stehen mehr und mehr im Zentrum. Scharfer Wettbewerb. Drakonische Kostensenkungen. Massenentlassungen und Betriebsschließungen. Der Staat ist durch die Sozialmisere mehr und mehr überfordert.

6. *Eventuell ein Crash:* Ausbruch einer Manie durch eine neue Technologie, für die kurz Hoffnung aufflammt. Anschließender Untergang, Totalstress, Adrenalin und »Pseudo-Endorphin«.

7. *Profitbetrachtung (oder Überleben) der Arbeit – Konzentration auf Gewinnsteigerung:* Reorganisation der Unternehmen in Profitcenter, die

für »Kunden« gegen Leistungsverrechnung arbeiten. Profitabilität oder Outsourcing. Gewinne oder geh! Globale Standardisierung aller Produkte. Tafelsilberverkauf und Ressourcen-Raubbau. Offene Stigmatisierung von Leistungsschwachen, die im Stich gelassen werden. Sozialdarwinismus.

Wachstum und Boom

Die Wirtschaft boomt so lange, wie die neue Basisinnovation sich noch nicht voll etabliert hat. Beispiele: Autos werden über Jahrzehnte immer praktischer, schneller und komfortabler gebaut, bis sie endlich zu jeder Zeit funktionieren, nicht mehr durchrosten und schließlich vollkommen zu uns passen werden. Die Autobahnen breiten sich langsam aus. Wir können die Autos jetzt überall nutzen. Touristikzentren bilden sich. Alle Neubauten müssen Parkplätze nachweisen. Über das Auto hinaus wächst es überall in der Wirtschaft.

Die Landwirte kaufen Traktoren und teure Maschinen, an denen dann die Arbeitsplätze in der Landwirtschaft selbst zum größten Teil verloren gehen. Die Landwirtschaft gehört zu früheren Zyklen, sie sinkt im Massenproduktionsmodus schon jetzt in einen Dämmerzustand niedrigster Gewinnmargen. Aber vorher investieren alle noch sehr viel Geld in den Todkranken. Der Staat springt ein. Die Computer entwickeln sich noch stürmischer als die Autos. Sie werden so schnell besser, dass man sie alle zwei Jahre neu kaufen muss, damit wenigstens die nötigsten der gegenwärtigen besten Softwareprogramme darauf laufen. Es dauert sehr lange, bis die Produkte, die den Kondratieff-Zyklus treiben, ganz ausgereift sind. Dieses Ausreifen der Technik bis hin zum exzellenten Produkt, das alle Wünsche erfüllt, erzeugt den eigentlichen Sog für den Aufschwung. Die Käufer stehen über viele Jahre mit großen Augen vor den Schaufenstern und haben große Wünsche. Alles wird immer besser und besser – ja ungeheuerlich besser!

Der Aufschwung in einem Kondratieff-Zyklus ist wie eine Reise von den Urgründen der Innovation über die Suche nach der eigentlichen Kunstform bis hin zur endgültigen Exzellenz. Immer wieder bilden sich ganz neue »Wirtschaftszweige« um die eigentliche Basisinnovation herum.

In unseren heutigen Computern und Autos stecken Millionen von Ideen. Der Aufschwung wird von vielen kleinen Firmen getragen, die sich mit einzelnen Teilideen selbstständig machen. Es entstehen Myriaden von Zulieferfirmen für die Automobilindustrie – und in jedem Haus wollen wir nun eine Ölheizung betreiben, ein Abkömmling des Autos. Es ist unglaublich viel zu tun. Die Unternehmen haben eigentlich keine Konkurrenz. Sie wachsen von selbst. Die Nachfrage ist höher als das Angebot, der Stellenmarkt trocknet langsam aus, es kommt zu Vollbeschäftigung. Denn es ist plötzlich viel mehr Arbeit »aufgetaucht«, als zu schaffen ist.

(Anmerkung: Ich erinnere an die Räuber-Beute-Beziehung: In der ersten Phase vermehren sich die Beutetiere ganz stark, die wenigen Räuber können nach Herzenslust fressen. Die Räuber nehmen sich gegenseitig nichts weg. Sie müssen keine Reviere verteidigen oder besetzen. Alles regelt sich von selbst. Es kümmert sich niemand um Reviere. Jeder Räuber frisst so viel, wie er erbeutet.)

Welche wirtschaftlichen Vorstellungen haben die wirtschaftlich denkenden Menschen?

· Exzellenz bei neuen Produkten siegt.
· Es müssen immer bessere Produkte produziert werden.
· Qualität ist das jeweils Nächstbessere.
· Das Endziel ist »das Produkt schlechthin«, was derzeit technisch noch nicht herstellbar ist.
· Lustvolle Forschung und Entwicklung hin auf die endgültige Kunstform.
· Entwicklung neuer Produktionstechniken für ganz Neues und Besseres.
· Die Mitarbeiter sind durch die ständige Verbesserung motiviert.
· Die Mitarbeiter partizipieren am steigenden Wohlstand.

- Die besten Mitarbeiter sind die technisch exzellenten.
- Die Mitarbeiter versuchen bei der Arbeit immer besser zu werden.
- Führungskräfte bemühen sich um gute Leute, fördern sie und bilden sie aus.
- Werbung ist fast nur wie die Bekanntgabe des neu Erreichten (»nun mit Schiebedach!«).

Durch den steigenden Wohlstand im Aufschwung werden andere Wirtschaftsbereiche mitgezogen. Die Menschen kaufen sich nicht nur neue Autos. Sie sehen gar kein Ende des Aufschwungs, weil die Produkte noch gar nicht die endgültige Form erreicht haben. (Die Autos rosten noch, die Autobahnen sind nicht fertig – überall Baustellen.)

Was denken die Menschen generell über das Leben?

- Es gibt genug Arbeit für jeden. Wer sich bemüht, verdient gut. Jeder soll anpacken. Allen geht es gut. Wer keine Arbeit hat, bemüht sich nicht und ist ein Schmarotzer.
- Der Mensch wird streng zu Arbeit und Selbstverantwortung erzogen.
- Wir bauen uns eine gute Zukunft auf. Zuerst ein Haus, dann ein kleines Vermögen.
- Es ist wichtig, dass jeder gut ausgebildet wird und immer etwas dazulernt. Jeder sollte sich bis zu seinem höchstmöglichen Bildungslevel schulen lassen.
- Wenn Nachbarn oder Kollegen Hilfe brauchen, bekommen sie sie.
- Wir danken Gott für diese gute Zeit.
- Die Regierung sorgt dafür, dass nicht nur das eigene Haus, sondern auch Dorf, Stadt und Land gut in Schuss sind und sich langsam mitentwickeln. Die Partei mit der höchsten Kompetenz wird gewählt. Sie soll den Weg fortsetzen. Keine Experimente! Keine Eingriffe, wenn etwas gut läuft!
- Für Notfälle, Krankheit und unverschuldete Not springt die Gemeinschaft ein.

Die Zeit eines Aufschwunges ist geprägt durch Aufbau und Exzellenz-streben. Die Menschen arbeiten gemeinschaftlich an immer Besserem. Sie entwickeln Berufsstolz und Berufsehre. Sie helfen sich gegenseitig. Sie erzeugen und vermehren Substanz. Sie sind von einer Art protestan-tischer Arbeitsethik geprägt: Jeder Mensch ist seines Glückes Schmied. Der Mensch ist Gott wohlgefällig, wenn er sich in seine Gegebenheiten schickt und hier in beharrlicher Weise seine innerweltlichen Pflichten erfüllt. Arbeit ist gottgewollter Lebenszweck. Ohne Arbeit liegt auf dem Leben kein Segen. Der arbeitende Mensch ist seiner Arbeit gegenüber tief verpflichtet. Er denkt mit strenger Wirtschaftlichkeit. Vergeudung ist ihm zuwider.

Max Weber hat 1905 in seinem Buch *Die protestantische Ethik und der Geist des Kapitalismus* geschrieben:

In der Tat: jener eigentümliche, uns heute so geläufige und in Wahrheit doch so wenig selbstverständliche Gedanke der Berufspflicht: einer Verpflich-tung, die der Einzelne empfinden soll und empfindet gegenüber dem Inhalt seiner »beruflichen« Tätigkeit, gleichviel worin sie besteht, gleichviel insbe-sondere ob sie dem unbefangenen Empfinden als reine Verwertung seiner Ar-beitskraft oder gar nur seines Sachgüterbesitzes (als »Kapital«) erscheinen muß: – dieser Gedanke ist es, welcher der »Sozialethik« der kapitalistischen Kultur charakteristisch, ja in gewissem Sinne für sie von konstitutiver Bedeu-tung ist.

Max Weber sah, dass die protestantische Ethik eine Art von Symbiose mit dem Kapitalismus bildete. Darüber ist viel geschrieben worden. Ich deute für Sie noch einmal auf das Datum: 1905. Das war in der auslaufen-den Gründerzeit. Sie begann mit den Industrieneugründungen nach dem Krieg 1871, die mit den knapp 5 Milliarden Goldfranken der französischen Reparationszahlungen an Deutschland finanziert wurden. Daraus bildete sich (nach einem Goldrauschcrash analog zum Internet-Bubble-Crash 2001) eine lange Blütezeit bis hin zum Beginn des Ersten Weltkrieges. Die Bürger erbauten sich Bürgerhäuser im Gründerzeitstil. Und für die Arbei-ter stellte man die so genannten Mietskasernen hin, also meist fünfstöckige große Wohnblöcke.

Es war die Zeit eines Aufschwunges von über 40 Jahren! Und die ist eben ganz natürlich von protestantischer Arbeitsethik geprägt. So wie der erste Teil des Aufschwunges in Deutschland nach dem Zweiten Weltkrieg. Meine Mutter habe ich ja gerade schon dazu zitiert. Und auf welcher Biochemie basiert die protestantische Arbeitsethik? Auf Noradrenalin. »Energized.« Die Menschen arbeiten von innen heraus, treu und ergeben in ihre Pflicht. Im Aufschwung fühlen sie, wie sich Einsatz, Fleiß und Tüchtigkeit auszahlen. Das gibt Kraft und Zuversicht für jeden neuen Arbeitsmorgen. Die Arbeitgeber haben genug Geld, jeden würdig zu behandeln.

Sättigung und Reife des Marktes – bis zum Gipfel

Nach und nach schreitet der Aufbau des Neuen voran. Die Autos bleiben kaum noch auf der Straße stehen, die Einfamilienhäuser reihen sich auf. Die Löhne steigen. Es kommt zu einer blühenden Periode der Prosperität. Die Menschen beginnen, außer Erwerb, Aufbau und Substanzschaffung, auch ihr eigenes Leben wieder ins Blickfeld zu bekommen. Sie leisten nicht nur, sie leisten sich auch einmal etwas. Darf ich Ihnen ein Gefühl dafür geben? Das *TIME Magazine* schrieb im Juli 1963 etwas über das deutsche Wirtschaftswunder und die zugehörige »Fresswelle«. Die interessante Stelle müssen Sie unbedingt im Amerikanischen lesen – da sehen Sie schöne deutsche Wortschöpfungen, die zeitweise so etwas wie Fremdwörter im Amerikanischen waren. Genießen Sie wenigstens die deutschen Wörter im Text!

Since the days when Hitler opted for guns rather than butter, West Germany has known near-starvation, austerity and, for the past decade, such heady abundance that today it has become the Adipose Society. Following the early '50s, when the postwar boom set off what Germans call the Edelfresswelle, *the gorgeous gobbling wave, buttocks and bosoms have expanded even more rapidly than the economy, and doctors have recognized two universal ailments:* Doppelkinnepidemie, *double-chin epidemic, and* Hängebauch, *or bellyhang. The majority of Germans, from newborn babes to Cabinet ministers, are fatter ...*

Und wie schon erwähnt: Ludwig Ehrhardt, der 1957 noch das viel beachtete Buch *Wohlstand für alle* publiziert hatte, mahnte schon 1963 zum berühmten Maßhalten. Das nahm ihm damals nach dem Buch niemand so recht ab!

Im Jahr 1954 erscheint das Buch *Motivation und Persönlichkeit* von Abraham Maslow, in dem er seine berühmte Bedürfnispyramide in die Vorstellung des Alltagsmenschen senkt. Maslows Idee: Der Mensch hat viele Bedürfnisse, er erfüllt sie sich aber der Reihe nach in Stufen. Zu allererst wird er ja essen müssen, bevor er zum Beispiel über den Sinn des Lebens philosophiert. Natürlich gibt es auch Menschen, die erst beten und dann essen, aber die sind in einer kläglichen Minderheit. (»Der Mensch lebt nicht vom Brot allein, sondern von einem jeglichen Wort, das durch den Mund Gottes geht.«) Maslow also nimmt an, dass der Mensch sich erst um die näher liegenden Grundbedürfnisse kümmert und danach die höheren Bedürfnisse befriedigt. Die Stufen der Bedürfnisse sind:

1. *Grundbedürfnisse:* Leben, Essen, Schlaf und Fortpflanzung
2. *Sicherheit:* Wohnung, Arbeitsplatz, öffentliche Ordnung und Gesetze, Gesundheit, mögliche Lebensplanung und Religionsfreiheit, »versichert sein«
3. *Sozialqualität:* Freunde, Partner, Gemeinschaft, Zugehörigkeit, soziales Netz, Eingebundensein
4. *Anerkennung:* Dank, Ehre, Verehrung, Bewunderung, Ruhm, anvertraute Macht etc.
5. *Selbstverwirklichung:* Entfaltung des eigenen Potentials, Persönlichkeitsentwicklung, Interessen für Höheres wie Kunst und Philosophie, Güte, Weisheit etc.

Heute gibt es eine Menge Menschen, die auf alle Freude und Freunde pfeifen, wenn sie dafür nur Macht bekommen können. Es gibt viel an dieser Pyramide zu kritisieren, auch das Bibelwort steht dagegen. Ich will in diesem Buch immer wieder sagen, dass diese anscheinend »ewigen« Ideen nur Zeitinstinkten folgen. Diese Pyramide erscheint in einer Zeit in unserem Denken, als der Aufbau des Wohlstandes sehr weit fortgeschritten war. Es begann die Prosperität. Essen, Ordnung und Freunde waren da. Abgehakt. Würde nun die Zeit Sehnsüchte nach Selbstverwirklichung freisetzen? Das denkt sich bestimmt ein Idealist! Warum? Weil im Grunde die Selbstverwirklichung sein eigenes *Grundbedürfnis* ist – nicht Sex! (Ich habe einiges dazu im Buch *Supramanie* geschrieben und Maslows Theorie »widerlegt«). Die meisten Menschen neigen dazu, in der Prosperität eben nicht »genug essen, genug Freunde, nun höher« zu sagen, sondern sie wollen lieber viel mehr vom »Unteren«. Mehr essen, mehr Sex, mehr Gesundheit, mehr Sozialstaat, unendlich versichert sein – gegen alles, ein dichtes soziales Netz. Die soziale Marktwirtschaft wird daher zum Denkmodell par excellence. Sie drückt das Höhere des Normalmenschen aus, was noch über die reine protestantische Arbeitsethik hinausreicht. Das Streben nach Höherem im Normalmenschen kommt in der Prosperität nur indirekt zum Vorschein: Er baut nun Universitäten mit grenzenloser Forschungsfreiheit, Theater, Kunsttempel, Museen – alles Alte wird renoviert. Er möchte, dass Kultur und Bildung um ihn herum glänzen. Er muss aber nicht unbedingt selbst ins Theater oder die Universität, dieser Normal- oder Spießbürger, da kauft er sich lieber einen Schrebergarten und tritt in einen Buchclub ein und verwahrt die eintröpfelnden Bücher in Halbleder in einer stolzen Glasvitrine – neben dem Sammelservice.

Und man beginnt sich alles zu leisten: lange Urlaube, Reisen, asphaltierte Feldwege, Kurkliniken, Kuren für jeden, Wohlfahrt für alle, Universitäten, Bildungsreformen, Straßenbeleuchtung, Verwaltungspaläste, Regelbeförderungen, für alles Sozialleistungen. Wer noch etwas dazubauen will, darf das tun. Blumen im Büro, Betriebsgärtner, Models als Empfangsdamen, immer größere Büroräume, für jede betriebliche Aufgabe die Einrichtung einer neuen Abteilung, die man noch ganz ohne Arg »Kostenstelle« nennt, nicht neudeutsch Service-Einheit oder so. Die Organisation bläht sich auf. »Jedem Kinderhaushalt einen eigenen Zebrastreifen vor dem Haus.« In den USA bricht ein Babyboom aus, der von Mitte der vierziger Jahre (Kriegsende!) bis Mitte der sechziger andauert. In Deutschland setzt er etwas später ein, das ist ja klar.

Die Menschen arbeiten in einem solchen Zustand weiterhin fleißig und konzentriert (»Noradrenalin«), aber deutlich entspannter und ruhiger (»Endorphin«, »Alpha-Wellen-EEG«, kein Stress). Sie genießen *den Zustand* der stressfreien Arbeit – das ist ein typischer »paratelic state«. Man verfolgt kein punktuelles Ziel, sondern man arbeitet einfach weiter und weiter und weiter. Nichts ist sehr eilig oder zeitkritisch. Die Unternehmenszentralen arbeiten Vorgang für Vorgang ab – sie mutieren zu gigantischen, undurchschaubaren, immer mehr verfilzenden Bürokratien. Simultan zum Luxus des Lebens entsteht eine Fülle von Abteilungen, Spezialstäben und Vorschriften, die die ganze Welt regeln. Ein Eldorado für die Verwaltungen! (»Dschungel!«, wird man später schimpfen.) Es entstehen Hierarchien hoch wie Pyramiden. Die Unternehmensorganisation leistet sich jede noch so aufwändige Komplexität. Im Extrem legen sich Unternehmen eigene Weinberge zu, nur um den passenden Wein für das Vorstandscasino kredenzen zu können. Die Unternehmen sind »voll integriert« und streben große Fertigungstiefe an. Sie sind »unabhängig« wie ein Land, das zufrieden mit sich in Ewigkeit lebt.

Erinnern Sie sich? Wenn man in dieser Zeit einem Schüler »sehr ehrgeizig« im Zeugnis als Verhaltensnote gibt, gilt dieser als schwer stigmatisiert. So einer will besser als unsereiner sein! Sich über andere erheben wollen! Pfui! Man diskutiert passend dazu die anti-autoritäre Erziehung, den Sozialismus, die sexuelle Befreiung und allerlei Utopien für eine endgültige Weltordnung. Der Club of Rome warnt gegen den Trend schon 1972 vor den »Grenzen des Wachstums« – das finden wir jetzt im Luxus viel zu düster! Wir erschrecken kurz, als wir wegen der Ölkrise ein paar Wochenenden nicht Autofahren dürfen.

Welche wirtschaftlichen Vorstellungen haben die wirtschaftlich denkenden Menschen?

· Luxus bei neuen Produkten siegt.
· Wir brauchen eine größere Vielfalt der Produkte. Wählen können!
· Das Endziel ist »das Produkt mit allem Zubehör, voll ausgestattet« (Auto, Eigenheim).
· Forschung und Entwicklung: »Was können wir noch dranbauen?« Grundlagenforschung.
· Die Mitarbeiter wissen um ihren sicher steigenden Wohlstand.
· Die besten Mitarbeiter sind die am besten funktionierenden, die zuverlässigen und beständigen (»Organization Man«).
· Der Erfahrene und Langdienende wird befördert – alle der Reihe nach und mit der Ruhe!

- Die Mitarbeiter erledigen pünktlich ihre Arbeit und gehen nach Hause.
- Führungskräfte organisieren Abarbeitung. Bei Problemen stellen sie mehr Leute ein oder sie beantragen mehr Geld. Das Unternehmen macht alles selbst.
- Werbung ist wie Traumerfüllung: »Glück!«

Was denken die Menschen generell über das Leben?

- Jeder erledigt ruhig seine Arbeit. Allen geht es gut. Jeder kann viel verdienen. Arbeitslosen hilft der Staat über die kurze Lücke hinweg – »Eine schreckliche Zeit – zu wenig Geld! Und diese Schande!«
- Das Arbeit gebende Unternehmen ist ein Teil des Selbst.
- Der Mensch wird lockerer, aber bewusster und intensiver erzogen – er soll es einmal besser haben als die Eltern und zunächst solange die Schule besuchen, wie er es schafft.
- »Das Haus ist bald abgezahlt. Wir sollten uns jetzt selbst etwas gönnen!«
- Es ist wichtig, das man gebildet ist und auch ein bisschen in die Welt hinausschaut.
- Jeder engagiert sich im Verein (Sport, Rotes Kreuz, Feuerwehr, Musik, Jagd).
- Die Regierung muss für alles Sorge tragen, was nicht automatisch vom Einzelnen erledigt werden kann. Es wird diejenige Partei gewählt, die glaubhaft eine bestmögliche Versorgung versprechen kann. Die Regierung sollte nicht protestantisch hart sein, mehr sozialdemokratisch.
- Wer Hilfe braucht, beantragt welche bei den zuständigen Stellen. Fertig.

Es gibt nun Frauen, die sich Geld dazuverdienen und sich schöne Sachen dafür kaufen – oder gar ein eigenes Auto! Da sagen die Nachbarn mit so einem ganz bestimmten Blick: »Sie verwirklicht sich selbst.« Dasselbe sagen sie von Frauen, die einen üppig verdienenden Mann haben und keine Kinder wollen, um ein gutes Leben zu haben. Ach, Abraham Maslow! Selbstverwirklichung unter Normalmenschen! Was ist das?

Crash oder Schrecksekunde am Höhepunkt

Am 19. Oktober 1987 kracht es aus heiterem Himmel. Menetekel. Dieser Tag geht sofort als Schwarzer Montag in die Börsengeschichte ein. So ein plötzlicher Blitz geht durch und durch. Wir erleben einen synchronen Crash im Innern. Er ist mehr wie eine Betäubung. Man schaut sich ungläubig im Hab und Gut des Depots um – und alles ist weg.

Wir warten ein paar Tage, damit sich alles wieder einrenkt. War es das Platzen einer Spekulationsblase? Die Aktienbesitzer glauben, dass es wieder in Ordnung kommt, »weil ja objektiv nichts passiert ist – die Fabriken sind dieselben wie gestern!«. Aber die begeisterten Milchmädchen, die seit Monaten Mondpreise für Aktien zu zahlen bereit sind – die sind tödlich erschrocken und bleiben fort. »Die Käufer streiken«, berichtet das Fernsehen.

Die Wahrheit ist: »Der Schock sitzt tief.« Tief im Körper. Manche sind unter der Betäubung eines Endorphinschocks wie vernichtet. Andere laufen hyperhektisch in Beta-Wellen-EEG und Adrenalinrausch herum und versuchen etwas zu retten.

Die Körperphysiologie ist auf einen Schlag überall umgestellt. Keine Ruhe mehr – kollektiver Adrenalineinschuss. »Alert!« – »Alarm!«

Die Hyper-Wachsamen kontrollieren jede Minute die Kurse. Die unter Schock Betäubten schauen lange Zeit nicht mehr in die Zeitung – sie können den Blick auf den Kurszettel nicht ertragen.

Diese eine Schrecksekunde bewirkt eine immense Instinktreaktion von größtem Ausmaß. Sie wirkt wie das Umlegen eines universellen Schalters. Die Gesellschaft zuckt zusammen. Und sie denkt neu.

Sie ist aus der Ruhe gerissen und sieht sich nun bei klarerem Verstand von Risiken umgeben! In der tiefen Ruhe ist keine Sorge – da wird kein Risiko und keine Veränderung gesehen. Der Mensch geht Tag für Tag zur Arbeit und bekommt seine erwarteten Gehaltserhöhungen und einen Schnaps mehr. Das Leben ist wie eine Treppe nach oben.

Plötzlich bricht etwas in uns allen und im System zusammen. Der Schock ernüchtert das Bewusstsein körperlich. Nun schauen alle: Ist die Welt so, wie wir im Trott immer dachten?

Der Schwarze Montag leitet zuerst eine Krise der Banken und Versicherungen ein. Sie müssen nun ihre Risiken neu sehen und bewerten. Das öffnet wiederum viele Augen. Ist alles das wert, was es wert schien? Die meisten schließen ihre Augen gleich wieder. Es wird sicher nur ein Spuk sein, der schnell vorüber ist? Sie schauen wieder ein bisschen – blinzelnd. War der Crash schon alles? Bleibt jetzt alles ruhig?

Intermezzo – Warum sich alles wieder umkehrt

Im Jahre 1984, also gerade drei Jahre vor dem Crash, der dann kam, ist die weithin berühmte MIT-Studie *The Future of the Automobile* publiziert worden. In Deutschland erscheinen die Ergebnisse als Buch *Die zweite Revolution in der Automobilindustrie* (von J.P. Womack, D.T. Jones, D. Roos). Die Amerikaner hatten das Toyota-Produktionssystem analysiert und propagierten in der Folge die aufgegriffenen Ideen im Westen, vor allem das so genannte Lean Management.

Die Studie schlägt wie eine Bombe ein – wird letztlich sie zu dem Crash führen? Die nackten Zahlen der Studie sagen, dass »die Japaner« viel kostengünstiger Autos produzieren als alle Welt sonst. Sie können dadurch ihre Fahrzeuge billiger anbieten und die Amerikaner im Wettbewerb vernichtend schlagen. Das Patentrezept der Japaner wird unter der Bezeichnung Kaizen berühmt (kai = ändern, zen = das Gute, »Verbesserung«, ein Konzept des japanischen Urvaters Taiichi Ohno bei Toyota). Die Regeln der Kaizen-Management-Methodik lesen sich wie eine konfuzianische Anleitung zu anständigem tugendhaften Arbeiten: Kaizen strebt höchste Qualität (total quality), höchste Kundenzufriedenheit, ehrende, einbeziehende Behandlung der Mitarbeiter, Vermeidung von Verschwendung, Überlastung und Unregelmäßigkeit, und immerwährende *Verbesserung des Guten* an. Es wird nicht primär auf Gewinn optimiert, sondern ganzheitlich darauf vertraut, dass stetig gutes, um Exzellenz ringendes Arbeiten letztlich Früchte trägt.

Stopp. Halten Sie mit dem Lesen ein. Denken Sie bitte über dieses Konzept nach. Lesen Sie den letzten Absatz zur Sicherheit ein paar Mal.

Ja? Fertig?

Dieses Konzept wird außerhalb Japans nie richtig verstanden oder wirklich verinnerlicht. Kaizen hält das Maß in allen Richtungen! Der Mensch, sein Streben, die Tugend, der Zweck des Arbeitens und die Exzellenz werden maßvoll zu einem Ganzen vereint. Wenn es Toyota nicht gäbe, könnten wir denken, das ginge »nicht alles gleichzeitig«.

Kaizen verlangt gutes Arbeiten an allen Fronten und vor allem »Verbesserung des Guten«. Des Guten! Es geht nicht darum, Schwachstellen zu beseitigen und dadurch Verbesserungen zu erzielen. Es geht darum, auch das schon Gute ständig zu verbessern! Alle Meisterschüler benehmen sich so, verstehen Sie? Sie sind bereits meisterlich gut, aber sie wollen wahre Meister *werden* – ihr ganzes Leben lang: paratelic, mit Alpha-EEG, in lebenslangem Streben.

Diese Idee des Kaizen wird um 1984 herum im Westen wie eine Erkenntnis vom anderen Stern herumgereicht. (Eigentlich auch heute noch!)

Man sieht ganz erschrocken, dass es bei Toyota keine Verschwendung gibt.

Dadurch kann man im Nu mit geringster Intelligenz verstehen, dass Toyota billiger produziert und deshalb große Wettbewerbsvorteile erzielen wird. Die westliche Automobilindustrie sieht sich plötzlich in Gefahr.

Stellen Sie sich vor, Sie arbeiten als Zahnarzt, Apotheker oder Einzelhändler schon lange Zeit in einem wohlhabenden Dorf. Da siedelt sich ein Konkurrent an und verlangt nur den halben Preis. Er ist freundlicher, besser, schneller, bietet lupenreine Qualität, ist nett zu den Mitarbeitern und knüpft aktiv gute Beziehungen zu allen Dorfbewohnern an. Im Gegensatz zu Ihnen hält er alle Termine ein, niemand muss warten, niemand beschwert sich hinterher. Und nun frage ich Sie: Was fühlen Sie?

»Das kann doch nicht wahr sein.« Dumpfes Erstaunen, das schon vage ahnt, dass jetzt die Stunde geschlagen hat. Sie fühlen, dass Sie jetzt nicht mehr im fetten Luxus weiterarbeiten können, sondern ebenso gut sein müssen wie der neue Anbieter. Im Grunde müssten Sie Ihren Laden oder Ihre Praxis spartanisch nach dem eigentlichen Zweck einrichten, die Hälfte Ihrer Leute entlassen, selbst die Hälfte verdienen, länger das Geschäft öffnen, die Gartenanlage vor dem Haus aufgeben, wieder nett zu allen sein – Sie müssen sich selbst zurücknehmen, keinen Pascha mehr vor dem Personal spielen und schauen, ob Sie vielleicht nicht noch besser als der neue Anbieter sein können.

Zusammengefasst: Kaizen und Toyota sind nie wirklich in die Phase der Prosperität eingetreten, sie haben sich seit 1950 immer streng auf das Wesentliche konzentriert – an allen Fronten: Kunde, Produktion, Mitarbeiter, Produkt. Der Westen dagegen leistet sich in den sechziger und siebziger Jahren allen erdenklichen Luxus: Viele Mitarbeiter für alles, mit übertariflichen Gehältern und hohen Pensionsansprüchen auf unkündbaren Stellen, Firmenpaläste auf großen Innenstadtgrundstücken etc.

Nun kommt Kaizen. Sagen wir: Nun kommt *das Wesentliche* ohne Speck und Eitelkeit, Anspruchsdenken oder Verwöhntheit – flott und energiereich, nicht behäbig und ruhig.

Mir fällt dazu immer ein Satz aus dem Zeichentrickfilm von Janosch ein: *Der Frosch kann fliegen.* Ein Frosch behauptet, fliegen zu können, kündigt eine Kunstprobe vor einer großen Masse von Fröschen an, steigt auf einen hohen Stängel – und fliegt davon. Der Erzähler kommentiert die Blicke der staunenden Frösche unten: »Sie haben es alle gesehen, aber keiner hat es geglaubt.« So reagieren wir alle, wenn ein Wunder daherkommt, was nicht gerade direkt zerstörende Formen wie eine Tsunamiwelle oder ein Erdbeben hat. Wir sagen: »Das ist doch nicht wahr, oder?«

Und nun kommt das Unfassbare: Toyota hat seit über 50 Jahren stetigen Erfolg. Toyota wird an der Börse höher bewertet als so etwa die nächst größten fünf, sechs Autokonzerne zusammen. Alle Methoden und Gedanken zu Kaizen werden seit Jahrzehnten von Toyota offen gelegt. Die westlichen Unternehmen suchen auf der anderen Seite wie süchtig nach Erfolgsrezepten, um mehr Profite zu machen. Hier ist aber doch eines! Sie sehen es alle, sie fassen es nicht an.

Nutzenbetrachtung der Arbeit – Konzentration auf Effektivität und Standards

Der Westen erkennt an Kaizen eigentlich nur, dass er sich im Vergleich zu Japan vergleichsweise hohe Verschwendung leistet und deshalb langsam in Wettbewerbsnachteil gerät. Vieles ist in westlichen Unternehmen nicht betriebsnotwendig oder wirklich nur Pomp und Luxus. Wenn man nur diese Verschwendung eindämmen könnte, so denkt sich der Westen, dann würde man wieder ebenso günstig produzieren wie »Japan«. Dann wäre der Rückstand aufgeholt!

Deshalb wird Ende der achtziger Jahre die Parole »Kampf der Verschwendung!« oder »Banish waste!« ausgegeben. Die Management-Theoretiker predigen wenig später das *Lean Management* von allen Kanzeln. Lean heißt übersetzt »schlank«. Lean Management achtet darauf, dass der Unternehmenskörper durch und durch fit ist, gut durchtrainiert gehalten wird und keine Fettansätze zeigt. Die Produktion wird entrümpelt und neu geordnet. Sie nennen es *Lean Production.*

Wenn man in dieser Zeit in den westlichen Betrieb geht und nach dem Rechten schaut, findet man aber gar keine Verschwendung! Alles ist wohlgeordnet und bestens geregelt. Es ist nur so, dass alles mit mehr Liebe und mehr Aufwand geregelt wird als in »Japan«. Subjektiv sieht niemand irgendeine Verschwendung. Toyota zwingt den Westen, den errungenen Wohlstand aus der Brillen des mehr spartanischen Menschen zu sehen, der sich auf das Wesentliche konzentriert. Im Wohlstand wird auch das Unwesentliche gehegt und gepflegt. Ist das nötig? Wirklich nötig? Der Westen seufzt und will nicht vom Wohlstand lassen. Japan aber droht die Weltherrschaft zu erringen. Da wirkt Kaizen fast wie der Beginn eines Wirtschaftskrieges. Der Westen muss also wohl oder übel »nachziehen«, er sieht sich also *gezwungen.*

Wohl oder übel! Die Vernunft muss zurück, sie wird aber weder begrüßt noch mit offenen Armen empfangen. Das ist psychologisch ein bedeutsamer Unterschied: Tugend zu üben oder sich zur Tugend zu zwingen! Wie zwingt man sich zur Tugend?

Die westlichen Unternehmen zwingen sich durch eine selbst verordnete Invasion von Beraterheeren, die nun mit fast barbarischer Grausamkeit die Betriebe auf Verschwendung durchforsten. Diese Grausamkeit ist gegen die offenkundige historisch gewachsene Blindheit der Mitarbeiter nötig. Die Berater sehen sich gezwungen, die Verschwendung nicht nur argumentativ-qualitativ, sondern objektiv und quantitativ festzustellen, damit anschließend wirklich zur Tat geschritten werden kann.

In sehr betont schwarzen Anzügen kommen sie also drohend mit den typischen Fragebögen daher und bohren im Allerheiligsten unserer geliebten Arbeit. Jede Minute unseres Lebens wird schonungslos auf den Prüfstand gestellt (so die gängige Floskel). Leistet jede Sekunde unserer Arbeit einen positiven Wertschöpfungsbeitrag zum Unternehmen? Tut es auch eine Pause weniger? Ist die de facto Mittagspause nicht offenbar 40 Minuten, obwohl nur 30 erlaubt sind? Müssen die Mitarbeiter wirklich acht Wochen im Jahr ausgebildet werden? Müssen immer neue Möbel angeschafft werden? Braucht jeder Manager mit drei Mitarbeitern zwei Sekretärinnen? Wie groß sollten die Büros sein? Ist es sinnvoll, alle zu Direktoren zu befördern und sie dann schließlich unten am Empfang arbeiten zu lassen (»Gnadenbrot«)? Müssen alle unendlich durchgefüttert werden? Warum werden Mitarbeiter kurz vor der Entlassung nur zwecks Rentenaufbesserung befördert?

Immer wieder die Frage: Wo ist der Wertschöpfungsbeitrag? Ist das wirklich nötig? Im Amerikanischen spricht man von »added value«: Welchen Wert hat das alles? Welchen Nutzen oder Zusatznutzen?

Nun gut, bei der ersten Runde kommen einige himmelschreiende Verschwendungen zu Tage – und wir sehen ja gerne alle ein, dass es so nicht geht. Wir nicken noch voller Verständnis bei den ersten Abstrichen, die den Beratern nachfolgen. Sie lenken unsere Aufmerksamkeit immer stärker auf die Frage: Ist das alles nötig? Sinnvoll? Hat es einen Nutzen? Ist es effektiv? Hat es ein Ziel?

Die Berater bringen Stressmomente in unser Leben (Beta-Wellen im EEG). Sie lenken unseren Blick auf Ziele. Sie bringen uns immer wieder periodisch Adrenalinstöße, damit wir mehr Kraft einsetzen. Berater drehen langsam die »paratelische« Arbeitsstimmung auf ein »telic behavior« hin, in eine zielgerichtete Stimmung. Wir dürfen ab sofort nicht mehr sagen: »Ich forsche hier seit Jahren. Meine Fortschritte machen mir große Freude.« Wir müssen jetzt erklären: »Das ist das Ziel, das ich in x Monaten erreicht haben will. Ich setze dafür y Ressourcen ein. Der Wertschöpfungsbeitrag für mein Unternehmen wird z sein.« Das unspezifische Immer-weiter-Arbeiten wird durch klare Projekte abgelöst. Das Wort Projekt erstaunt uns zuerst, es klingt sehr vage (!) und gar nicht nach einer Arbeit. Es klingt temporär und nicht nachhaltig. Wir verstehen das Wesen eines Projektes erst gar nicht, weil wir bisher nicht auf Ziele hin arbeiteten, sondern eben einen Beruf hatten. Statt einen Beruf zu haben, sollen wir plötzlich in fünf Projekten gleichzeitig mitarbeiten und dort »Rollen« einnehmen? Seltsam! Uns ist der Unterschied zum Alten nicht klar. Wir haben bisher doch auch hart gearbeitet! Was soll die aufwändige Namensgebung? Warum plötzlich »Statusberichte« und »Meilensteine«?

Der Stresslevel der Arbeit erhöht sich nun kontinuierlich. Aus den verschiedenen Anstrengungen von Kaizen oder Toyota entstehen eigene Managementschulen und Beraterzünfte (ich bin versucht, Beraterpfründe zu schreiben). Management by Objectives (MBO). Total Quality Management (TQM). Customer Relation Management (CRM). Just in Time (JIT). Change Management durch Change Agents. Alles, worauf im Unternehmen zu achten ist, bekommt ein eigenes »Management«, das der Verschwendung auf allen Ebenen und in allen Dimensionen zu Leibe rückt. Aus der Not, das Unternehmen zur Vernunft zu zwingen, beginnt ein Zwangssystem zu entstehen.

Wir Mitarbeiter verstehen ja gut, dass gespart werden soll. Wir sehen ja ein, dass es auch ohne »Schnickschnack« gehen müsste. Wir fühlen uns auch in dieser Sicht noch gut (»Alpha-Wellen-EEG«), wir werden jetzt auch deutlich zielstrebiger, geben uns einen Ruck und packen mehr zu. Warum sollen wir angeblich so schlecht im Vergleich zu Toyota sein? Die Kaizen-Grundsätze klingen doch gut: »Vermeide Überlast, Verschwendung, Fehler – ehre die Mitarbeiter und werde immer besser, so gut du auch sein magst.« Das kann jeder vernünftige Mensch unterschreiben! Eigentlich – so denken wir uns, wenn sie alle Toyota und Kaizen predigen – tun wir doch auch nichts anderes als vernünftig zu arbeiten! Wieso sollten wir so viel schlechter sein?

»Das kann doch nicht wahr sein!«

Jetzt machen uns allerdings die immer weiteren und schnelleren Einsparrunden Sorgen. Wie weit würde das gehen? Wir sorgen uns über die sich häufenden Kontrollen. Sie nagen an uns wie ständige Zweifel an der Qualität unserer Arbeit. Das ist ein grässliches Missverständnis! Deshalb werden am Ende die Berater noch barbarischer werden.

Mitarbeiter glauben, die Qualität ihrer Arbeit würde überprüft. Es geht aber um die Frage, ob ihre Arbeit überhaupt einen Nutzen bringt. Die dritte Sekretärin wird nicht gefragt, ob sie gut ist, sondern ob man sie nicht ganz abschaffen kann. Mitarbeiter fürchten einen Tadel, wo es eigentlich um ihr Leben geht! Die Frage ist nicht: »Sind Sie gut?«, sondern »Wozu ist das gut, was Sie da mit großer Anstrengung sehr gut tun? Was ist der Nutzen? Was würde passieren, wenn wir die Stelle ganz streichen? Passiert dann etwas?«. (Das fragen sich Chefs oder auch Mütter, wenn sie eine Woche allein in Urlaub sind und bei der Rückkehr normal glückliche Menschen antreffen. Letztere sogar in Bezug auf ihre eigene Rolle.)

Uns dämmert am Ende doch, dass es ihnen gar nicht darum geht, die Qualität unserer Arbeit zu bewerten, sondern um die Frage, ob die Arbeit an sich nötig ist. Und sie finden jetzt immer öfter zu dem Urteil: Nein – nicht nötig. Damit steht plötzlich zur Debatte, ob wir selbst noch nötig sind. Diese Überlegung tut uns sehr weh, sogar nur die Möglichkeit einer solchen Überlegung. Wir beginnen innerlich zu murren und leisten stillen Widerstand. Viele Mitarbeiter und vor allem Manager beginnen, die Antworten für die Berater zu schönen, um den Schmerzen und den Konsequenzen aus dem Wege zu gehen. Ein guter Teil der Arbeitszeit wird nun darauf verschwendet (!!), *gut dazustehen.* Das Große Lügen nimmt hier den Anfang. Fragende erscheinen uns wie Feinde – spätestens als die ersten Entlassungen beginnen. Downsizing nennt man das Feuern! Die Arbeit wird auf das Nötige zusammengedampft – Arbeitsplätze können in großem Stil eingespart werden.

Wir schreien tief überzeugt, dass unmöglich zwei Leute die Arbeit von dreien erledigen könnten, aber unter dem Druck der Verhältnisse und den Ratschlägen der Berater, die Arbeit standardisierter abzuwickeln, rüttelt sich alles wieder ein. Zu unserer Überraschung überlebt das Unternehmen die unglaublichsten Einsparungen. Mehr und mehr werden wir gezwungen, Standards zu definieren und alles auf die gleiche Art zu tun. Dadurch wird die Arbeit weiter und weiter vereinfacht und kann besser geregelt werden. Wir sind traurig, weil wir doch unseren Berufsstolz haben. Wir sind seit Jahrzehnten gewöhnt, Exzellenz anzubeten – und nun sollen wir wie am Fließband »Brezeln backen«? Nun sollen wir gewöhnliche Arbeit wie Hunde erledigen?

Unsere Arbeit wird mehr und mehr in standardisierte Prozesse gepackt. Die Arbeit wird effektiver umgestaltet. Die großen Zauberwörter im Management sind nun »Prozessorientierung« und »Prozess-Reengineering« Die Arbeit wird möglichst allumfassend und grundsätzlich als ein Ablaufprozess definiert, der kurz Prozess genannt wird. Unsere Arbeit bekommt dadurch eine Struktur oder ein System. Am liebsten – wie gesagt – sollte alles wie am Fließband laufen!

Diese Phase ist durch Effektivitätssteigerung, Systematisierung und Strukturierung gekennzeichnet. Sie beendet die Luxusphase und leitet die Rückkehr zur Vernunft ein. Jedenfalls will sie genau dies. Die Vernunft kehrt nun scheinbar an den Arbeitsplatz zurück. Die Mitarbeiter haben etliche Wunden davongetragen. Sie können froh sein, dass sie noch da sind. Die Arbeit ist nun nicht mehr so sehr ein Quell der Freude, sie ist nicht mehr so stressfrei, das ist nicht so schön! Leider haben viele den Arbeitsplatz verloren, oder sie sind frühpensioniert worden. Es ist gar nichts Schlimmes passiert, und den Pensionierten geht es prächtig, dass sagen sie bei ihren gelegentlichen Besuchen allesamt. Aber wir noch Arbeitenden müssen uns allmählich an den neuen Zustand gewöhnen. Wir fühlen uns wie im Übergang vom Bauern zum Schweineproduzenten. Irgendwo würden wir jetzt gerne Halt machen. Die Vernunft ist jetzt formal gesehen erreicht, wir haben gegen die Japaner aufgeholt. (Notabene: Wir leben jetzt in einer erzwungenen Vernunft, die sich unter unserem Widerstand und unter unseren Lügen eben gerade so durchsetzen ließ. Es ist nicht die Vernunft des Vernünftigen. Man nimmt vielfach an, der Unvernünftige gewöhne sich an erzwungene Vernunft und beginne sie dann zu lieben. Der gezwungen Vernünftige werde dadurch zum natürlich Vernünftigen. Das ist fast immer falsch, aber es rechtfertigt die Brutalität der Berater, Eltern und Lehrer.)

Welche wirtschaftlichen Vorstellungen haben die wirtschaftlich denkenden Menschen?

- Wir bauen die Produkte wie immer, aber effektiver.
- Die Forschung und die Entwicklung werden um das Theoretische und Wolkige entrümpelt. Der Nutzen muss nachgewiesen werden. Grundlagenforschung ist passé.
- Die Mitarbeiter sollen effektiver arbeiten und nichts ohne konkreten Nutzen tun.
- Die besten Mitarbeiter sind diejenigen, die sich um den Wandel und nützlichere Strukturen verdient machen.
- Beförderungen werden nach der Nutzenstiftung ausgesprochen.
- Jeder muss etwas Wichtiges tun. Dafür ist ganzer Einsatz gefordert – auch unter unbezahlten Überstunden. Gehaltserhöhungen gibt es nur

für Besserwerden, nicht für gleich bleibendes Weiterarbeiten oder bloßes Älterwerden wie bei den Beamten. Mehrverdienst ist für Mehrleistung, nicht für Sitzfleisch.

- Führungskräfte drängen auf vorzeigbare Erfolge und kontrollieren die Qualität. Bei Problemen führen sie effektivere Prozesse ein. Sie sind generell auf Downsizing aus.
- Produktwerbung stellt den Nutzen heraus. »Tut es ALDI nicht auch?«, so erlaubt man sich bei allem zu fragen.

Was denken die Menschen generell über das Leben?

- Der Mensch wird »nützlicher« erzogen – es geht nicht mehr abstrakt um Bildung an sich. Braucht man Latein? Oder Kunst? Auch das Leben wird am Nutzen gemessen. Welche Berufe sind langfristig aussichtsreich?
- »Wir sollten an Vermögensbildung denken. Versicherungen abschließen.«
- Jeder engagiert sich dort, wo er Zusatzkenntnisse erwerben kann. Musikschule, Sprachen, Computer. Es ist nicht sicher, ob Vereinsaktivität auf irgendwelche Ziele hin einen Zusatznutzen bringt.
- Die Regierung soll selbst im Verwaltungsapparat die Verschwendung eindämmen und effektiver arbeiten. Sie sollte für die Arbeitslosen aus den vielen Downsizing-Runden Sorge tragen, die ja nichts dazu können und sonst unverschuldet ins Elend abdriften. Die Regierung muss Arbeitsplätze schaffen oder schaffen helfen. Sie sollte notfalls Schulden für Staatsprogramme aufnehmen, um die Menschen vor Not zu schützen.

Noch einmal zusammengefasst: Die japanische Automobilindustrie arbeitet im Grunde nur vernünftig und eben nicht »wie im Schlaraffenland«. Damit aber greift sie »uns« an. Wir könnten ja alle zusammen weiter im Luxus leben, wenn die Japaner mitgemacht hätten. Aber niemand kann in Frieden leben, wenn es dem Nachbarn nicht gefällt. Und niemand kann höchste Arbeitslöhne und aufwändige Sozialstaaten aufrechterhalten, wenn genügsame Weltteile die Preise in allen Märkten unterbieten. In

Folge dieses »japanischen Angriffs« ist auch der Westen sehr schnell vom Luxus zum Wesentlichen zurückgekehrt (in etwa zehn Jahren von 1985 bis 1995). Der Wandel ist erst langsam in Gang gekommen, danach nimmt die Veränderungsgeschwindigkeit rasant zu. Aber gerade als wir beim Wesentlichen ankommen, machen wir leider nicht Halt und düsen weiter und weiter. Erst langsam, dann immer schneller, entfernen wir uns vom Schlaraffenland, weil es maßlos war – nun schießen wir in der Folgezeit über das Wesentliche und Vernünftige zur anderen Seite hinaus und verlieren zur anderen Seite das Maß. Lesen Sie diese Entwicklung im Folgenden:

Kostenbetrachtung der Arbeit – Konzentration auf Effizienz und Leistungsmessung

Die neuen Computertechnologien machen es viel besser als früher möglich, die Abläufe »vernünftiger« durchzustrukturieren. Die Arbeitsableistung kann dadurch effektiver werden.

Mit dem neuen Werkzeug des Computers und der Controlling-Software beginnt eine Dekade der Effizienz. Das weltweit führende System SAP R/3 beginnt seit 1993 seinen Siegeszug in alle noch so kleinen Computer. Es erlaubt einen ungeheuren Effizienzschub in den Unternehmen. (Das Vorläufersystem SAP R/2 gab es schon lange vorher, es lief aber nur auf den riesigen Zentralcomputern, die man Mainframes nennt. R/3 läuft auf jedem Computer und hat nun nicht mehr nur die Zentrale im Griff, sondern jeden Einzelnen von uns! Jeden! Das ist der Knackpunkt zur Veränderung schlechthin.)

Man beginnt jetzt immer stärker, alles zu beschleunigen. Dasselbe – aber viel schneller! Denselben Effekt – aber in kürzerer Zeit. Effizienzsteigerung ist *Leistungssteigerung*. Leistung ist Arbeit pro Zeiteinheit. Die Computer wurden nun überall als Schrittmacher, Metronome oder Zähler eingesetzt. Sie messen neben der Arbeit her, wie schnell *jedermann* arbeitet oder wie viel er pro Zeiteinheit schafft. Wie viel Umsatz pro Quadratmeter Laden? Wie viel Provision pro Zeitstunde Bankberatung? Wie viele Autos pro Stunde? Wie lange darf eine Autoeinheit auf dem Fließband verweilen?

Mit der Stoppuhr in der Hand wird nun nicht einfach mehr auf den Zweck und den grundsätzlichen Nutzen einer Arbeit gesehen. Die »nutzlosen« Arbeiten sind ja schon von der vorhergehenden Beratergeneration aussortiert worden. Die Stoppuhr oder generell das Leistungsmessen leitet eine neue Aggressionsspirale gegen den »Luxus« ein, der eigentlich schon gar nicht mehr existiert.

In Search of Excellence! – so lautet der Titel des wohl ersten richtigen Management-Bestsellers von Tom Peters und Robert Waterman. Er wurde seit 1982 in Millionenauflagen verkauft. Das berühmte Buch propagiert beherztes Handeln, Kundennähe, Mitarbeiterproduktivität/Exzellenz, Wertschöpfung, Konzentration auf eigenes Können, einfache Formen/Strukturen und Abkehr von »Command & Control«. Das Buch ist wieder »so etwas wie Toyota«, etwas für grundsätzlich Vernünftige, aber nicht gut geeignet für zur Vernunft Gezwungene.

Das Schlagwort aber, *Search of Excellence* oder deutsch *Auf der Suche nach Spitzenleistungen,* treibt nun andere Beraterschulen an, auf ihre Weise (mit der Stoppuhr in der Hand) nach Exzellenz zu suchen. Analysten und Berater schauen sich weltweit um, wer am schnellsten und effizientesten ist. Mit dem Besten einer Klasse wird nun jeder Betrieb verglichen: Benchmarking, Vergleichsmessungen, Scorecards, Reviews, Reports, Zahlenschlachten, »Number Crunching«. Warum ist der gemessene Betrieb nicht die Nummer 1? Was fehlt ihm? Wo sind Lücken zu schließen? Die gefürchteten Berater kommen immer wieder neu zur Schwachstellenanalyse und zur »Gap Analysis«.

Leistung ist Arbeit pro Zeit. Die neunziger Jahre werden zur Dekade der Stoppuhr, des Messens und des hochnotpeinlichen Vergleichens, das wie Folter eingesetzt wird. »Schneller! Billiger!« hallte es überall. Und da man an nichts anderes denken soll und darf, muss man jetzt gebetsmühlenartig immer wieder allen sagen: »What you can't measure you can't manage.« Oder: »Was man nicht messen kann, lässt sich nicht managen.« Diese manische Attitüde führt zu einer enormen Arbeitsverdichtung und Zeitknappheit und damit zu einer Kostensenkung.

Die Ziele der Mitarbeiter werden nun ständig nach oben revidiert. Ihnen wird immer wieder und wenig authentisch kommuniziert, es handle sich um eine Notlage der Unternehmen, um eine schwierige Zeit, in der das

Unternehmen den ganzen Einsatz des Mitarbeiters zum Überleben brauche. Die Einsichtigen »hängen sich rein« und ziehen andere mit. Das (gemessene!) Leistungsniveau steigt, auch weil nicht Gemessenes liegen bleibt. Die Mitarbeiter leisten nach und nach unbezahlte Mehrarbeitsstunden, um den ständig steigenden Anforderungen gerecht zu werden. Viele Unternehmen schaffen (im Zeitalter des Messens!) die Stechuhren und Arbeitszeitkontrollen ab, weil sie dadurch vermeiden, die anfallenden Überstunden bezahlen zu müssen. »Tu deinen Job!«, verlangen sie vom systematisch überforderten Arbeitnehmer, der nun von selbst (!) auch die Kaffee- und Mittagspausen drangibt. Auf der Kostenseite wird rigoros alles abgeschafft, was nicht »Mehrwert« bringt. Keine Betriebsfeste mehr, keine Geschenke zum Weltspartag an die Kunden, keine Blumen und keine Kekse in Meetings. Keine Flüge in der Business Class, nie mehr erster Klasse in der Bahn, billige Hotels.

Es kommt zu weiteren Entlassungen und Teilbetriebsschließungen. Es gibt immer mehr Arbeitslose. Ein Großteil der älteren Arbeitnehmer wird jetzt immer noch relativ großzügig in Rente geschickt. Dadurch kommen die Rentenkassen allmählich in Schieflage, der Staat muss stützen, klagt aber selbst über sinkende Steuereinnahmen. Der Staat sieht sich bald überfordert. Die Menschen, die bei der Arbeit ächzen, beginnen als Kunden den Konsum einzuschränken. (In Beziehung auf die Räuber-Beute-Beziehung: Wenn die Verdienstmöglichkeiten oder die Jagdbeutetiere in der Menge schrumpfen, sterben die Wünsche und die Kunden langsam mit ihnen aus.)

Welche wirtschaftlichen Vorstellungen haben die wirtschaftlich denkenden Menschen?

- Wir bauen die Produkte wie immer, aber schneller und billiger.
- Die Forschung und die Entwicklung werden wegen der hohen Kosten auf das Nötigste eingeschränkt. Entwicklungszeiten werden dramatisch verkürzt – wohin immer das führt.
- Die Mitarbeiter sollen mehr arbeiten: länger, schneller – ohne Investments in neues Werkzeug.
- Die besten Mitarbeiter sind diejenigen, die hart und ehrgeizig arbeiten und sich ganz dem Unternehmen widmen.

- Beförderungen werden je nach Energie, Biss oder Einsatz ausgesprochen.
- Jeder muss arbeiten, arbeiten, arbeiten. Wer um 18 Uhr geht, hört hinter sich Rufe: »Hast du einen halben Tag Urlaub?«.
- Führungskräfte drängen täglich auf Zielerreichung und kontrollieren die Leistungen. Bei Problemen fordern sie höheren Einsatz für das Unternehmen ein.

Was denken die Menschen generell über das Leben?

- Der Mensch wird zur Berufsfähigkeit erzogen. Wo gibt es noch am besten Arbeit (oder Überleben)? Die harten Fächer Deutsch, Mathematik und Englisch werden jetzt wieder als Muss akzeptiert, keiner will sich mehr drücken, alle haben Angst, schlechte Zeugnisse zu haben. Welche Berufe bringen noch Geld?
- »Wir müssen diese Zeit überstehen. Nicht hinschauen. Im Grunde glauben wir gar nicht, dass es aufhört. Nicht denken, sonst werden wir trübsinnig. Es hilft ja nichts.«
- Es ist besser, nicht aufzufallen und immer zu arbeiten. Der Arbeitsplatz muss erhalten blieben.
- Man sollte für harte Zeiten sparen. Die Löhne steigen nicht mehr.
- Die Regierung soll gefälligst Arbeitsplätze schaffen! Wir brauchen wieder eine Zukunft.

Craze um das Neue und eventuell ein Crash

Das Arbeitsleben ist nun in Stress versunken. Die Angst um die Arbeitsplätze geht um. Noch glauben alle, dass wenigstens die jeweils Besten einen sicheren Arbeitsplatz haben. Sie strengen sich an, unermüdlich im Hamsterrad zu laufen.

In dieser Zeit träumen sie alle von Auswegen. Die Hollywood-Filme zeigen Menschheitsretter, die ganze Kosmen in Asche legen, weil jemand die junge blonde Frau bedroht oder gleich die USA. Da erscheint plötzlich das Neue!

Seit etwa 1985 gibt es E-Mail. Als ich 1987 ins IBM Wissenschaftszentrum wechselte, ging die Angst der Sicherheitsleute um, dass wir Wissenschaftler alle Unterlagen elektronisch nach Cuba schicken könnten. Sowieso war freie E-Mail am Anfang nur den Wissenschaftlern erlaubt. Schon damals war klar, dass E-Mail und das sich abzeichnende Internet die Welt verändern würden. Aber erst später, etwa 1998, begann der durch IBM maßgeblich ausgelöste Hype um das e-Business. Plötzlich wurde alles auf dieser Welt hektisch mit einem roten e-Zeichen davor durchdacht: e-Wissen, e-Learning, e-Management, e-wasweißich. Es kam zu einem Goldrausch. Alle Unternehmer spurteten in die neue Welt, die sie *New Economy* nannten. Das Alte wurde bewusst verächtlich als *Brick & Mortar* (Ziegel und Mörtel) abgetan, während das Alte die ganze Zeit von einem Bubble oder einer Luftblase sprach.»Am Ende werden doch Autos gebaut, mit oder ohne e!«

Der ganze Hype oder Rausch rund um das Internet wurde noch zusätzlich durch zwei zufällige Ereignisse angefeuert. Alle Computersysteme mussten wegen des Jahres 2000 auf vierstellige Datumsanzeigen umgestellt werden. Dazu kam in Europa die Umstellung zum Euro. Als dann noch Amazon und Yahoo die ersten Milliarden machten, war kein Halten mehr. Stellen Sie sich das vor: Die Unternehmen zählten inzwischen im Namen der Effizienz Bleistifte und sparten am Kaffeepulver in der Kantine – aber nun warfen sie auf jede noch so naive »Business-Idee« Millionen und Milliarden von Dollars.

Die Banken, Versicherungen und Pensionskassen verwalteten von jeher bedachtsam konservativ das ihnen anvertraute Geld. Immer! »Vertrauen.« Ja, bis die ersten Grenzgänger unter ihnen sagenhafte Aktiengewinne beim Spekulieren mit eingezahlten Versicherungsprämien einfuhren. Plötzlich war kein Halten mehr. Unser aller Geld wanderte zum Teil auf die Spielbank.

Als dann der reinigende Crash kam, hatten es alle gewusst … Die Aktienkurse gingen rapide runter und verschlangen einen Großteil unseres Vermögens. Die Old Economy triumphierte zwar, aber nicht wirklich, denn auch sie hatte ihr Spielgeld im Rausch verloren.

Was blieb uns übrig? Heillose Überkapazitäten in Form von Glasfaserkabeln überall. Neue Internet-Infrastrukturen. DSL in jedes Haus. Funknetze und drei Handys für jeden. Jeder einen Laptop!

Wie ein Fieber, wie eine Krankheit, die man gemeinhin Manie nennt, raste der Boom über uns weg und hinterließ uns eine große finanzielle Not und eine Idee für ein besseres Morgen.

Welche wirtschaftlichen Vorstellungen haben die wirtschaftlich denkenden Menschen?

- Wir bauen die Produkte wie immer, aber mit Hilfe des Internets, dort verkaufen wir sie auch.
- Wie können wir alles in ein e-Business umbauen?
- Die Mitarbeiter sollen wie in der New Economy nur noch arbeiten – auf Orangenkisten statt Bürostühlen.
- Es gibt nur wenige Leistungsträger, die bei Laune gehalten werden, der Rest soll froh sein, Arbeit zu haben.
- Beförderungen nur noch an Leistungsträger, die ihrerseits mit Kündigung drohen.
- Führungskräfte bedrohen Mitarbeiter durch ständige Reviews. Klima der Angst.

Was denken die Menschen generell über das Leben?

- Der Mensch muss überleben und notfalls auch Beruf und Wohnsitz ändern. Er muss sich Arbeit suchen, wo welche ist, und auch mit weniger zufrieden sein. Traum vom großen Geld mit Internet-Aktien, die die Stelle des Lotto einnehmen. Gibt es ein Entrinnen?
- »Leben wir in einer Katastrophe? In einer Goldgräberepisode? Was ist sicher? Darf man jetzt Kinder bekommen?«
- Es ist schwer, die Kontrolle über das eigene Leben zu behalten. Angst vor Massenentlassungen und Abstieg. Sollte man nicht auch in den Goldrausch hinein?
- Wettbewerb ist notwendig, damit die Firma überlebt.
- Die Regierung tut nichts. Sie scheint machtlos.

Intermezzo – Gedanken über das Neue

Alle neuen Basistechnologien oder Veränderungen erweitern unsere Welt. Schiffe erschließen Erdteile, Dampfmaschinen und Eisenbahnen erschließen Länder, der Computer eröffnet die noch unbekannte virtuelle Welt. Erst aber – für heute – bringt uns das Internet die ganze Welt zusammen. »Globalisierung.«

Der Hype und der Crash haben uns heute das Gehirn gehörig aufgerüttelt. Wir haben viel Geld an der Börse durch Träumen verloren. Der Staat versinkt in Schulden. Durch das jahrelange Übertreiben der Effizienz ist alles ungeheuer »schlank« oder »lean« geworden. Sagen wir, die Wirtschaft hat sich dünngemacht. Oder, mit einem Wort heutiger Klatschspalten: Die Wirtschaft ist zum Mager-Model geworden.

(Die Presse fordert neuerdings statt Magersüchtiger wieder Frauen auf dem Laufsteg, es sieht fast so aus, als wenn die Schönheitsideale synchron mit der Wirtschaftsentwicklung gehen. Durch dick und dünn!)

Im Kater nach dem Rausch steht die Wirtschaft vor einer Neuausrichtung. Durch das Internet sind Indien und China unsere Nachbarländer geworden. Das Internet macht Inder und Chinesen zu unseren Konkurrenten am häuslichen Arbeitsplatz. Das Internet macht es möglich, zu Hause zu arbeiten, am so genannten Heimarbeitsplatz oder im »Home-Office«, wie es neudeutsch heißt. Wenn wir aber zu Hause arbeiten können – macht es da einen Unterschied, ob ein Inder, ein Chinese oder ein Deutscher oder ein Amerikaner dort schaffen? Die Welt erkennt, dass sie nur noch aus einem Kontinent besteht, dem des Internets. Mit gemischten Gefühlen lesen Manager Zusammenfassungen des Buches *The World is Flat* von Thomas L. Friedman.

Warum kostet ein Europäer oder Amerikaner den zehnfachen Lohn? Diese Frage setzt eine beispiellose Veränderung der Welt in Gang. Das Neue kommt wirklich. Wir hatten gedacht, das Neue wäre elektronisch oder digital. Nein, zuerst bekommen wir ein paar Milliarden Nachbarn, die sich ganz neu in unserer Welt einrichten. Zuerst sind sie leider unsere Konkurrenten und wir mögen sie nicht, weil sie Eindringlinge sind. Erinnern Sie sich an die Jahre nach dem Weltkrieg, als die Flüchtlinge in den Westen strömten und nichts als Ehrgeiz und Aufbauwillen mitbrachten? Erinnern

Sie sich, wie stolz die Neu-Wohlständler bald besser dastanden als die »Einheimischen«? Erinnern Sie sich, wie Deutschland als Ganzes stolz war, noch vor Großbritannien nach dem Krieg die Lebensmittelmarken abgeschafft zu haben?

So kommen nun unsere neuen Nachbarn. Mit mehr Ehrgeiz und mehr Drive, weil sie nur zu gewinnen haben und gewinnen werden. Sie sind schon in der Aufschwungphase. Sie sind beseelt vom protestantischen Arbeitsethos. Sie denken die Dinge, die ich in zwei langen Listen im ersten Abschnitt dieses Kapitels aufgereiht habe. Sie bauen auf.

Wir bauen noch ab, entsagen immer noch innerlich dem einstigen Wohlstand. Der Deutsche jammert, heißt es. Das, was die neuen Nachbarn also rosigste Zukunft sehen, empfinden wir als schmerzhafteste Anpassungszeit unseres Lebens. Seit 15 Jahren stagniert unser Wohlstand. Nun müssen wir uns neu ausrichten. Schaffen wir das? Oder ist dies die Stimmung, in der alte gewachsene Kulturen sterben? Oder fegt aus Indien und China bald ein solcher Boom über die Welt, dass wir das alles sogar aussitzen können?

Im Zuge der Neuausrichtung im laufenden Kondratieff-Zyklus erfahren wir zuerst die Erschütterungen unserer Welt. Unsere Arbeit wandert in den fernen Osten. Arbeitswillige aus Osteuropa wandern ein. Sie kommen, um teilzuhaben. Sie fallen nicht ein wie Hunnen, Goten oder Normannen. Es ist eine wirtschaftliche Invasion oder besser Pervasion (»Durchdringung«). Unsere Herzen erzittern unter Wirtschaftsnachrichten wie Bombeneinschlägen.

»10 000 Deutsche entlassen, um den Profit um drei Punkte anzuheben.« – »Deutschland muss um das besser sein, was es teurer ist – aber es ist nicht besser!«

Bei den Massenentlassungen fühlt jeder Betroffene nur ohnmächtige Wut. Lügner, die ihm sagten, Leistung werde immer honoriert! Lüge, die Rente sei sicher! Lüge, dass die Besten nicht entlassen würden! Wie bei einer Erstürmung der Festung sterben jetzt die Feigen und die Helden – ohne Unterschied. Wir beginnen zu schreien: Gegen Sozialdarwinismus! Gegen Turbo-Kapitalismus! Gegen Lohndumping und Arbeitnehmererpressung! Gegen das Behandeln von Menschen als verderbliche Sachgüter!

Aber wir sind schon mitten in der Neuausrichtung. Uns fehlt nur noch die Rückkehr zum Hormonbild des Aufschwungs – die Rückkehr zur Innenstimmung, die die neuen Nachbarn schon mitbringen. Wir werden in dem einen einzigen Augenblick wieder aus dem Trauma, aus dem Endorphin-Schock, aus dem Gefühl des Vernichtetseins erwachen, in dem wir wissen, dass es nicht mehr abwärts geht. Dann gehen wir wieder los. Das Tief im Kondratieff-Zyklus wäre für uns besser so wie eine ungeheure Flutwelle. Dann säßen wir zwei Tage unter Schock bewegungslos im zerstörten Hab und Gut. Dann stünden wir auf und würden arbeiten. Wir wüssten, was zu tun wäre. Wer das weiß, geht wieder dran. Leider fürchten wir noch immer, es würde schlimmer. Oder nicht?

Dabei sprießen überall die Schneeglöckchen. Es wird viel von Innovation geredet, von Optimismus, von Emotionaler Intelligenz, von Leadership, vom Neuen. Aber es überwiegen für uns nur die letzten Ausläufer des Effizienzwahns und der Internet-Katastrophe. Sie nennen sich Ich-AG, Prozesstransformation, Human Supply Chain, Total Management, Wettbewerbsdruck, Low Performer Move-out, Off-Shore und immer wieder traurig »Indien«.

Profitbetrachtung der Arbeit – Konzentration auf Gewinnsteigerung

Bevor aber alles besser wird, steigt der Druck in der Wirtschaft bis zum Bersten. Effizienz und Überarbeitung sind nicht mehr genug. Es geht oft um das Überleben an sich. Was aber überlebt? Darauf gibt es eine naive Antwort:

Das Profitable überlebt.

Alles und jeder wird nun auf lokale oder individuelle Profitabilität geprüft. Jede noch so kleine Abteilung muss isoliert nachweisen, dass sie Gewinn erzielt. Ja, auch die Rechtsabteilung des Konzerns oder die Pressesprecherin. Das können sie nicht so einfach, weil sie keine Einnahmen und keine Ausgaben haben und gar keinen Gewinn erzielen können.

Deshalb wird möglichst die gesamte Wirtschaft radikal reorganisiert. Alle Abteilungen, ja sogar Einzelmenschen müssen sich von anderen Abteilungen oder Kunden für ihre Leistungen bezahlen lassen. Jede Abteilung hängt für ihre Arbeit Preislisten aus. »Betreuung eines Vertrages = 2 Prozent der Gesamtsumme« oder »Eine Reisekostenabrechnung = 20 Euro«. Jeder Mitarbeiter schreibt genau auf, was er geleistet hat (drei Herrenfrisuren, eine Haarwäsche; zwei Vermögensberatungen, eine Hausratversicherung verkauft, einen Schaden reguliert). Für jede Leistung gibt es einen bestimmten Lohn, eine Gebühr oder eine Verrechnungseinheit. Jedem Mitarbeiter wird beigebracht, nur noch gegen Bezahlung oder Leistungsverrechnung zu arbeiten. Was ein Mitarbeiter leistet und wie viel alles kostet, wird vorher verhandelt und in »Service Level Agreements« niedergelegt. Der Hausmeister bekommt vorher festgelegte Gebühren für je eine Glühbirne, für das Bestuhlen des Konferenzraumes und für das Bereitstellen des Mikrofons. An jeden Handgriff werden Preisschilder geklebt. Jeder Mitarbeiter stellt Rechnungen für jeden Handgriff und sammelt seine Einnahmen. Er muss als Ich-AG Gewinn machen. Er muss sich verkaufen. Sonst ist er nicht profitabel. Er muss dann vielleicht die Preise erhöhen. Wenn die aber niemand bezahlt? Dann muss er gehen.

Die ganze Wirtschaft wird nach und nach in Profitcenter unterteilt. Das dauert schmerzhafte Jahre der Umgewöhnung. Jedes Profitcenter leistet für irgendwelche Menschen, Abteilungen oder Unternehmen so genannte *Services*. Diese anderen, die Leistungsabnehmer, für die gegen Geld gearbeitet wird, werden *Kunden* genannt. Alle Mitarbeiter fokussieren sich nun auf ihre »Kunden« und versuchen, genug Geld von ihnen einzunehmen. Diese Umorientierung der Arbeit hin zu Profitdenken wird »Kundenorientierung« genannt und oft als »Nettseinsollen« in grässlicher Weise missverstanden und auch falsch oder bewusst verschleiernd verkauft. Es geht im Kern um die Profitabilität der Leistungserbringung gegenüber Abnehmern der Leistung, was auch immer über Kundenorientierung gesagt wird.

Wenn Abteilungen oder Unternehmensteile keinen Gewinn abwerfen, kommt das Controlling vorbei. Man fragt, ob sich die entsprechenden Leistungen der verlustreichen Abteilung nicht am freien Markt außerhalb des Unternehmens billiger einkaufen lassen. Oft ist die Antwort ein glattes Ja. Das ist bei allen Niedriglohnjobs in Großunternehmen der Fall, die traditionell gutmütig bezahlt werden. (Eine Sekretärin lebt ja mit dem General Manager zeitlich länger zusammen als die Familie und genießt dessen Vertrauen. Soll sie nun einen Hungerlohn bekommen?) Am freien Markt sind solche Leistungen sehr oft billiger zu bekommen! Die Putzdienste, die Hausmeister, die Poststellen, die Sekretariate, die Beschaffungen, die Fahrdienste – alles ist im freien Markt billiger und wird bald dort eingekauft. Die ursprünglichen Firmenmitarbeiter werden entlassen und werden eventuell wieder als Niedriglohn-Temporäre von außen eingekauft. Der Trend geht zum so genannten Outsourcing. Immer die Frage: Kann man die Leistungen kleiner und großer Firmenteile »außen« billiger einkaufen? Autoproduzenten und Computerindustrie stecken Zuliefererteile zusammen. Die Verlage lassen nun woanders drucken, binden, setzen, korrigieren. Nur die jeweils strategisch wichtigen und die hoch profitablen Unternehmensteile bleiben zurück. Dadurch werden die Unternehmen schlanker und schlanker.

Die Menschen werden nun nach den gleichen Prinzipien verglichen. Es stellt sich wie überall heraus, dass es gute und nicht so gute Mitarbeiter gibt. Lehrer, Politiker, Ärzte, Gesellen: Immer sind die Guten viel besser als die nicht so Guten. Wenn es ganz genau berechnet wird, so stellt sich in aller Regel heraus, dass in einer gewinnbringenden Abteilung die Masse des Gewinns von ein paar sehr Guten erzielt wird, während meistens so etwa ein Drittel der Mitarbeiter streng gerechnet Verlustbringer sind. Diese Mitarbeiter werden bald ganz ungeniert Leistungsschwache oder *Low Performer* genannt. Die Unternehmen versuchen sie loszuwerden. Man hilft ihnen, Jobs zu finden, bei denen sie gut performen (und natürlich viel weniger verdienen). Für diese grausame Prozedur ist es nötig, zum amerikanischen Hire & Fire überzugehen. Mitarbeiter bekommen nach Möglichkeit nur noch Zeitverträge, sie sind »Human Resources« oder Humanressourcen. Die Teilzeitkräfte werden »atmende Human-Kapazitäten«, die nach Bedarf Arbeit bekommen – so wie es an den Supermarktkassen exemplarisch zu sehen ist. Menschen werden in Jobeinheiten verwaltet, man spricht von der Menschenversorgungskette, der Human Supply Chain. Jeder Mitarbeiter hat die Pflicht, sich selbst am nicht existierenden Feierabend noch privat weiterzubilden und sich »profitfähig« zu halten, sonst wird seine Entlassung betrieben.

Es nützt Abteilungen bald auch nichts mehr, einfach profitabel zu sein. Sie bekommen immer höhere Profitvorgaben oder Profitziele. »Wir wollen dieses Jahr 25 Prozent Eigenkapitalrendite erreichen!«, so hört die erstaunte Bevölkerung in den Nachrichtensendungen. Diese Ziele stehen höher als das eigentliche Gesamtziel der Wirtschaft, für den Wohlstand des Landes zu sorgen. Dieses »Land« gibt es ja gar nicht mehr. Die Welt ist durch das Internet ein globales Dorf geworden. Überall sind immer noch Ärmere bereit, jede Arbeit zu noch weniger Lohn zu erledigen ... es geht nicht einfach nur um Gewinn, sondern um Gewinn*steigerung*!

Die Menschen werden rigoros wie austauschbare Güter behandelt. Das spart Kosten! Produkte werden ebenso rigoros »globalisiert«. Die Luftlinien waren immer stolz, auf jeder Serviette und jedem Glas im Flugzeug den Namen der Airline stehen zu haben. Abgeschafft! Eine Glas für alle. Die Autofabriken bauen nun alle die gleichen Motoren und Armaturen in verschiedene Automarken hinein – nur die Blechhülle ist noch individuell. Alle Firmen kaufen ihre Bauteile bei den globalen Lieferanten ein. Rohstoffe, Computerteile, Kabel, Elektromotoren, Maschinenteile. Die Endunternehmen stecken alles nur noch zusammen. Alles wird standardisiert und im Preis gedrückt. »Wenn Sie es nicht billiger liefern, kauf ich es woanders.« So wie man Menschen per Hire & Fire austauscht, geht man auch mit Zulieferfirmen um. Alles wird austauschbar und der Identität beraubt. Es gibt keine Rücksichten mehr, kein Vertrauen, keine Wertschätzung langer gewachsener Beziehungen. Die Menschen beginnen ihrerseits, den Geschäften, Banken und Institutionen das Vertrauen aufzukündigen. Sie suchen nach dem billigsten Angebot – so wie es die Firmen tun. »Geiz ist geil.«

Wer auf der Strecke bleibt, muss wohl ein Low Performer sein. Selbst schuld, wer sich so stigmatisieren lässt! Selbst schuld, wer nicht profitabel ist! Alle stehen so sehr unter Druck, dass sie die Gescheiterten einfach ohne Rücksicht auf ihrem eigenen hektischen Wege liegen lassen. Die Gemeinschaft stirbt. Die Kirchen leeren sich. Die Vereine, die von Ehrenarbeit leben, lösen sich auf. Jeder hat für sich zu tun. Für Kinder ist keine Zeit, auch wenn das Land ausstirbt. »Gebt mir Geld, dann bekomme ich ein Kind! Es muss sich lohnen, wie alles andere auch!« Der Staat ist doch der Kunde, der mehr Kinder haben will? Dann soll er bitteschön zahlen.

Immer mehr Menschen werden arm. Heute reden wir vom entstehenden Prekariat. Wir wollen nicht Proletariat sagen, weil dieser Ausdruck von Karl Marx besetzt ist. Im Grunde aber nähert sich der Wirtschaftskreislauf dem Zustand, in dem *die meisten der in den fruchtbaren Familien der unteren Schichten geborenen Kinder sterben.* (Das ist aus dem Zitat von Adam Smith vom Anfang des Buches.) Heute erleben wir diesen Aufschlag im Elend anders, aber analog.

Apocalypse Now. This is the end ...

Die Menschen winden sich und versuchen alles, was sie retten könnte. Sie beginnen zu betrügen. Kunden werden bestochen, damit sie Aufträge geben. Kunden werden mit Kleingedrucktem geleimt. Die Produkte und ihre Preise werden unbeurteilbar gestaltet. »Der Verbraucher ist verwirrt.« Er wird absichtlich verwirrt! Das ist die Tendenz zum »Lemon Market«, die Akerlof beschrieb. Manager schönen ihre Zahlen, kaufen Betriebsräte, damit sie Massenentlassungen schnell über die Bühne bringen. Abfindungen werden gereicht, Insider-Geschäfte getätigt, schwarze Kassen geführt. Das Geld, das an Mitarbeitern gespart wird, muss nun in Anwälte, Polizei und Compliance-Armeen gesteckt werden. Jeder muss unterschreiben, ethisch zu sein, damit die Fassade vor den Schacherern glänzt. Die Welt kocht über.

Die reine Profitorientierung erzielt hohe Gewinne, weil sie alle heiligen und historischen Interessen und Sitten hinter sich lässt. Sie bricht mit Glauben, Vertrauen, Beziehungen. Sie übernimmt keinerlei Verantwortung für den Staat, die Menschen, die Kultur, die Heimat – generell für irgendwelche Kontinuität. Weil das alles nun – wie im Krieg – nicht mehr gewürdigt werden muss, werden sehr hohe Profite gescheffelt, die aus dem Abbau dieser wichtigen kulturellen Ressourcen stammen. Die Hemmschwellen gegenüber dem Raubbau aller Art sinken auf Null. Alles wird geplündert. Tafelsilber verkauft. Löhne gesenkt. Unprofitable Unternehmen werden wie heiße Kartoffeln hin und her verkauft. Unternehmen sind keine Arbeitsheimat mehr, nur noch »Value«. Wie früher nur Aktien und dann auch Menschen »gehandelt« werden, so geht man schließlich mit ganzen Unternehmen und Wirtschaftszweigen um. Ressourcenraubbau. Die Unternehmensverwerter und Ausschlachter werden wie eine »Heuschreckenplage« empfunden.

Empörung macht sich breit, weil »nichts mehr heilig ist«. Kommt es bald zu Aufständen?

Welche wirtschaftlichen Vorstellungen haben die wirtschaftlich denkenden Menschen?

- So billig bauen, wie der Kunde es gerade noch ohne Protest hinnimmt!
- »Sell what's on the truck!« Es hat keinen Sinn, Neues zu bauen, bevor das Alte nicht verkauft ist. Jeder geht zum Verkaufen raus!
- Die Mitarbeiter sollen Profit machen oder einfach von selbst abhauen! Weg!
- Nur noch Zeitverträge für Mitarbeiter! Die Belegschaft muss eine »atmende Kapazität« sein. Rücksicht auf den Einzelnen ist zu teuer.
- Die Arbeitsbedingungen müssen so verschlechtert werden, wie es gerade geht. Wenn jemand deswegen kündigt, umso besser.
- Führungskräfte stehen so sehr vor dem Burn-out, dass sie denselben Einsatz von allen Mitarbeitern verlangen (können). Es ist Wirtschaftskrieg! Keiner darf sich drücken. Der Ton muss absolut rau sein, sonst rührt sich niemand mehr genug. Keine Zeit für Menschlichkeit.
- Alle Reserven müssen in Profite verwandelt werden. Notfalls durch kreative Buchhaltung.

Was denken die Menschen generell über das Leben?

- Geiz ist geil. Jeder handelt und feilscht. Der Ehrliche ist der Dumme. Leistungen sind wahrscheinlich egal, es gibt ja doch keine Zukunft.
- »Indien gibt uns den Todesstoß. Die Renten sind weg.«
- Arbeiten wie ein Sklave am Wasserrad oder in der Galeere.
- Wettbewerb dient nur dem Einprügeln auf einen mageren Esel.
- Die Regierung reagiert nicht mehr. Alle sind nur im Wahlkampf. Politiker haben nicht einmal mehr die erkennbare Absicht, etwas zu tun.
- »Man müsste, man sollte, es darf nicht wahr sein, man könnte doch, es müsste möglich sein, aber nicht so. Ich werde verrückt.«

Der neue Zyklus beginnt

Seit einiger Zeit (seit Anfang 2006) soll ich als IBM Chief Technologist »plötzlich« wieder Kongressreden über Innovation halten. Man sucht wieder nach Auswegen in besseren Produkten, nicht mehr im Nochmehrschinden von Menschen. »Bisher haben wir Quartal für Quartal den Druck verschärft – und immer, auch zu unserer eigenen Überraschung – haben die Mitarbeiter noch mehr herausgeholt. Nun hängen die Ohren. Nun hängen die Ohren selbst im höheren Management. Es geht nicht mehr weiter. Wir müssen aber weiter. Doch wie?«

Ich sagte es schon. In Indien und China braucht nun jeder Auto und Heim. Die größer gewordene Welt wird eine große Konjunktur haben … Der neue Zyklus beginnt. Wann? Wann genau? Das werden Sie mich jetzt fragen. Da fällt mir ein Bekannter ein, der viel Geld an der Börse verdiente. Er stieg nach dem Crash genau am richtigen Tag wieder ein. Todesmutig! Ich bewunderte ihn für so viel Schneid. Er lächelte: »Ich kam an diesem Tag an der Börse vorbei. Davor saßen Börsenhändler in schwarzen Anzügen auf den Stufen und weinten hemmungslos. Da wusste ich – es ist vorbei.«

Weinen wir schon hemmungslos? Das wäre fein.

Manager und Berater verkommen in diesen Tagen zu Schimpfwörtern. Manager bedienen sich selbst. Beratern wird generell eine Abzockermentalität unterstellt. Politiker sind einfach keine ernstzunehmenden Menschen mehr, weil sie keinen Einfluss mehr haben und sich dennoch um diese fehlende Macht Dauerkämpfe liefern.

Ich aber sehe, wie schon gesagt, überall Schneeglöckchen. Das Gute ist, dass wir jetzt oder sehr bald in etwa glauben können, der absolute Tiefpunkt sei erreicht. Dann kann es nur noch besser werden. Dann schaltet unser Instinkt wieder auf Frühling um. Wir vergessen alles, was war. Schwamm drüber! Und wir arbeiten wieder auf ein neues Ziel hin. In Kürze wird die Weltkonjunktur aus dem Fernen Osten hereinschwappen. Wir werden den Aufbau mit unseren Produkten unterstützen. Wir gehen wieder zufrieden an die Arbeit. Die Arbeitslosigkeit sinkt, die Manager werden uns wieder zulächeln. Jetzt bringt Lächeln Profit, wo es vorher Kälte war.

Verrückte zirkuläre Welt.

Der Dow Jones Index im letzten Zyklus

Sehen wir uns kurz die Welt des Geldes als ein lebendes Beispiel an. Das folgende Diagramm zeigt die Kurse der amerikanischen Aktienmärkte im Indexverlauf des Dow Jones. Ich habe in der Graphik der historischen Kurve selbst Geraden hinzugefügt, um die Trends hervorzuheben.

Nach dem Krieg sehen wir eine relativ konstante Phase (»Aufräumen und Aufatmen«), danach steigen die Kurse von 1950 bis 1965 kontinuierlich an. »Aufschwung«.

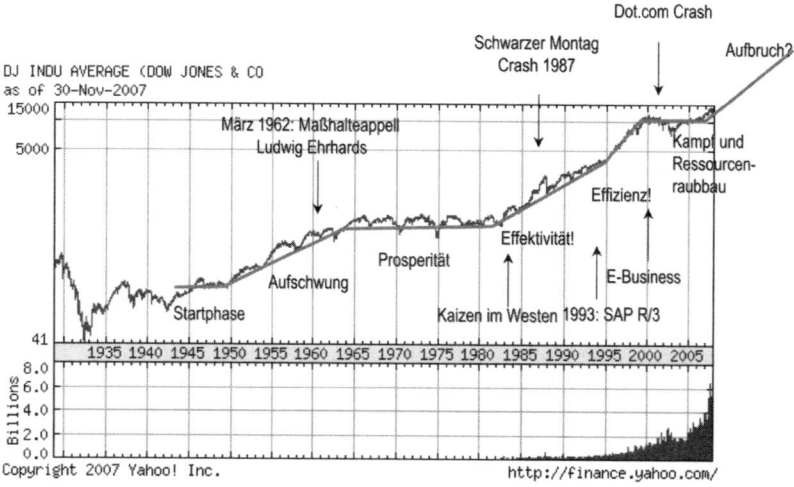

In Deutschland nannte man diese Phase Wiederaufbau. Es war eine Zeit, in der wir alle vor Energie strotzten und in der aller Augen vor Zuversicht funkelten. Deutschland erlebte das »Wirtschaftswunder«. Jeder hatte mit seinem eigenen Wiederaufbau sattsam zu tun! Es gab keinen wirklichen Wettbewerb. In einer solchen Zeit ist dies richtig: Wenn jeder für sich selbst hart arbeitet, kommt auch für das Ganze etwas Gutes heraus. Wir Kinder hörten damals oft den Stolz der Erwachsenen, so schnell wieder alles aufbauen zu können! Deutschland wurde bald wieder stärkste europäische Wirtschaftsmacht – aus dem Nichts. Das ist der Punkt: Aus einem Nichts kann man sich mit viel Energie und Zuversicht leichter wieder befreien als aus einer Depression oder Lethargie, wenn die Energie durch Widerwillen und

Trauer gelähmt ist. Gestern sagte mir schon der vierte Taxifahrer in Berlin: »Der Kurfürstendamm ist immer noch belebt, aber wer gut essen will oder etwas erleben oder einkaufen, geht heute nach Berlin-Mitte. Im Westen trauern sie und haben viel Zeit vertan, sich überlegen zu fühlen.« 1965 bis 1980 verläuft die Kurve des Dow Jones relativ flach. Die Aktienkurse blieben in etwa konstant, die Gesellschaften zahlten aber gute Dividenden – nicht dass Sie denken, man hatte nichts von Aktien. Die Aktiengesellschaften zumindest in Deutschland gaben sich nicht übertrieben Mühe, Gewinne auszuweisen. »Wer Gewinn macht, muss Steuern zahlen und dann streiken die Gewerkschaften einen guten Teil wieder weg.« Deshalb war es der landläufige Ehrgeiz, Gewinne zu verstecken und so zu tun, als seien keine da. Das freute die Aktionäre! (Vergleichen Sie bitte mit dem heutigen Shareholder-Denken!). Das Verstecken durch erhöhte Abschreibungen führte zu großen so genannten stillen Reserven, die wir später in der Sparwelle »Fett« nannten. Eine Zeit des Luxus begann. Die Inflation stieg und geriet außer Kontrolle. Selbst mit »Gastarbeitern« war die Arbeit kaum zu schaffen. Arbeit wurde deshalb bedrohlich teuer. Viele warnten! Aber die Arbeitnehmer holten sich Stück für Stück vom Kuchen: Renten, Urlaub, Kuren, Versorgungsleistungen, verschwenderische Arbeitsbedingungen, Sonderzahlungen, Vermögensaufbau und viel Geld.

Mit der Toyota-Studie und dem Bekanntwerden der Kaizen-Methodik setzte eine Ernüchterung ein. Würde Japan durch Kostendisziplin und allgemeine Disziplin die Weltherrschaft übernehmen? Japan ging wie eine große Gemeinschaft vor. Europa fürchtete sich.

Nun brachen die Jahre der Effektivität an. Jeder Handgriff eines Arbeiters wurde daraufhin untersucht. »Ist das nützlich?«, oder: »Dient es dem Unternehmenszweck?« Dadurch wurden die Unternehmen vernünftiger. Die Gewinne und Kurse zogen an.

Ab etwa 1995 stiegen die Kurse noch schneller. Sehen Sie in die Graphik. Die Kurve bekommt eine höhere Steigung. Die Datenbanken der Computer lassen nun eine weitergehende Frage zu. Sie können ausrechnen, ob ein Arbeitshandgriff im Endeffekt Geld verdient. Die Frage: »Ist das nützlich?« verkam   in gewisser Weise zu dieser: »Erzeugt das Shareholder-Value«? Unter diesem Denkschema war es egal, woher das Geld floss. Pecunia non olet. Finanzakrobaten eroberten das Feld. »Ist es nützlich?« Diese Frage beantwortet ein Ingenieur. »Bringt das Geld?« weiß ein Controller. Die Unternehmen stürzten sich mental auf die Kostenseite des Unternehmens und plünderten die Reserven (»Verkauf von nicht betriebsnotwendigem Vermögen«, »Konzentration auf die Kernkompetenzen«, »Down-Sizing«).

Unter der Kurve der Kurse im Dow Jones sehen Sie im Diagramm die Entwicklung der Umsätze an der Börse. Sie sehen: Die Umsätze explodieren! Die Anleger legten bisher an. Nun aber spekulieren die Spekulanten. Vermögensaufbau wandelte sich in Gier. Besonders an den Umsätzen sehen Sie die Entwicklung zum »Turbo-Kapitalismus«.

Von 1999 bis etwa 2006 erlebten wir große Turbulenzen. Der Jahr-2000-Fehler in den Computern bescherte eine Sonderkonjunktur. Die Internet-Firmen erzeugten eine Börsenblase. Die Euroeinführung brachte eine Sonderkonjunktur. Der September Eleven führte zu einem Weltbeben und zu großen Kriegskosten. Was sich in uns wie Euphorie und Chaos anfühlte, war eine Phase der Manie (Jauchzen und Sturzwasser-Weinen). Wir drehten uns schnell auf der Stelle. Die Kurse schwankten stark, blieben aber in etwa auf gleichem Niveau. »Viel Raubbau und Kampf um nichts«.

Seit 2006 sehen wir den neuen großen Aufschwung kommen, der von Indien und China hereinschwappen wird. Rohstoffe werden knapp. Schiffsfrachtraten nach China kosten zeitweise mehr als das geladene Erz. Wir erkennen, dass uns der Raubbau an den Ressourcen verkommene Infrastrukturen hinterließ: Die Häfen und Flughäfen sind überlastet. Wir haben lange keine Raffinerien und Kraftwerke gebaut. Die Straßen sind schlecht geworden. Die Bautätigkeit ist erlahmt. All das aber entsteht in den BRIC-Ländern! Ganz aus dem Nichts, wie damals in Deutschland! Und bald werden die Taxifahrer dort sagen: »Die USA und Europa sind immer noch gut, aber das Business ist hier. Sie leiden zu sehr und haben viel Zeit vertan, sich überlegen zu fühlen oder schon im Vorhinein Angst zu haben.«

Und heute? Warum stockt der Aufschwung hier immer noch? Wir zittern unter der »Subprime«-Krise des unseriösen Jonglierens mit faulen Krediten. Es ist die letzte Phase vor dem Aufschwung. Nach der noch legalen Finanzakrobatik um 2000 herum ist man zu immer fragwürdigeren bis schäbigen Deals übergegangen und zieht sich gegenseitig über den Tisch. Finanzakrobaten verkauften sich gut. Nun verkauft man sich gegenseitig. In den neuen Regionen der Welt aber wird normal produziert …

Lieblingstheorien im Wandel des Wirtschaftswachstums

Nun habe ich Ihnen das typische Hin und Her der Wirtschaft gezeigt. Adam Smith sagt, das alles verlaufe nun einmal so – hin und her. Die »unsichtbare Hand« bringt alles Übertriebene wieder in ein Gleichgewicht. Lasst den Markt machen! »Laisser-faire.« Die so genannten neoliberalen Wirtschaftstheoretiker lassen den Staat nur für funktionierende freie Märkte sorgen – sonst soll er sich heraushalten. John Maynard Keynes fordert, der Staat oder die Gemeinschaft müsse für Stabilität und Ausgleich sorgen. Platon (*Der Staat*), Thomas Morus (*Utopia*), Jean-Jacques Rousseau oder Karl Marx und andere wagen immer wieder Entwürfe einer Art Planwirtschaft, in der gar keine Schwankungen auftreten. Der Staat regelt alles im Vorhinein. Konzepte wie die Soziale Marktwirtschaft versuchen das individuell Freie und das ganzheitlich Planende, die Freiheit des Einzelnen und seine Einbindung in ein soziales Ganzes in eine höhere Harmonie zu bringen.

Diese Grundprinzipien werden endlos von ihren so genannten Anhängern diskutiert. Wir sehen aber empirisch, dass diese oder jene Theorie für das eine oder andere Jahrzehnt die Oberhand gewinnt und dann die jeweilige Politik dominiert. Keine dieser Theorien bleibt in der Öffentlichkeit dauerhaft »vorne im Gehirn«. Die Anhänger der jeweiligen Lehrmeinungen haben aber nur jeweils ihre eigene Theorie im Kopf. Sie merken nicht, wie sich das wirtschaftliche Umfeld ständig verändert – und damit dessen mögliche Interpretation. Ihre Köpfe bleiben deshalb starr – und die Karawane der Wirtschaft zieht weiter.

Wirtschaftstheorien dienen zur Sanktionierung dessen, was jetzt getan werden muss.

Lieblingstheorie im ersten Aufschwung – der (Neo-)Liberalismus: Im ersten Aufschwung funktioniert alles von selbst. Pioniere brauchen keine Wirtschaftstheorien – außer der steten Klage, dass die gerade herrschenden Strukturen ihre Innovationen behindern. Die für alte Zeiten formulierten Gesetze verbieten leider das Neue! Zölle behindern den Handel mit China! Das Internet kann nicht absolut frei herrschen, wenn alle Länder eigene Bestimmungen haben! Infrastrukturen müssen allen offen stehen (Schienen, Stromleitungen, Gasleitungen, Telefonnetze, Kabelnetze)! Pioniere wollen freie Infrastrukturen zum Bau des Neuen. Sonst soll der Staat bitte verschwinden. Sozialprobleme gibt es jetzt gerade nicht, weil Aufschwung herrscht. Alle reden von liberalen Wirtschaftstheorien, weil sie jetzt an nicht liberalisierten Strukturen leiden, die den weiteren schnellen Aufschwung behindern. Jeder soll neue Strukturen ungehindert aufbauen können! (e-Business, online-Casinos, Sex-Video-Services, Stromhandel per Durchleitung)

Lieblingstheorie im weiteren Aufschwung – »Wohlstand für alle durch ewiges innovatives Wachstum«: Im späteren Aufschwung häufen die Menschen Substanz und Wohlstand an. Sie leisten sich immer luxuriösere Sozialprogramme. Überhaupt beginnt der Staat, alle Infrastrukturen für die Bürger am besten kostenfrei zur Verfügung zu stellen (Krankenkosten, Straßen, etc.). Der Staat baut Universitäten, Museen, Schlösser. Dadurch verfilzt sich der Staat in ein überaus komplexes Verpflichtungsnetz, das immer größere Folgekosten erzeugt. Wohlstand und Vermögensbildung für alle!

Keynes oder Joseph im biblischen Ägypten würden verlangen, nun für die mageren Jahre die Scheunen und Schatzkammern zu füllen. Es ist wichtig, in schlechten Zeiten noch »Handlungsspielraum« für einen neuen Umschwung zu haben. Den Grundstock dafür legen normal vernünftige Menschen in den reichen Jahren. Das sagt eigentlich jede Theorie. Aber – wie gesagt – die Wähler stimmen in diesen Zeiten für Politiker, die stets noch größere Versprechungen machen. Einen wie Joseph würde keiner hören wollen.

Lieblingstheorie im ersten Abschwung – Keynesianische Staatsprogramme: Wenn es nach der Luxusphase zum Abschwung kommt, wird noch eine lange Weile allen Mahnungen zum Trotz weitergefeiert. Es ist ja nicht klar, ob es ein richtiger Abschwung oder nur eine kleine Konjunkturdelle ist. Wenn die Delle zu sehr aufs Gemüt schlägt, mehren sich die Stimmen, etwas Wirksames zu tun. In dieser Phase kommen die Keynesianer und wollen die Wirtschaft ankurbeln. Der Staat nimmt jetzt gutgelaunt Schulden auf, er hat ja genug Geld und alle Kreditwürdigkeit der Welt. Die Theorie der Wahl ist jetzt: Keynes hilft. Auf der anderen Seite gibt es Besonnene, die sich Sorgen machen und Vernunft predigen. »Ein Versorgungsstaat für alle ist nicht finanzierbar.«

Lieblingstheorie im weiteren Abschwung – Lean Management und Reengineering: Wenn der Luxus, im Wesentlichen die teure Infrastruktur und deren immense Folgekosten, nicht mehr finanzierbar ist, muss sich jeder wieder einschränken. Die Unternehmen gehen zu »Downsizing« über. Sie specken ab. Sie reduzieren ihr Produktangebot auf die Renner und geben alle unrentablen Linien auf. Sie verbessern die Produktionsmethoden, beenden Schlamperei und beginnen zu sparen.

Lieblingstheorie im späten Abschwung – der (Neo-)Klassizismus: Eine Weile lässt sich im Luxus viel Geld durch ein bisschen Einschränkung und mehr Vernünftigkeit einsparen. Im späteren Abschwung geht es aber »an das Eingemachte«. Jetzt beginnt eine Jammer- und Protestphase um die »Besitzstandswahrung«. Es ist unmittelbar klar, dass im längeren Abschwung alle Wirtschaftssubjekte zurückstecken müssen. Es wird Heerscharen von Arbeitslosen geben. Die Menschen fürchten sich. Sie verlangen Hilfe. Die Keynesianer haben schon alles Pulver verschossen, der Staat ist verschuldet, die Staatsprogramme sind längst verpufft.

Nun kommen wieder die Theoretiker nach Adam Smith und haben schon immer gewusst, dass der Staat sich aus all den Infrastrukturprojekten hätte heraushalten müssen! Der Staat soll das jetzt endlich nachholen! Alles privatisieren, alles dem freien Markt überlassen! Es muss alles weg, was nicht wettbewerbsfähig ist! Je eher das Schlechte verschwindet, umso schneller setzt der nächste Aufschwung ein, sagen sie. Die Marktbereinigung sollte so schnell wie möglich vollzogen werden, erst dann sei die Luft der Wirtschaft wieder gesund. Die Klassiker der unsichtbaren Hand und die Neoklassiker nehmen die steigende Arbeitslosigkeit hin. Sie sehen sie als notwendig an. Der Mittelstand wird verschwinden, die Reichen werden sich über die Zeit retten, neue Armut erscheint. Jeder muss nun allein überleben. Die Staatsfinanzen erzwingen, dass der Staat die Bürger kaum noch versorgen kann und sie bald im Stich lässt. Die Unternehmen sind schon länger dabei, sich von Losern, Faulpelzen und Low Performern zu trennen.

Wirtschaftstheorien werden zur Rechtfertigung der jeweiligen Vorhaben benutzt. Sie haben de facto keinen ewigen Wert an sich. Im Wohlstand liebt der Mensch die Theorien, die ihm Vermögensbildung ohne Verzicht bei gleichzeitiger Selbstverwirklichung in Aussicht stellen. Im Abschwung sucht er Gründe für alle die Härten, die jetzt über ihn hereinbrechen werden. Erst träumt er noch von einer »Delle« und stürzt sich in Schulden, dann erst stellt er sich langsam der Wahrheit. Da aber steht er schon im Überlebenskampf und sinniert wieder maßlos über Darwin und Gottlosigkeit.

Im Grunde sündigen wir ständig durch Maßlosigkeit. Daneben studieren wir Wirtschaft, um Theorien und Aktionsprogramme zu erfinden, die uns die Nebenwirkungen unserer Maßlosigkeit in einem milderen Licht erscheinen lassen.

»Phasic Instinct« und die Wirtschaftstheorien

Unser Bauch schwankt je nach Lage und Stimmung. Wirtschaftstheorien dagegen entstammen offensichtlich ganz und gar dem Gehirn. Sie sind so schön mathematisch durchgestylt, dass sie von einem mittelmäßigen Computer nachvollzogen werden können. Was aber, wenn es in der Ökonomie um reale und oft irrationale Menschen geht? Eben nicht um die Modellvorstellung vom Homo oeconomicus? Wir müssen das Bauchgefühl, die Emotionen und die Intuitionen in einen neuen Vernunftbegriff integrieren. Wir dürfen das Nichtmathematische nicht als »Tierrelikt« abtun und mit Nichtbeachtung strafen.

Mein Sohn studiert Volkswirtschaftslehre und ackert sich gerade durch die klassische Mikroökonomie und die Theorie des intelligenten Konsumenten. Ach, es erinnert mich so sehr an mein eigenes Studium zu Anfang der siebziger Jahre in Göttingen, als wir entrüstet über das trockene Tun unsere damaligen Lehrkräfte aufforderten, uns aufzuklären, wo denn der Sinn des Ganzen verborgen wäre. Sie zuckten nach etlichen Stunden »Ausdiskutieren« mit den Achseln. Sie wussten keine Antwort. »Ohne diese ganzen theoretischen Annahmen an die Vernunft des Menschen gäbe es gar keine gute Theorie. Aber in der Uni brauchen wir doch eine Theorie – wozu sind wir da?« Und wir fragten immer zurück: »Und die armen Slumbewohner – die in schlechten Zeiten durch die unsichtbare Hand sterben –, benehmen die sich rational im Sinne der Ökonomie?« Ich habe irgendwann aus innerlichem Widerwillen nur noch Mathematik weiterstudiert. Diese Wissenschaft ist genauso theoretisch, aber sie behauptet nichts anderes.

Auch heute noch geht man in der universitären Lehre vom »rationalen« Verbraucher oder Kunden aus. Der nimmt stets bei gleichem Nutzen den niedrigsten Preis. »Geiz ist geil.« Das stimmt nur heute! Oder vielleicht heute. In normalen oder guten Zeiten kaufen wir Kunden bei netten Anbietern oder vor Ort, um etwas für unser Dorf zu tun. Das Nette und das Lokale erklären die Theoretiker dann sofort als »Zusatznutzen« und retten damit ihre Theorien, die aber dann bis zur letzten Spitzfindigkeit getrieben werden müssen. Aber im Leben schwankt alles hin und her! Was heißt Zusatznutzen! Es geht auch um Emotionen, Beziehungen und das allgemein Menschliche. Zum Beispiel: Ein böses Wort vom Bäcker und ich kaufe woanders! Was vorher schmeckte, widert mich Sekunden später an!

Die Theorie nimmt an, dass jeder Mensch eine vollständige Präferenzordnung in sich trägt, die über eine gewisse Zeit hin stabil bleibt. Von je zwei so genannten »Güterbündeln« A und B weiß jeder Mensch genau, welches er wertvoller findet. »A ist besser!« – »B ist besser!« – »Beide sind gleich gut.« Und diese Präferenzen, so nimmt man theoretisch an, ändern sich nur allmählich.

Da sollten die Wirtschaftstheoretiker einmal mit einer sehr unentschiedenen Frau ein Ballkleid kaufen gehen, die nicht genau weiß, was »man da trägt«, und die niemanden kennt, den sie zur Klärung anrufen kann. Ist der Ball piekfein? Oder nicht? Welches Kleid ist »besser«? Das kommt leider darauf an. Wie groß ist das Bedürfnis einer Frau, wie alle anderen auszusehen oder im Gegenteil ganz und gar nicht wie alle oder gar unpassend? Technisch versierte Männer können jahrelang darum ringen, eine neue Digitalkamera oder einen Flachfernseher zu kaufen, weil sie nicht wissen, wie schnell die Technik voranschreitet. Ist das jetzt zu diesem Zeitpunkt beste Gerät morgen schon ganz gähnend von gestern? Ist es morgen im Media-Markt nur halb so teuer? Ein typischer Mann käme sich, wenn ihm das passierte, unendlich blöd vor.

Da kämpfen die Instinkte im Verbraucher, er windet sich in Qualen, weil der Wert eines Gutes von der ungewissen Zukunft abhängt! Was ist dann besser?

Die Frau mit dem Ballkleidproblem schwankt: »Ich setze auf fein.« – »Ich setze auf locker.« – »Ich nehme was unauffällig Schwarzes, da passiert mir nichts.«

Der Mann mit dem High-Tech-Problem schwankt: »Ich nehme High-End.« – »Ich kaufe etwas Billiges und warte ab, wie sehr sich die Geräte verbessern.«

Warum werden überhaupt Ballkleider oder Flachbildschirme gekauft? Weil der Ball unerbittlich naht oder eine Fußballweltmeisterschaft droht. Der unentschiedene Verbraucher *muss* zum Glück irgendwann entscheiden.

Wer aber fällt unter Termindruck die Entscheidung? Ganz klar: Die eigenen Körpersäfte entscheiden, die Angst, die Zuversicht, das Setzen auf eine Karte. Die Entscheidung richtet sich nach dem letzten Zucken vor der Kasse. Und einen Meter hinter der Kasse meldet sich der nächste Instinkt. Er heißt: Kaufreue. »War es wohl richtig, was ich tat? Was tat ich nur?«

»Ich muss ziemlich dringend auf die Toilette. Aber schau mal, die wollen hier glatt 2 Euro dafür. Das ist Wegelagerei. Ich bin empört. Das tu ich nicht.« – »Schatz, ich bin nicht sicher, ob hier in der Gegend noch mehr WCs sind. Deine Empörung setzt dich doch weiter unter Druck, oder? Tu es, auch wenn du dich ärgerst.« – »Nein.« – »Aber ich selbst möchte hier ins WC gehen.« – »Nein, wir suchen weiter. Mir stinkt das.« – »Aber ich habe Angst, dass es woanders gar nichts kostet und mir dafür echt stinkt!«

Die Theorie sagt: Wir kennen alle Produkte und deren Preise und Qualitäten. Wir kennen aber die Zukunft nicht. Und die muss irgendwie im Bauch oder im Gefühl entschieden werden. Die Einschätzung der Zukunft schwankt oft in Minuten oder gar Sekundenbruchteilen etliche Male hin und her. »Es ist gut, aber ich kann es mir nicht leisten!« – »Ach, es steht Ihnen so gut, ich gebe Ihnen mein Wort, dass es schon heute ausverkauft sein wird. Es ist das letzte Einzelstück, sehr begehrt.« Um »Zukunft« und »Zuversicht« geht es stets in Verkaufsgesprächen. Der Verkäufer verändert manipulativ die Stimmung des Konsumenten, so dass dessen Instinkt zum Schluss Kauflust anzeigt. Gute Verkäufer, sagt man, können jeden Mist verkaufen.

Mein Sohn lernt aber gerade wieder die theoretische Mikroökonomie, und dort heißt es auch heute noch: »Die Präferenzen des Käufers werden für den untersuchten Zeithorizont als stabil angenommen. Diese Annahme trifft in der Realität nicht immer zu, aber sie muss unbedingt für die Theorie getroffen werden, weil es sonst kaum möglich wäre, überhaupt eine Theorie aufzustellen. Jede mathematische Prognose über das zukünftige Verhalten des Käufers kann ohne die Stabilitätsannahme nicht mehr validiert oder falsifiziert werden, weil jeder Fehler auf ein in der Zeit verändertes Käuferverhalten geschoben werden könnte. Das wollen wir nicht, weil wir eine gute Theorie haben möchten.« So etwa fand ich es in einem Lehrbuch ausgedrückt.

Die Theoretiker legen dann also den Käufer auf eine stabile Präferenz fest, damit die Wirtschaftstheorien die Zukunft vorhersagen können. Wehe aber, der Käufer traut sich selbst, in die Zukunft zu sehen! Dann wird alles wissenschaftlich gesehen »irrational«, weil der Mensch die Zukunft instinktiv oder nach Gefühl entscheidet.

Die Theorie scheitert – weil die Realität mit zu viel *Phasic Instinct* aufwartet. Die fortgeschrittene Theorie befasst sich dann mit »Entscheidungen unter unvollständiger Information«, das heißt, sie untersucht Entscheidungen unter Ungewissheit. Das ist in der Wirklichkeit nicht der Punkt. Es kommt darauf an, wie wir uns unter Ungewissheit *fühlen*. Zuversichtlich wie im Aufschwung? Ängstlich wie im Abschwung? Ratlos, weil es so oder so ausgehen kann? Sind wir als Charakter optimistisch oder immer auf der Hut? Wagen wir etwas oder hüten wir uns? Was tun die anderen? Was ist der Trend? Was wird empfohlen? Was sagen die Nächsten um uns herum? Sind wir geborgener Teil der geliebten Hammelherde oder nicht?

Das Theoriedilemma der Gefangenen und das Vertrauen

In der neueren Zeit verspricht sich die Wirtschaftstheorie viel davon, ökonomische Interaktionen als Spiel zu verstehen, bei dem jeder am meisten gewinnen will. Unter bestimmten Regeln kämpfen Spieler um ihren Profit. Sie strengen dazu vor allem wieder ihren Kopf an.

Die Wissenschaftler dagegen strengen ihren Kopf an, um Licht in ein seltsames Phänomen zu bringen, das immer wieder in Wettkampfsituationen beobachtet werden kann. Es ist das so genannte Gefangenendilemma. So ist die Ausgangslage, in der dieses Dilemma entsteht: Zwei Gefangene haben eine Straftat begangen, die man ihnen aber ganz schlecht beweisen kann. Die Staatsanwälte versuchen nun, die Häftlinge durch einen »Deal« oder Handel zu Geständnissen zu bewegen. Wenn beide Gefangene »die Klappe halten« würden, kämen sie natürlich am besten aus der Sache heraus.

Werden sie beide dichthalten (zusammenarbeiten)? Werden sie quasi den anderen »verraten« (gegeneinander arbeiten)? Mit einem Geständnis würden sie für sich selbst gewinnen, aber dem anderen schaden!

Dieses kleine Beispiel, das ich gleich näher erklären will, berührt eine äußerst wichtige Frage der Wirtschaft: Werden Unternehmen oder Abteilungen oder Menschen *zusammenarbeiten*, weil es besser für alle ist? Oder werden sie versuchen, sich im großen Wirtschaftsspiel gegeneinander auszuspielen? Ich will Ihnen hier plakativ (und ja, auch ein wenig pauschal) verdeutlichen, dass sich im Aufschwung oder Frieden die Menschen *vertrauen* und dass sich Menschen im Abschwung oder Krieg *verraten*. Das ist eigentlich eine Binsenweisheit! Das merken Sie in jedem Roman oder im Action-Kino! Aber ich habe diese platte Erkenntnis noch in keinem Ökonomie-Buch gefunden. Ich erkläre Ihnen hier also das Offensichtliche:

Die genauen Bedingungen des Deals für die Gefangenen in dem berühmten Beispiel lauten so: Wenn sie beide schweigen, werden sie wegen geringfügiger Tatbestände wie wegen unerlaubtem Waffenbesitzes zu einem Jahr Haft verurteilt. Wenn nur einer der beiden als Kronzeuge gesteht, wird dieser freigelassen, der jeweils andere aber wird aufgehängt. Wenn beide gestehen, bekommen beide zehn Jahre. Die beiden dürfen sich natürlich nicht absprechen. Dafür sorgt der Staatsanwalt.

Denken Sie sich bitte in die Lage eines Gefangenen hinein. Für ihn gibt es zwei Ansätze für eine Entscheidung. Wenn die beiden zusammenarbeiten oder sich vertrauen, werden sie beide schweigen und ein Jahr ins Gefängnis gehen. Dies ist die kollektiv beste Entscheidung. Unter Misstrauen aber würde man »individuell« die beste Lösung für sich selbst suchen. Das geht offenbar so: Angenommen, der andere gesteht. Dann ist es besser, selbst auch zu gestehen, weil man statt der Todesstrafe nur zehn Jahre bekommt. Angenommen aber nun, der andere schweigt. Dann ist es besser zu gestehen, weil man dann straflos bleibt. Wenn man also das Optimum gegenüber jeder Entscheidung des Gegners wählt, muss man in beiden Fällen(!) *gestehen*. Wenn man aber kooperiert oder vertraut, muss man *schweigen*! Das »Ethische« fordert also Schweigen, die Selbstsucht ein Geständnis. Wenn beide vertrauen, kommt ein besseres Ergebnis heraus, als wenn auch *nur einer von ihnen* selbstsüchtig agiert. Denn das kollektive Schweigen ist eine gemeinsame Entscheidung, das Gestehen ist eine »beste«

Entscheidung separater Individuen, die nicht auf ein gemeinsames bindendes Vertrauen bauen können.

Als Gefangener stehen Sie also vor einem grundsätzlichen Dilemma: Wollen Sie darauf vertrauen, dass auch Ihr Mitgefangener schweigt – dass Sie also beide die kollektiv beste Entscheidung fällen? Oder haben Sie Angst, dass der andere darauf vertraut, dass Sie vertrauen – und dann nutzt er das schamlos aus? Im Klartext: Haben Sie als Häftling Angst, dass der andere Sie »bescheißt«? Oder sind Sie jemand, der gerne andere übers Ohr haut?

Kooperation oder Kampf? Regeln wir es mit oder ohne Vertrauen?

Ist Wirtschaft eine Veranstaltung der Zusammenarbeit oder eine des gegenseitigen Überlebenswettbewerbes?

Die Wirtschaftstheoretiker wissen nicht so richtig, wie die konkrete Handlungsempfehlung lauten sollte. Was soll man tun? Darauf gibt es keine richtige Antwort, nicht wahr?

Also noch einmal eindeutig formuliert: Es gibt keine eindeutige Antwort darauf. Ich möchte Ihnen das so deutlich einprägen, weil diese Art von Dilemma immer wieder im Leben auftaucht und weil man uns dann leider von Seiten der Bosse ganz oft eindeutige Antworten gibt!

Da man nun nicht sagen kann, wie man sich in dem Dilemma verhalten soll, versuchen Wirtschaftstheoretiker immer wieder Testpersonen in Labors daraufhin zu untersuchen, wie sich Menschen in einem Dilemma *tatsächlich* entscheiden. Im Labor werden aus den Gefängnis- und Todesstrafen Geldprämien gemacht. Wenn beide kooperieren, bekommen sie gutes Geld. Wenn einer der beiden »kooperiert« (oben: »schweigt«) und der andere »betrügt« oder den anderen ausnutzt (oben: »gesteht« und den anderen damit verpfeift), dann bekommt der Betrüger oder Übervorteiler viel Geld, der Kooperierende nichts. Wenn beide »betrügen«, bekommen sie beide sehr wenig Auszahlung. In den achtziger Jahren war es Mode, solche Labortests mit Studenten zu machen. Man konnte manchmal die Empörungsschreie bis in die mathematische Fakultät hören, wo ich arbeitete.

In der wirtschaftswissenschaftlichen Fakultät (in Bielefeld lehrte damals der Spieltheoretiker Reinhard Selten, der später mit dem Nobelpreis geehrt wurde) ließ man Studenten mehrere Runden Gefangenendilemma spielen. Zum Beispiel mussten zwei Kontrahenten das Dilemma hundert Mal durchspielen. Zuerst war beiden klar, dass sie kooperieren müssten, damit sie beide gutes Geld verdienen würden. Dann aber versuchte es meist einer der beiden nach einigen kooperativen Runden mit dem Betrügen und bekam gleich viel Geld. Der andere erschrak und wurde manchmal sehr wütend und brüllte. (Man hielt die Studenten in verschiedenen Räumen »gefangen«, sie spielten immer anonym gegen einen Unbekannten!) Manche der »Betrogenen« forderten, den »Schuft« nach dem Spiel zu stellen und zu verprügeln. Manche waren über den Betrug so böse, dass sie das Stuhlbein auf die Taste »Betrügen« stellten. Sie spielten aus Empörung einfach nicht mehr für sich selbst mit. Sie wählten per Stuhlbein einfach sicher, dass der andere Spieler nichts mehr verdienen konnte. Sie verzichteten also auf ihr Geld, um sich am anderen zu rächen!

Es wurde lange erforscht, wie man sich im Spiel theoretisch verhalten muss, wenn man unterstellt, dass beide das Geld wirklich verdienen wollen. Der amerikanische Politologe Robert Axelrod veranstaltete zum Thema ein Computerturnier. Was ist die beste Strategie beim wiederholten Entscheiden im Dilemma? Wie reagiert man theoretisch am besten, wenn der andere nicht kooperiert? Oder: Wie legt man den anderen am besten herein? Anatol Rapoport gewann das Turnier mit der einfachen Tit-for-tat-Strategie, auf Deutsch »Wie du mir, so ich dir«. Wenn der andere betrügt, betrügt man ihn in der nächsten Runde. Das merkt er mit der Zeit und wird zur Kooperation »gezwungen«. Der andere wird durch Tit-for-tat diszipliniert. Er handelt nun aus berechnendem oder kalkuliertem »Vertrauen«. Gegen Ende der Spielsequenz, wenn die hundert Runden zu Ende gehen, leisten sich die einen oder anderen Menschen oder Computer dann doch noch eine letzte Betrügerei – weil sie keine harte Rache mehr treffen kann.

Das Gefangendilemma ist in unzähligen Publikationen erwähnt und besprochen. Immer wieder stellt sich die Frage: Wie benehmen sich Menschen tatsächlich? Wie sollten sie sich benehmen? Im Grunde versuchen sich aber immer nur reine *Denker* oder Computerprogramme am Instinkt des Menschen. Das Dilemma des Gefangenen wird faktisch im Gefühl oder im Bauch entschieden. Die Logik oder die Strategie wird erst dadurch künstlich in die Diskussion gebracht, wenn man das Spiel in vielen Runden spielt. Da freut sich das Wissenschaftlerherz über reiche Statistiken.

Aber was tut man beim einmaligen Dilemma? Wenn es wirklich um Häftlinge geht, um Gefängnis und Todesstrafe, um Leben oder Tod? Wie benehmen sich die betroffenen Menschen? Sie werden sicherlich nach Instinkt entscheiden müssen – wie sonst?

Wenn ich ein Häftling wäre, der andere zum Beispiel meine Frau, dann würde ich schweigen. Wir vertrauen uns ja. Kein Problem. Bei manchen Freunden würde ich schweigen und dabei arge Bauchschmerzen haben! Und dann weiter in die mir fernere Menschheit hinein – da würde ich grübeln und grübeln und vor Angst zittern. Wie geht es Ihnen? Bei wem würden Sie schweigen, bei wem gestehen? Wenn nun der andere Mensch ein Mönch wäre und Sie ziemlich genau wissen könnten, dass dieser tiefe Christ schweigen wird – werden Sie dann gestehen? Was, wenn der andere Ihr jetziger Chef ist oder Ihr Ex?

Merken Sie, dass es eine sehr emotionale Angelegenheit im Konkreten ist?

Gefangenen-Dilemmata im Management

Stellen Sie sich vor, es gibt im Markt zwei Anbieter von fast gleichartigen Produkten. In jedem Dorf gibt es eine Sparkasse und eine Raiffeisenbank, die um die Gunst der Landbewohner buhlen. Sie könnten einfach ihre Kunden bedienen, deren Kinder frühzeitig anwerben und bei auskömmlichen Kontogebühren auf ewig in Frieden leben. Sie teilen sich einfach das Geschäft auf alle Zeit. Das ist wie stillschweigende Kooperation der Gefangenen: Sie schweigen still.

Eine der Banken könnte nun versuchen, plötzlich alle Leistungen gebührenfrei anzubieten. Wenn sie das von langer Hand vorbereitet und blitzschnell mit einigen Festen im Dorf durchzieht, kann sie hoffen, so viele neue Kunden zu bekommen, dass die andere Bank nicht mehr rentabel arbeiten kann und aufgeben muss. Das ist eine Strategie des »Verrats«, wozu man heute Verdrängungsversuch im Wettbewerb sagt. In diesem Fall gewinnt eine Bank alles und die andere Bank muss aufgeben, weil sie zu wenige Kunden für das Weiterexistieren hat.

Meist aber zieht die andere Bank im Falle einer Aggression aufheulend nach und senkt die Gebühren ebenfalls. In diesem Falle behalten beide

Banken alle Kunden wie bisher – aber sie verdienen beide nicht mehr viel und kränkeln dahin. Sie sind weiterhin sehr böse aufeinander und behalten sich im Auge. Meist verlieren beide dabei viel Energie, wenn sie die jeweils andere Bank argwöhnisch im Auge behalten – deshalb haben beide nicht mehr so viel positive Energie für ihre Kunden übrig. Sie darben wegen der niedrigen Gebühren, werden missmutig und für die Kunden schlechter. »Über dem Wettbewerb vergessen sie ihre eigentliche Arbeit.«

(Dieses Beispiel aus der Bankenwelt ist sehr ähnlich dem Doping beim Radfahren und anderen Sportarten. Ich erwähnte das schon am Beginn des Buches. Einer will etwas für sich und schädigt andere. Resultat: Sie »norden« nicht ein, sondern schädigen sich alle gegenseitig, bzw. sie benehmen sich alle kollektiv dumm. Isolierter Egoismus oder im Extrem isoliertes Ausleben von Neurosen schadet dem Ganzen so sehr, dass das Ganze darüber zerfällt.)

Die kooperative Strategie wäre, faire Preise von den Kunden zu nehmen und nebeneinander in ruhiger Koexistenz zu leben. Zu jeder Zeit kann aber eine der beiden Banken angreifen. Wenn sie angreift, muss das Ziel die sofortige Vernichtung des Gegners sein. Wenn es durch den Preiskrieg nicht gelingt, den Gegner in den Bankrott zu treiben, dann wird der Gegner eben auch die Preise senken. Dann sitzen beide in der Patsche.

Sehen Sie die Analogie? Es gibt auch hier diese drei Lagen: Beide vertrauen sich stillschweigend, einer geht auf eigenen Sieg und Tod des andern, oder beide bekämpfen sich erbittert, wodurch es ihnen beiden schlecht ergeht. In der ersten Lage verdienen beide ganz gut, in der zweiten bekommt der eine alles und der andere nichts, in der dritten bekommen beide erschreckend wenig. Das erinnert ein bisschen an den Kalten Krieg, nicht wahr? Die USA und die UdSSR konnten damals entweder freundlich miteinander umgehen oder sich angreifen. Die USA oder die UdSSR konnten den Erstschlag führen. Dann hätte der Aggressor alles gewonnen, der Verlierer wäre vernichtet. Wenn der Erstschlag nicht überraschend geführt würde, käme es zu einem Krieg, bei dem beide verlören. Ökonomen und Spieltheoretiker (etwa Thomas Schelling in *Strategy of Conflict*) dachten nach, wie zu handeln wäre. Beide Supermächte nahmen die Möglichkeit eines Erstschlags des anderen als reale Möglichkeit ins Kalkül und setzten alle Kräfte ein, sich so zu bewaffnen, dass es in jedem Fall zu einer gegenseitigen Auslöschung käme. Der Verräter in diesem Spiel »darf nicht belohnt werden«. Es kam deshalb zum Wettrüsten und zu unsinnigster Verschwendung. Die Möglichkeit des gegenseitigen Vertrauens war bei den damaligen Offiziellen gar nicht Gegenstand des Denkens.

Beide Mächte rüsteten sich also bis an die Zähne. Es kam zur Eskalation. In der Wirtschaft wäre das so: »Ich habe erfahren, wie sie bei der Konkurrenz Geld anhäufen. Sie pressen gerade alles aus ihrer Bank heraus und bilden große Kapitalreserven. Sie sagen, ihre Kriegskasse sei gut gefüllt. Sie nennen es Kriegskasse! Das macht uns nervös. Was wollen sie mit diesem angesammelten Kapital? Werden sie eine Marktoffensive beginnen? Bereiten sie einen Preiskrieg vor? Ich fürchte, sie werden dann länger als wir die Nulltarife aushalten können – und wir gehen hops, weil wir ohne Ersparnis nicht gegenhalten können. Oh je, ich fürchte, wir müssen jetzt auch aufrüsten und sparen! Am besten häufen wir noch mehr Kapital an als sie und vernichten sie unsererseits. Ja, das ist noch besser.«

Wenn sich die beiden Banken vertrauen, leben sie im Guten miteinander. Wenn sie sich misstrauen oder eigennützig und egoistisch sind, überlegen sie genau wie ein Gefangener so:

»Angenommen, der andere ist vertrauensselig: Dann ist für mich das energische Anzetteln eines Preiskrieges besser, weil ich ihn dann aus dem Markt dränge. Angenommen, die andere Bank zettelt einen Preiskrieg an. Dann muss ich ohnehin den Preiskrieg mitmachen, weil ich sonst aus dem Markt gedrängt werde. Deshalb ist es in beiden Fällen besser, ich beginne selbst mit dem Erstschlag. Am besten verkaufe ich einen Teil der Bank an einen Investor und benutze das eingenommene Geld für den Angriff.«

»Angenommen, die Amerikaner sind vertrauensselig. Dann werden die Russen sofort zuschlagen, das ist klar. Angenommen, die Amerikaner wollen selbst zuschlagen. Dann müssen die Russen sowieso sofort zuschlagen. Also müssen die Russen in jedem Fall sofort zuschlagen. Weil die Russen also sofort zuschlagen wollen, müssen sie beliebig hart abgeschreckt werden. Deshalb rüsten wir mit all unserem Geld auf. Deshalb verkaufen wir unser Land an Investoren und stecken den ganzen Erlös in die Armee.«

Das ist jetzt etwas emotionaler geschrieben als nötig. Sie sollten aber den Hauptpunkt verstehen und jetzt in Ihrem Innern wirklich spüren: Es gibt eine kooperative Logik des Vertrauens und eine kalte Logik des Krieges. Beide Logiken kommen zu verschiedenen Denkergebnissen. Es kommt auf die Stimmung im Bauch an, wer gerade wie denkt und ob Krieg oder Frieden herrscht. Phasic Instinct: Es kommt entscheidend darauf an, welche Art von Logik verwendet wird. Das allein entscheidet über gute Zeiten – schlechte Zeiten.

Die Wirtschaftstheoretiker kennen nur die eine gewöhnliche Logik: Die des Gewinnenwollens. Das blinde Vertrauen auf den Anderen bei der Entscheidung – was aber ist das? Es ist nicht wirklich Logik. Es ist Sinn. Sinn ist das Gefühl für das universelle kollektive »Optimum«, oder das Gefühl der Harmonie oder des Gleichgewichtes aller Verhältnisse in der betrachteten Umgebung. Solange das Wort Sinn in der Ökonomie nicht vorkommt, werden sich »die Gefangenen in egoistischer Manier gegenseitig verraten oder vom Verrat abschrecken«. Heutige Managementdiskussionen sind gespickt mit Vokabeln wie Zufriedenheit (»Satisfaction«) von Kunden und Mitarbeitern, (globale) Integration, Team, »Seamlessness« (»Nahtlosigkeit«), ganzheitlicher Rundumservice. Diese Diskussionen drücken das derzeit Gespaltene der Gefangenen-Ökonomie aus und den Wunsch, das Gespaltene mit seinen immer stärker negativen Auswirkungen zu überwinden. Wir haben durch egoistische Aufsplitterung das Ganze eingebüßt und suchen es erneut. Im Grunde suchen wir nach dem Sinnvollen. Sinnvolles ist integriert, macht zufrieden und erzeugt keine Kämpfe.

Ethik oder der Zwiespalt des Einzelnen

Dilemma ist wie ein Zwiespalt zwischen zwei widerstreitenden Alternativen. Hier geht es um das Dilemma zwischen dem Kooperativen oder dem individuell Optimierten. Ist das Leben vor allem Gemeinschaft oder Wettbewerb im Darwinschen Sinne? Die Antwort schwankt je nach Stimmung.

Im täglichen Leben sprechen wir von der Ethik, die uns Prinzipien lehrt, die wir ganz über unser Leben stellen sollen. Unsere normale christliche Ethik würde im normalen Gefangenendilemma gar kein Dilemma sehen. Beide Christen vertrauen einander und kommen beide gut davon – abgesehen davon, dass sie als Christen gar nicht erst gefangen werden müssten. Die Moral lehrt uns über die Prinzipien der Ethik hinaus viele Einzelbestimmungen, wie wir unter allgemeinen ethischen Grundsätzen zu leben haben. Ethik will Nächstenliebe, Rücksicht und Vertrauen.

Ich gebe ein Beispiel: Unser Paragraph 1 der Straßenverkehrsordnung formuliert die Leitgedanken der gegenseitigen Rücksichtnahme und der Vorsicht. »Pass auf und denk an die anderen.« Das ist das oberste (ethische) Leitprinzip. Die einzelnen Aspekte werden in Verkehrsschilder gegossen (»Moralrezepte), die es zu befolgen gilt. Wenn das alle tun, fließt der Verkehr gut. Leider sind Einzelne oft sogar ganz bewusst rücksichtslos. Sie drängeln, überholen gefährlich, nehmen sich die Vorfahrt quasi schon als Recht des teuren Autos. Sie nutzen die »Treudoofen« aus, die sich brav an die Regeln halten. Das kleine Dilemma jedes Einzelnen ist: Er kann sich einordnen – das ist für das Ganze am besten. Er kann egoistisch einen Vorteil mitnehmen, das verursacht einen kleinen Schaden bei den anderen – im Ganzen kaum wahrnehmbar. Wie entscheidet sich ein Autofahrer, der es sehr eilig hat? Fährt er wie immer, weil das im Sinne aller wäre? Oder wird er rücksichtslos?

In Wohlstandsgesellschaften werden Arme unterstützt, Arbeitslose gefördert und von der Gemeinschaft bezahlt, Kranke und Leistungsschwache mitgetragen und Überlastete in teure Kuren geschickt. Das ethische Prinzip über allem fordert, solche Leistungen der Gemeinschaft nur bei wirklicher Bedürftigkeit in Anspruch zu nehmen. Wenn sich alle daran halten, geht es der Gesellschaft gut. Leider sind Einzelne immer dabei, das System der Heilung zu ihrem bloßen Vorteil zu nutzen, sie nehmen alles mit, was ihnen im Vertrauen auf Bedürftigkeit gegeben wird. Sie nutzen die »Treudoofen« aus und verursachen einen im Ganzen kleinen Schaden an allen. Insgesamt saugen diese Egoisten wie Blutegel am System.

In schwierigen Wirtschaftszeiten gehen Manager brutal mit Mitarbeitern um, um aus ihnen das Letzte herauszuholen. In guten Zeiten könnten wie Sklaven Behandelte einfach kündigen. In schweren Zeiten schlucken sie jedes Unrecht für den Erhalt des Arbeitsplatzes. Das ethische Prinzip fordert vom Management, die Würde des Menschen unabhängig von der Lage zu achten. Das wäre für das Ganze sinnvoll. Aber für den Manager selbst, der für sich selbst auf das Ganze gehen will, ist es besser, den Mitarbeiter im

Burn-out sterben zu lassen. »Draußen warten Hunderte, die für weniger Lohn arbeiten würden.« Insgesamt saugen im Niedergang die Systeme den Menschen aus, so dass sich wenige Systemeigner die Beute teilen können.

Es kommt also darauf an, dass sich möglichst alle zu jeder Zeit an die Prinzipien der Ethik oder der Gemeinschaftsmoral halten. Sie sollen »kooperieren« und damit das Beste für alle möglich machen. Wenn es in einer Kultur nicht möglich ist, diesen Gemeinschaftssinn zu erhalten, müssen die Polizei, die Armee, der Zoll und das Amt dafür sorgen, dass durch Strafen und Radaranlagen, durch Gefängnis und Überwachung die Ordnung stabil bleibt. In einer Gemeinschaft, in der jeder Einzelne die ethischen Grundsätze *fraglos* beachtet, ist alles gut. Wenn aber der Einzelne überhaupt fragt, was besser für ihn selbst wäre? Dann »reißt etwas ein«. Wenn erst einmal einige Menschen betrügen, einige Unternehmen einen Preiskrieg beginnen, einige Menschen an den Sozialeinrichtungen schmarotzen, dann kann sich ein Dominoeffekt einstellen: Alle fallen nach und nach um und werden egoistisch. Wie eine Lawine begräbt der Egoismus die Gemeinschaftskultur.

Wann aber ist der Mensch kooperativ?

Wann schlägt das Gemeinsame um, wann das Selbstsüchtige?

Die Antwort liegt immer im Stresslevel oder besser in Maß und Maßlosigkeit.

Physiologie und Dynamik der verschiedenen Wirtschaftsphasen

Die Zeit des ersten Aufschwungs der Wirtschaft ist die einzige, in der die Menschen gemeinschaftlich etwas »heben«. So wie etwa die ganze Gemeinschaft der »Techies der New Economy« im Silicon Valley. Alle arbeiten im Flow, im besten Zustand der Energie (»Noradrenalin«) und in kraftvoller Ruhe (»Alpha-EEG«). Wenn alles gut geht und der Luxus einzieht, arbeiten die Menschen immer ruhiger, werden im Sinne vieler Vorurteile »wie Beamte« und sehen ihren Beruf mehr als Pfründe.

In schlechten Zeiten setzt der Stress ein, die Systeme erdrücken den Menschen mit Arbeitslast, die Arbeit ist mehr wie Überlebenskampf. Adrenalin. »Beta-EEG«.

Etwas pauschal gesehen: Unter Energie und Alpha-Wellen im Gehirn und ohne großen Stress ist der Mensch gutwillig und kooperativ. Die meisten Menschen wählen in dieser Zeit die gemeinschaftliche Arbeit – wenn sie denn je das Dilemma überhaupt sehen. Im Grunde ist unter normaler Arbeit die Frage gar nicht wichtig, ob man egoistisch ist oder nicht. Wenn einige aus der Reihe tanzen und zu ehrgeizig werden oder unethisch handeln, werden sie in der guten Zeit (des Aufschwunges) durch »Gruppendruck« angemahnt, sich anständig zu benehmen. Solange der Gruppendruck oder die gemeinsame Ethik diese Korrekturfunktion wahrnehmen kann, bleibt alles ruhig.

Oft mündet der Aufschwung in eine Phase üppigen Wohlstandes. In dieser Zeit des »Unterstresses« ist jeder Mensch so satt, dass er sich kaum noch um ethische Fragen kümmert. Das Kollektiv wird schwach und übt keinen sehr großen kulturellen Druck mehr auf »Verräter« oder »Schmarotzer« aus. Es wird nun irgendwie hingenommen, wenn Menschen Kurlaub machen, sich öfter krankschreiben lassen, die Steuer hinterziehen oder einen Ladendiebstahl begehen. »Ist ja nicht so wild, es machen ja alle.« Die Energie erlahmt, die für das Aufrechterhalten einer allgemeinen Ethik notwendig wäre. Die fetten und reichen Systeme werden zum Selbstbedienungsladen derer im System. Die Bürger sahnen beim Staat ab, die Mitarbeiter fordern stetig mehr Geld.

Dann kommt der Abschwung, in dem die Propheten die Rückkehr zum Maß fordern, was die Menschen glatt verweigern. Da müssen sie erst in Schwierigkeiten kommen, bevor sie ihren Besitzstand antasten lassen! Die Wirtschaft kommt in eine Stressphase und peitscht auf die Menschen ein: »Zurück zur Vernunft!«. Durch den immensen Druck und die Angst vor dem Abstieg kehren die Menschen aber eben *nicht* zur Vernunft zurück! Der Körper der Menschen kippt in den Stresszustand um. Da denken die Menschen unter Beta-Wellen im Gehirn und Adrenalin im Blut mehr und mehr an sich. Jetzt denken sie nach, was für sie selbst das Beste wäre. Wie können sie selbst davonkommen? Wer verlässt wie eine Ratte als Erster das sinkende Schiff? Jetzt sehen sie alle das Dilemma: Sollen sie weiter die Gemeinschaft über den eigenen Vorteil stellen? Im Abschwung und im Stress fühlen sich die Menschen wirklich wie Gefangene ihres Körpers: Und jetzt wählen sie in der Mehrheit den Verrat, das Unfaire, den brutalen eigenen

Vorteil. Der Stern der Gemeinschaft sinkt. Es setzt ein Kampf ein – jeder gegen jeden.

Was kann sie erlösen? Oft eine neue Basistechnologie. Ein neuer Kondratieffzyklus bringt wieder Arbeit für alle. Das Rad dreht sich weiter. In Kurzform ausgedrückt geht es immer so:

Wenn eine neue Basistechnologie einen Aufschwung bringt, werden die Menschen in dieser freudigen sorglosen Zeit zu guten kooperierenden Menschen – um danach schnell zu erlahmen, wenn sie reich geworden sind. Später, wenn es bergab geht, »muss jeder sehen, wo er bleibt« – er fällt von Gott ab und wendet sich Darwin zu.

So tanzt die Wirtschaft mit dem Basisinstinkt der Zeit gemeinsam Pas de Deux. Im Aufschwung schwingt Dr. Jekyll, im Abschwung wütet Mister Hyde. Im Aufschwung protestantische Arbeitsethik, im Abschwung kämpfen Kapital und Prekariat/Proletariat um das Überleben. Dieses Umschalten in der Natur des Menschen wird in der Wirtschaftstheorie nicht thematisiert. Deshalb verfallen die Theoretiker je nach Zeit und damit je nach Mensch immer in die entgegengesetzten Theorien, die sie in Unkenntnis von Physiologie oder Historie jedes Mal wieder für neu halten.

Niemand will das! Alles geschieht.

Alle tun etwas wie Lemminge in gleicher Weise und verstärken den Trend.

Es ist die Eigendynamik einer Wirtschaft, die ohne Kenntnis des Menscheninstinktes gesteuert wird.

»Bluttemperaturen« verschiedener Wirtschaftskulturen

Ich arbeite als Deutscher in Deutschland bei der im IT-Bereich führenden Firma IBM, die ihren Stammsitz in der Nähe von New York hat.

Da begegne ich oft den kulturellen Unterschieden zwischen Europa und Amerika.

Im Sinne dieses Buches und der hier eingeführten Begriffe glaube ich, dass die USA in allem einfach extremer sind als Europa. Sie wenden mehr Energie auf, wenn es losgeht! Sie freuen sich stärker an Innovationen, stürzen sich mit Lust in den Aufschwung und wollen energischer etwas unternehmen. Sie genießen später den erworbenen Luxus offener und selbstverständlicher als Europäer, die herablassend dazu »protzig« sagen würden. Wenn es im Abschwung wieder Stress gibt, machen sie wirklich ganz ernsten Stress, der in seinem Extrem in Europa nur Kopfschütteln hervorruft. Amerikaner kämpfen und ringen, werden gefeuert oder werden Millionär auch im Niedergang. Unermüdlich suchen sie auch in der tristesten Lage nach neuen »Opportunities«, nach neuen Chancen. Sie agieren extrem, viel schneller, aktionistisch, und oft sehr viel kurzsichtiger. Im Grunde nehmen sie »Phasic Instinct« als Teil des Weltenlaufes ohne großen Widerstand auf der Metaebene einfach hin. Es geht in der weiten Welt eben hin und her und drunter und drüber – und sie sehen sich trotz zeitweiligen Jammers als positiven Teil dieser Welt.

Europäer dagegen sehen alles mehr unter dem Ideal der ewigen Werte und wünschen sich Beständigkeit. Einem starken Wandel stehen sie – so sagen Amerikaner – oft kleinkariert gegenüber. Sie sind für Amerikaner beklagenswert wenig schwungvoll und unternehmerisch. Deutschen geht das kindhaft Begeisterte und naiv Selbstbewusste der Amerikaner ganz ab. Deutsche sind aus amerikanischer Sicht zu ängstlich, klammern sich zu sehr an Besitzstände, machen zu viel Urlaub – und vor allem behindern sie allen Wandel durch lange, bedenkenträgerische Diskussionen, die einen elanvollen Amerikaner zur Weißglut bringen.

Wenn Sie nochmals vorne im Kapitel *Das Auf und Ab im Körper* nachschlagen wollen? Dort habe ich Menschen vom Typ A und Typ B vorgestellt. Wahrscheinlich ist Europa mehr wie Typ B und Amerika mehr wie Typ A.

Der unter Präsident George W. Bush ehemals amtierende Verteidigungsminister Donald Rumsfeld war einer derjenigen, die den Irak-Krieg im Jahre 2003 vehement vorangetrieben haben. Keine Bedenken oder Skrupel, keine Selbstzweifel, sofortige Entschlossenheit – alles auf eine Karte, Anker hoch und los! Die Europäer waren in der Mehrheit entsetzt von so blindem »Stressmachen«. Donald Rumsfeld regte sich auf der anderen Seite furchtbar auf und äußerte sich sehr abfällig über die Europäer. Er sprach fast verächtlich »vom alten Europa«, das er wohl mit Feigheit, Laschheit und Schwäche assoziierte. Das ist genau das Innengefühl eines Typ-A-Menschen und Hyperaggressiven gegenüber Typ-B-Bewohnern auf dem alten Kontinent. Der Ausdruck »das alte Europa« wurde zum Wort des Jahres 2003 gekürt und erfüllte viele Europäer mit Stolz. »Ja, genau! Wir sind keine unüberlegten Kriegstreiber, die dem Irrglauben verfallen, Stress ließe sich mit Stress bekämpfen oder Terror ließe sich mit Gewalt beenden.« Amerika ist jung, Europa ist alt. Wir müssen das gar nicht von der jeweils anderen Seite so sehr negativ sehen. Mal liegt das Junge besser, mal das Alte. Eine ähnlich physiologische Schlucht wie zwischen Amerika und Europa scheint sich zwischen dem »jüngeren« Islam und dem »älteren« Christentum zu befinden! Auch hier beziehen sich die Hauptanfeindungen auf den Unterschied im bevorzugten »Modus des Körpers«. Im Islam flammt der heilige Glaube im Körper, wo in der Christenheit sich nur noch der bedächtige Geist mit der christlichen Ethik befasst – Gott selbst ist verblasst.

Das Junge hat Schwung! »Zu hektisch und zu draufgängerisch!«, zetert das Alte.

Das Alte agiert mit Bedacht! »Lahm und feige!«, höhnt das Junge.

Das Menschenbild im Zyklus

Im ersten Aufschwung ist jeder Mensch ein Mensch, es wird ihm aber eine protestantische Arbeitsethik abverlangt. Die Gemeinschaft verlangt vom Einzelnen die Übernahmen von Verantwortung für sich selbst und andere. Jeder soll tun, was er kann. Es ist nicht wichtig, wie viel das ist. Aber der Mensch soll eben sein Mögliches tun, was immer das ist. Damit er das schafft, wird er gut ausgebildet und in seiner Persönlichkeitsentwicklung gefördert. Eltern, Bildungssystem und Gemeinschaft fühlen sich für die Ausbildung eines guten Menschen verantwortlich. Wer dann in diesem Sinne ein guter Mensch ist, wird von der Gemeinschaft geschützt. Ihm wird in unverschuldeter Not geholfen. Wer nicht versucht, ein guter Mensch zu sein, hat mit Konsequenzen zu rechnen.

In Wohlstandszeiten wird die Pflicht zum Guten unwichtiger, weil die Gemeinschaft schwächer wird. Es ist genug Geld da, es allen gut gehen zu lassen. Der Einzelne ist nicht mehr unbedingt zur Selbstverantwortung gezwungen, die Sozialsysteme sorgen für ihn ohne jede Forderung an ihn. Jeder ist jetzt Mensch, wie er will.

Im Abschwung wird immer stärker und lauter gefordert, dass der Mensch unter dem immer stärkeren Stress etwas leisten muss. Wer sich vor Arbeit drückt, ist nichts mehr wert! Zunehmend wird kontrolliert. Die Leistungen werden genau erfasst. Leistungsschwache werden verachtet und gefeuert. Das System lässt sie fallen, es leugnet die Verantwortung für den Einzelnen. Jeder ist selbst schuld, wenn er auf der Straße sitzt! Das System ist nur für die Leistungsträger da. Die Menschen teilen sich in Leistungserbringer und »Nieten«, die dann in ihrer Gesamtheit das Prekariat oder Proletariat bilden. Der Abschwung teilt Menschen schärfer in Arm und Reich, während sich im Aufschwung fast immer eine gutbürgerliche Mittelschicht bildet.

Am Ende des Abschwunges sitzen so viele Menschen auf der Straße, dass sie begreifen, dass es nicht in jedem einzelnen Falle eine individuelle Schuld sein kann, die sie alle in diese Lage gebracht hat. Sie beginnen mit Aufständen, wählen als größere Gruppe andere Parteien in Regierungen und erzwingen, dass sich die Gemeinschaft, die sie im Zorn und unter Verachtung hinausgemobbt hat, wieder um sie kümmert.

Der MIT-Professor Douglas McGregor präsentierte 1960 in seinem Buch *The Human Side of Enterprise* zwei einschneidend verschiedene Grundauffassungen vom Menschen an sich. Er nannte diese beiden Auffassungen Theorie X und Theorie Y. McGregor wollte mit dem Werk gegen das Bild der Theorie X Protest einlegen und für die Theorie Y plädieren. Theorie X war damals die im Management herrschende Auffassung vom Menschen, insbesondere die vom Arbeiter.

Theorie X: Der Mensch ist von Natur aus faul und arbeitsscheu. Er tut nicht mehr als er für sein Überleben tun muss. Er ist nicht ehrgeizig. Er geht Schwierigkeiten aus dem Weg. Er drückt sich, wo er kann. Er scheut Verantwortung und Eigeninitiative. Oft ist er nicht einmal für Geld bereit, hart zu arbeiten. Der Mensch will nichts von sich aus leisten. Man muss ihn deshalb anleiten und führen, ihm genau sagen, wo es lang geht und am besten alle Arbeitsschritte exakt vorschreiben und auch die Zeiten vorgeben, in der diese Schritte abzuarbeiten sind. Der Mensch ist ausschließlich extrinsisch, also von außen motiviert. Er muss gezwungen werden, durch Belohnungen gelockt oder bei Fehlhandlungen und Minderleistungen bestraft werden. Durch Kontrolle und Steuerung wird ihm sein Verhalten im Wesentlichen genau vorgeschrieben.

Theorie Y: Der Mensch ist aus seinem Innern heraus aktiv und sieht in tätigem Streben einen hohen Wert im Leben. Er ist intrinsisch, also von innen heraus motiviert und leistungsbereit. Wenn die Arbeit für ihn sinnvoll und die Leistung erstrebenswert ist, dann übernimmt er gerne die Verantwortung, zeigt Eifer und Willen und ist zur Selbstdisziplin fähig und bereit. Er arbeitet von sich aus bestmöglich. Deshalb ist eine Kontrolle seiner Leistungen unter Androhung von Sanktionen praktisch nicht nötig. Entstehende Probleme löst er selbstständig mit Erfindungsgabe, Beharrlichkeit und Urteilsvermögen. Das Management muss für eine Organisation der Arbeit und ihrer Ziele sorgen, die dem Menschen einen sinnvollen Tätigkeitsrahmen steckt.

McGregor zeigte, dass in amerikanischen Großfirmen die Organisation unterschwellig vom Menschenbild X ausgeht, ohne das je explizit zu konstatieren. Das wäre ja auch politisch nicht korrekt! Aber denken Sie nach, wie es im Alltag der Arbeit aussieht: Die Manager behandeln in vielen großen Organisationen den Mitarbeiter wie ein kleines Kind, das keine Lust zum Arbeiten hat, beziehungsweise so, wie man kein Kind behandeln sollte! »Warum muss ich das tun, Papa?« – »Das verstehst du nicht. Mach einfach, was ich sage. Tu alles genau, wie ich es vorschreibe, nie anders. Üb es tüchtig, damit es immer gleich getan wird – auf die einzig richtige Art und Weise.« Das ist das Taylor-Prinzip: Das Management entwirft die Handgriffe in der besten Form, der Arbeiter führt es aus. Er darf nie anders arbeiten, weil er dann vom besten Ablauf abweicht. Der Mensch wird aus langer amerikanischer Tradition wie eine Laborratte in der Skinner-Box gesehen. Die Ratte arbeitet in der Box genau nach Vorschrift (sie drückt Hebel). Wenn sie korrekt arbeitet, bekommt sie eine Belohnung. Begeht sie Fehler, bekommt sie einen Stromstoß über das Fußbodengitter. Grundlage dieser Menschenauffassung ist der Behaviorismus nach Watson und später Skinner. Diese Richtung der amerikanischen Verhaltensforschung untersucht die Verhaltensweisen des Menschen in Reaktion auf Anreize. Der Mensch wird einem Stimulus ausgesetzt und reagiert – er gibt eine Antwort, ein Response. Stimulus – Response. Reiz – Reaktion. Behavioristen versuchen, das Verhalten von Laborratten und Menschen durch Anreizsysteme und Verhaltensverstärkungen (Strafen und Belohnungen, Speck und

Stromstoß) so zu steuern, dass sie wie immer gewünscht mechanistisch genau nach Vorschrift arbeiten.

Die heutigen Managementsysteme sind zu einem guten Teil groß angelegte Skinner-Boxen, die unser Verhalten steuern sollen. Wer in einem solchen System arbeitet, ist erschrocken über das weitgehende Fehlen der Menschlichkeit. »Sie haben zwei Einheiten weniger bearbeitet als verlangt, also bekommen Sie automatisch drei Prozent Abzug vom Gehalt.« Die Mitarbeiter fühlen sich »in der Box« oder wie im Hamsterrad (»mouse wheel«). Es gibt keinerlei Diskussionen über den Sinn der Arbeit. Die Arbeit wird genau vorgeschrieben. Mitdenken ist unerwünscht. Man darf es nicht anders machen. Wer aber seine Ziele nicht schafft, kann unter Umständen den Vorwurf einfangen, nicht kreativ genug gewesen zu sein.

Theorie Y ist das Menschenbild der Waldorf-Schulen und vieler kleiner Firmen. Ich kenne etliche hochtalentierte Informatiker, die nur in Unternehmen arbeiten wollen, in denen Theorie Y gilt. Sie müssen in diesen Zeiten öfter kündigen, weil viele kleine Firmen »geschluckt« werden. Ich selbst kümmere mich in der IBM, so gut es geht, um die Erhaltung von Theorie Y. Die Zeiten ändern sich gerade. IBM's Leitprinzipien lauten seit 2003: *Innovation that matters for our company and for the world* (Innovation für IBM und die ganze Welt, die im realen Leben etwas bewirkt), *Dedication to every client's success* (Hingebende Arbeit für den Erfolg unseres Kunden), *Trust and personal responsibility in all of our relationships* (Vertrauen und Verantwortungsgefühl in allen Beziehungen). So langsam schwenkt das ganze System wieder in die Aufbruchphase, die das neue Informationszeitalter verheißt.

Theorie X sieht den Menschen wie einen Eingeborenen in der Südsee, der unter Palmen liegt und dem die Nahrung wie im Paradies vom Baum fällt oder nach Minuten ins Netz schwimmt. Theorie X vermutet den satten Menschen des Schlaraffenlandes, der nicht einmal für Geld arbeiten will, weil ja zu jeder Zeit Oktober-Wiesn-Hendl mit Petersilienfüllung in der Luft fliegen. Da muss der Arbeiter diszipliniert und »motiviert« werden. Insbesondere in schlechten Zeiten greift das Management im Stress zu immer härteren Strafen und Lohnkürzungen. Theorie X ist die Lieblingsvorstellung des Managers während des ganzen Abschwungs. Im Abschwung geht es den Managern darum, den Menschen aus seinem Selbstverwirklichungsträumen herauszureißen. Abschied von Theorie Y, die im Abschwung zum Luxus erklärt wird, der jetzt unbezahlbar ist.

Und Theorie Y? In guten Zeiten, besonders in Zeiten technologischer Neuerung, werden Mitarbeiter gesucht, die initiativ, kreativ, selbstverantwortlich, mitdenkend, selbstständig aktiv und verantwortlich sind. Erfinder! Unternehmer! Experten! Die bekommen in solchen guten Zeiten »Freiräume« für Eigenverantwortung. Sie haben Ermessensspielräume für eigenständige Entscheidungen. Sie sind »empowered«. Die Firmen delegieren Entscheidungen bis in unterste Ebenen. Die Zentrale vertraut darauf, dass alle Mitarbeiter vor Ort das Richtige tun und zu hoher Leistung bereit sind. Die Mitarbeiter können sich ihre eigene Arbeit selbst gestalten, insbesondere so, dass sie als sinnvoll empfunden wird. Weiter in die Luxusphase hinein will uns Theorie Y bis hin zur Selbstverwirklichung führen!

Haben Sie noch das Gefangenendilemma vor Augen? Die Häftlinge können sich vertrauen oder versuchen sich gegenseitig auszutricksen.

Theorie X ist die Annahme, dass alle Menschen betrügen und tricksen, wie sie können. Das Gefängnis um sie herum muss so organisiert sein, dass sie arbeiten, ohne dass sie etwas anstellen.

Theorie Y geht davon aus, dass Menschen in Freiheit und Sinn aufblühen und von selbst etwas schaffen wollen, was sie erfüllt und »selbstverwirklicht«.

Phasic Instinct: Unter Stress werden wir zu menschlichen Maschinen oder Tieren, die sich gegenseitig zu übervorteilen versuchen. Unter Zuversicht sind wir Menschen in vertrauensvoller sinnreicher Umwelt. Unser Menschenbild schwankt mit der Konjunktur. Und wir sind dann auch jeweils so, wie wir uns sehen.

Aufschwung = Theorie Y
Abschwung = Theorie X

Oder anders gesagt: Wenn man Menschen artgerecht leben lässt, so dass Rationalität in dieser ihrer Lage im Großen und Ganzen gut oder vorteilhaft ist, dann mögen sie Ähnlichkeiten mit dem Homo oeconomicus aufweisen. Werden sie aber wie Tiere behandelt, agieren und reagieren sie wie Tiere. Wenn wir das Aggressive und hart Egoistische (Dopen, Vertrauensbruch, Heuschreckenfonds) unter Menschen dulden, wird es oft dominant … Wir sind kulturell feige geworden und werden lieber zum Tier, als für das Menschliche auf die Straße zu gehen.»Alle dopen, was sollte ich tun? Hinterherfahren?«

Douglas McGregor arbeitete kurz vor seinem Tod (er starb 1964) noch an einer Theorie Z, die aus dem Besten von X und Y eine Art Ideal für die Zukunft darstellen sollte. Unabhängig davon, aber auf den Ideen McGregors basierend, erschien 1981 ein Buch von William Ouchi mit dem Titel: *Theory Z: How American management can meet the Japanese challenge«* Hier geht es darum, wie Menschen aufgefasst werden *sollten*, damit die Unternehmen den wirtschaftlichen Erfolg maximieren.

Theorie Z sichert Mitarbeitern lebenslange Beschäftigung, bindet sie in Entscheidungen ein, die kollektiv getroffen werden sollen (dann hat Arbeit Sinn), und schreibt ihnen nicht zu viele Verhaltensregeln vor. Theorie Z setzt auf die Eigenverantwortung des Individuums, das bei guten Leistungen allmählich (nicht zu schnell!) befördert wird, nachdem es sich in mehreren Abteilungen des Unternehmens weiterbildete und bewährte.

Klingt gut, nicht wahr? Theorie Z ist leider als ein wünschbares Ideal entworfen, das unter dem Eindruck des japanischen Aufstiegs mit Kaizen für amerikanische Unternehmen wieder Boden gutmachen sollte. Das ist im Lichte meiner hier gegebenen Argumente eine etwas akademische Übung, nicht wahr? Theorie Z klingt leider wie eine Menschenauffassung für den Aufschwung. Dann lässt sich ein Unternehmen natürlich nach Theorie Z führen, auch die Forderung nach lebenslanger Beschäftigung ist leicht erfüllbar. Die Frage ist: Gerät die Theorie Z wie auch die Theorie Y bei einem Abschwung unter die Räder? Gleich nachdem 1981 Theorie Z in Buchform erschien, überrollte uns (wie schon dargestellt) die globale Reorganisations- und Effizienzwelle, die erst heute langsam ausläuft. Theorie Z blieb ein Experiment im Denken.

Zeitgemäße Managertypen

Sehr viel muss ich über dieses Thema gar nicht schreiben. Zu dem jeweiligen Bild des Menschen in einer Zeit gehören im Grunde untrennbar auch die Typen der zur jeweiligen Zeit oder Stimmung passenden Managementleitbilder.

Es gibt sogar Wörter für extreme Management-Haltungen in der deutschen Sprache: Schönwetterkapitän oder Heuschrecke. Die Worte Macher, Controller, harter Sanierer, Visionär oder begnadeter Verkäufer drücken ja intensiv Bauchgefühle aus, wenn wir nur das Wort in unserem Geist ein wenig wirken lassen.

Was vielleicht nie so wirklich diskutiert und verstanden wird, ist das Wort *untrennbar*, das ich eben benutzte. Im Aufschwung sucht man Manager für ein Aufwärts oder für den Aufstieg in eine höhere Liga, im Abschwung harte für den Kampf gegen den Abstieg. Die wenigsten Manager sind für beide Zeiten gut. Die wenigen, die in allen Zeiten managen können, sind für mein Gefühl eher selten und meistens die großen Unternehmer der Zeit, die einen *eigenen* Betrieb durch Dick und Dünn führen. Das ist vielleicht leichter – ein eigenes Unternehmen durch alle Zeiten zu steuern? (Otto, Oetker, Miele, Schickedanz, Krupp etc. etc.) Diese wundervollen Leitfiguren werden uns dann in Biografien und Managementhandbüchern als Idee des Managers oder Unternehmers an sich zum Nacheifern angeboten, so wie die Heiligen der katholischen Kirche den Gläubigen. Das hilft faktisch nicht so viel. Im normalen Leben sind Manager so oder so. Entweder – Oder. Und wenn das so ist, braucht man jeweils andere Manager für das Auf und das Ab. Das sehen Sie zum Beispiel am leichtesten an dem Fußballzirkus. Meistertrainer sind andere als Abstiegsverhinderer, Divenhüter sind andere als Konditionsschleifer. In weiten Managementbereichen wird diese Wahrheit vollkommen ignoriert.

Die Management-Trainer, die ja davon leben, dass die jetzt zeitgemäßen Managertypen alle paar Jahre zu unzeitgemäßen Fehlbesetzungen degradieren, wollen die Manager eben vor ihrem notwendigen Unzeitgemäßwerden gegen ein hohes Honorar retten. Deshalb sprechen sie ganz behutsam von verschiedenen Management-Stilen, nicht von verschiedenen Manager-Personen. Es gibt tonnenvoll Kurse über Management-Stile: Der Sanierer, der Organisierer, der Coach, der Moderator, der Leader, der Charismatiker, die emotionale Intelligenz werden beschrieben. Man versucht den Managern in Kursen beizubringen, wie sie sich bei schönem und schlechtem Wetter jeweils anders benehmen müssen. Nur wenige schaffen es, sich so etwas wie ein reicheres Verhaltensrepertoire anzueignen. Die meisten Manager gehen ganz unbeschadet aus solchen Veränderungsliturgien hervor. »Ich war letzte Woche ganz erfüllt von den Möglichkeiten, die in mir offenbar schlummern. Ich kann wahrscheinlich alles. Aber jetzt, seit zwei Tagen wieder bei der Arbeit, sehe ich, wie alles wieder den alten Trott geht. Die alte Mühle. Alles bleibt immer, wie es war.«

Denken wir kurz nach, warum das so ist. Im Aufschwung denkt man im Menschenbild der Theorie Y, im Abschwung sehen wir Menschen durch die Brille der Theorie X. Das geht nun nicht so, dass alle Menschen alle paar Jahre ihre Meinung über Gott und die Welt vollständig ändern. Nein, die einzelnen Menschen bleiben sich treu. Ich zum Beispiel wettere an jeder Stelle gegen X. Ich bin ein Y-Mensch. In einer guten Zeit fühle ich mich wohl, weil Y sein darf. In schlechten Zeiten komme ich mir wie ein Christ unter Heiden vor und verstehe die Welt nicht mehr. Mal ist meine Zeit, mal ist die Zeit der anderen. Mal herrschen die Fortschrittlichen in einer Demokratie, die idealistisch für Y eintreten, mal die Erzkonservativen, die in der Masse an Theorie X glauben. Und so wie die Regierung je nach Zeit ausgewechselt werden muss, geschieht es mit Fußballtrainern und Managern auch. Jeder darf zu seiner Zeit oben sein. In der Regel nur dann.

Wenn es schlechte Zeiten gibt, sind die autoritären Manager erfolgreicher. Sie diktieren Ziele, um das Unternehmen durch Probleme zu führen. Sie kümmern sich nicht so viel um die Mitarbeiter. »Schlechte Zeiten, Leute. Ihr werdet doch nicht ernsthaft verlangen, dass ich euch auf Rosen bette. Später, wenn wir Geld machen.« Das sagt der X-Manager. Aber unter ihm wird nie jemand auf Rosen gebettet, auch nicht, wenn die Firma Rekordgewinne erzielt und Aktienkursfeuerwerke erzeugt. Er wird weiter Leute einsparen und hart regieren. Gute Zeiten für Mitarbeiter gibt es erst bei einem neuen Manager, der der Theorie Y anhängt. Theorie X erklärt Mitarbeiter implizit als Mittel zum Zweck. Mitarbeiter sollen hart arbeiten, dienen, Zielen nachjagen, Quoten erfüllen (»Management by Objectives«). Es herrscht »Command & Controll«. Manager residieren im obersten Geschoss und träumen von einem Unternehmens-Cockpit. Wie in den 007-Bond-Filmen wünschen sie sich gewaltige Schaltpulte, an denen sie ihre unbeschränkte Macht ausüben können. Alles Wissen ist in Datenbanken verfügbar. Nun führen sie »Unternehmenskrieg« wie ein Gott das intergalaktische Raumschiff. Auf Millionen Monitoren schalten sie zu jedem Mitarbeiter direkt durch und herrschen ihn an: »Sie sitzen gerade untätig herum! Los! Weiter!« Meine Mutter hat mir manchmal gesagt: »Sieh dich vor, Gott sieht alles.« All das hat mit dem Menschenbild X zu tun.

Manager der Aufschwungsphasen müssen stark darauf erpicht sein, erstklassige Mitarbeiter um sich zu sammeln, was bei Hochkonjunktur ein großes Problem ist. Im Abschwung heißt es dagegen hart lapidar: »Dort draußen stehen Hunderte, die Ihren Job für die Hälfte des Geldes erledigen würden. Was sagen Sie dazu?« Im Aufschwung bleiben solche Manager ohne Mitarbeiter. Im Auf ist ein kooperativer Führungsstil obligatorisch. Die Menschen werden wieder wie Menschen (im Sinne von Y) gesehen. Mitarbeiter werden wie selbstständig Denkende behandelt, sie bekommen eigene Verantwortungsbereiche. Man vertraut ihnen, umwirbt sie, will sie an die eigene Firma binden, die für Mitarbeiter und Kunden ein tolles Image haben soll. Mitarbeiter nehmen regelmäßig an der Diskussion der Unternehmensziele teil. Es gibt Entscheidungen von Gruppen. Mitarbeiter finden Gehör …

Es gibt Unternehmen, die ungerührt von allen Luxusphasen und Turbulenzen der Wirtschaft ganz ruhig ihre Bahn ziehen. Toyota führt das aller Welt vollkommen öffentlich seit 1950 mit Kaizen vor. Toyota ändert nicht das Bild des Menschen, nur weil sich Autos gerade nicht gut verkaufen. Mit stoischer Ruhe wird Toyota langsam zum größten Konzern der Welt. Toyota ist also in allen Predigten über das ökonomisch Gute zu finden. Toyota ist so etwas wie der Einzige in einer Gruppe von schwer Übergewichtigen, der es tatsächlich schafft, die Ernährungsgewohnheiten fundamental und nachhaltig umzustellen. Die Masse schafft es nicht. Vernunft ohne Phasic Instinct ist für die Masse offenbar unerreichbar. Und daher müssen die normalen Manager – die »von der Stange« – mit dem Schwanken des allgemeinen Bauchgefühls kommen und gehen.

Up & Down in den Unternehmen

In vielen kleineren Abschnitten will ich mit Ihnen nun wichtige Denkfiguren und Instinktreaktionen in verschiedenen Abteilungen oder Vorstellungen eines Unternehmens durchgehen. Ich schildere alles auf die zwei Weisen, immer je aus der Perspektive des Aufschwungs und des Abschwungs. Dabei wird vieles notgedrungen noch einmal kurz aufgenommen, wovon vorne im Buch schon die Rede war. Ich bemühe mich deshalb, mich hier kurz zu halten. Es kommt mir darauf an, dass Sie jetzt von den Gegenüberstellungen der Denkweisen des Auf und Ab noch einmal »beeindruckt« werden, damit Sie die ganze Tragweite sehen: Das Auf und Ab ist bei dem Stand unserer heutigen ökonomischen Durchschnittsintelligenz fast unvermeidlich.

Wenn wir das alles durchdekliniert haben, können wir viel besser verstehen, warum die Ökonomie so sehr zwischen diesen Urkräften des Aufstiegs und des Niedergangs hin und her pendeln muss: Denn alle Kräfte zeigen immer in die eine einzige Instinktrichtung. Dahin oder dorthin. Im Auf ist alles im Auf, im Ab ist alles im Ab. Wer daher einen Umschwung in einem winzigen Detail in der Wirtschaft will, wer also nur einen einzigen Bereich eines Betriebes von Yang an Yin oder umgekehrt schalten will, wird scheitern. Er muss alles umschalten oder gar nichts.

Diesen wichtigen Gedanken will ich nach der Gesamtschilderung dieses ganzen Up & Down erläutern. Wir werden dann verstehen, warum wir so hilflos sind, wenn wir doch »nur ein wenig« ändern wollen. Es geht nämlich meist nur ganz oder gar nicht. Wir sehen, warum man schrecklich wenig in dieser Welt ändern kann, außer im Umschwung des Ganzen – und da ändert sich fast mühelos alles. Aber nicht unbedingt dahin, wohin wir es haben wollen. »Das Pendel schwingt hin und her. Das ist so.« So zucken die erfahrenen Mitarbeiter und Manager mit den Achseln, wenn die Jungen mit Karrierebiss an das Verändern herangehen. Wer lange Erfahrung hat, versteht Yin, versteht Yang und geht voll Demut den Weg.

Zeit – voranschreiten oder wegrennen

Up in der Theorie: Energisch und beständig fortschreiten! Es ist klar, dass gute Dinge Weile brauchen. Alles will überlegt sein. Aber die Zeit muss gut und umsichtig genutzt werden.

Up in der Praxis, zum Luxus hin: Immer schön ruhig bleiben. Rom ist auch nicht an einem Tage erbaut worden.

Down in der Theorie: Die Veränderungen zum Schlechten zwingen zum Handeln. Wer nicht handelt, wird sterben. Es muss deshalb schnell gehandelt werden und überhaupt. (»Besser irgendeine Entscheidung als gar keine« – denn gar keine ist das sichere Ende.) Trotzdem muss kühles Blut bewahrt werden. Die historische Erfahrung lehrt, dass alles nicht so heiß gegessen wie gekocht wird.

Down in der Praxis, weiter zum Ende hin: Schnelligkeit hat absoluten Vorrang! Vergesst alle Prinzipien und Weisheiten. Die Brechstangen her. Jetzt muss alles geschehen! Bis wann ist Zeit? »Am besten gestern.«

Raum – Expansion oder Schrumpfung

Up in der Theorie: Das Geschäft zieht beständig an, überall bieten sich neue Möglichkeiten. Expansion und Weiterentwicklung. Unternehmen wachsen.

Up in der Praxis, zum Luxus hin: Es scheint keine Grenzen zu geben. Alles wird geschluckt, jeder leere Raum besetzt. »Wer weiß, wozu diese Wüste später einmal gut ist.« Unternehmen breiten sich unkontrolliert aus.

Down in der Theorie: Nur der bewohnbare Raum wird bewohnt. Nur das wirtschaftliche Land wird bebaut. Beschränkung auf das Vernünftige. Unternehmen überlegen sich, wie groß sie nachhaltig sein können. Sie passen sich an.

Down in der Praxis, weiter zum Ende hin: »Der Wettbewerb erobert den Markt! Zurückschlagen! Wir müssen die ersten Produktlinien wegen Verlustes aufgeben! Rückzug auf das Kerngeschäft!« Unternehmen schrumpfen mit den Märkten. Sie geben Märkte auf wie erfolgreich belagerte mittelalterliche Städte im Krieg. »Der Feind ist über den Wall, die Mauer ist gefallen! Zurück in die Burg! Dort sind wir sicher.« Andere Unternehmen erringen trotz allgemeinen Niedergangs immer mal wieder Siege. »Wir haben Marktanteile erobert und den Feind geschlagen. Bald sind wir global!«

Mensch & Motivation – extrinsisch oder intrinsisch

Up in der Theorie: Der Mensch der Theorie Y ist aus sich selbst heraus – man sagt intrinsisch – motiviert. Er schöpft seine Kraft aus der Freude, an Sinnvollem zu arbeiten. Er übernimmt gerne Verantwortung und setzt sich begeistert ein. Wenn man in diesem Menschen das Feuer entfacht, etwas Großes zu erschaffen, dann ist er dazu imstande und leistet Immenses. Das Management sorgt für Sinn in der Arbeit, für Herausforderung und Unterstützung.

Up in der Praxis, zum Luxus hin: Es wird im späteren Aufschwung immer stärker wie selbstverständlich angenommen, dass jeder Mensch schon selbst weiß, was sinnvoll für ihn ist. Niemand fordert ihn wirklich heraus. Jeder macht deshalb bald, was er will. Das Band gemeinsamer Energie unter den Menschen wird schwächer. Der Wille, Großes zu vollbringen, erlahmt. Der Mensch wird zunehmend gemächlicher und möchte mehr Belohnungen für gute Arbeit. »Die Wirtschaft brummt – jetzt will ich mir auch etwas gönnen können.« Der Mensch im Schlaraffenland wird behäbig und bestätigt durch sein Verhalten die Ansicht von Managern, die Menschen unter Theorie X betrachten.

Down in der Theorie: Theorie Y geht davon aus, dass der tugendhafte Mensch genug Stoa gegenüber zeitweise schlechteren Zeiten zeigt. Er wird den Problemen offen und ehrlich ins Gesicht sehen und das Gegebene tun, auch einen Zahn bei der Arbeit zulegen. Er bleibt zuversichtlich, alles wieder ins Lot zu bringen. Theorie X sieht den Menschen nun im Grunde faul vom Aufschwung und muss ihn nun wieder auf Trab bringen. Das stößt auf den Widerstand des jetzt Faulen, weil er die Lage noch ganz rosig sieht, wohingegen im Management schon Probleme gelöst werden. Das Management entzieht nun dem Mitarbeiter seine luxuriösen Bedingungen, kontrolliert stärker die Arbeitsleistungen und fordert Mehrleistung und Überstunden. Der aus Träumen gerissene Mensch kämpft nun verbissen um seine Besitzstände. Er wird durch die Umstände zu einem Menschen, dem »es nur um Geld geht«. Er reagiert nur auf Drängen oder Zwang von außen. In Sorge um die Zukunft ist er nun extrinsisch motiviert, schaut also auf die Belohnungen für die Arbeit (die ihm noch bleiben), kümmert sich plötzlich um Rente und Sicherheit des Arbeitsplatzes und vergisst zu gutem Teil den Sinn seiner Arbeit darüber. Unter Stress wird er ein Theorie-X-Mensch. Für ihn werden nun Incentive-, Bonus- und Anreizsysteme geschaffen, die ihn zu hartem Arbeiten konditionieren sollen. Unter denen stöhnt er dann und beginnt irgendwann zu behaupten, ein Theorie-Y-Mensch zu sein, der als Mensch geehrt und respektiert werden will.

Down in der Praxis, weiter zum Ende hin: Wenn sich die Wirtschaft in Stress, Kampf oder Turbulenz befindet, wenn Aktionäre die Unternehmen ausnehmen wollen, wenn alle mehr wollen, als zu verteilen ist, werden die Management-Systeme nicht mehr nur zum Steuern der Arbeit genutzt, sondern zum systematischen Überlasten der Mitarbeiter. Statt eines Bonus fürchten nun die Mitarbeiter Gehaltseinbußen. Die Belohnungssysteme sind zu Strafinstitutionen geworden. Die überlasteten Menschen leiden seelisch. Es kommt zum Ausbluten der psychischen Energie. Die Furcht vor Strafen nimmt zu. Die Menschen starren im Tunnelblick auf diese Strafen. Sie sind nun durch den Lauf der Dinge fast vollständig extrinsisch motiviert und sehen nur noch auf ihren ganz kurzfristigen Nutzen.

Leider muss dann der X-Mensch offenbar auch aus der Not heraus nach Theorie X behandelt werden?! Ist das so? Nein, es ist nicht notwendig so, aber de facto schon. Es mangelt an guten Führungskräften, die innerlich auch im Abschwung ruhig bleiben können und sich nicht anstecken. Die allgemeine Stimmung ist im Abschwung eindeutig menschenfeindlich. Ich habe gerade neulich an Strategiesitzungen einer größeren Firma teilgenommen. (Weil ich überall Reden halte, bin ich zur professionellen Einstimmung nach Möglichkeit zwei, drei Stunden vorher da und »höre mich hinein«). In dieser Sitzung wurden die Mitarbeiter in drei Klassen eingeteilt, das sei »üblich«. Die getroffene Basisannahme über die Mitarbeiter lautete: Ein Drittel ist Leistungsträger, ein Drittel *kann* nicht und das letzte Drittel *will* nicht. Ich fragte, wie denn so ein Unternehmen überhaupt Gewinn machen könnte, wenn ein Drittel die Arbeit nur ungenügend beherrscht und ein Drittel die Arbeit möglicherweise verschleppt oder sabotiert. »Das ist eben so …« Ich begann eine Diskussion über Menschenbilder, drang aber nicht so richtig durch. Im Abschwung ist der Bauch des Managers anscheinend menschenfeindlich. Der Bauch sucht und findet die Schuld an der Misere in den Low Performern, die nicht mitziehen, während andere sich den Allerwertesten aufreißen. Umgekehrt werden die Mitarbeiter genauso managementfeindlich. Auch ihr Bauch sucht und findet den Schuldigen: »Der Fisch stinkt vom Kopfe aus.«

Personalwesen

Up in der Theorie: Die Personalabteilung stellt Mitarbeiter ein, entlässt welche, schickt sie in Rente. Sie zahlt die Gehälter aus, kümmert sich um die Verwaltung rund um das Personal, verteilt Büros und administriert die Unternehmensstruktur. Sie erarbeitet Regeln, die alle im Personalhandbuch zusammengefasst sind. Firmenwagen, Leistungsvereinbarungen, Beförderungen, Versetzungen … Das Personalwesen ist für sehr vieles zuständig.

Im Aufschwung aber und im Abschwung sieht die tatsächliche Arbeit jeweils ganz anders aus. Der Aufschwung ist geprägt durch Einstellungen von Personal. Neue Mitarbeiter werden in einem immer knapperen Personalmarkt gesucht. Die Gehälter steigen. Die Neuen müssen eingearbeitet werden und brauchen physische Arbeitsplätze. Büros werden angemietet, Geräte bestellt. Die ganze Firma platzt aus den Nähten, alles muss größer geschneidert werden. Die Mitarbeiter sind guter Stimmung. Die Lage ist gut. Zum Beispiel war wegen des Jahr-2000-Fehlers in den Computern der Arbeitsmarkt für jede Art von Computer-Spezialisten Ende der Neunziger völlig ausgetrocknet. Man war gezwungen, »jeden« zu nehmen und beste Gehälter zu zahlen. Der damalige IBM-Chef Lou Gerstner hob zu dieser Zeit unentwegt warnend den Finger und fragte unablässig: »Are we hiring the best?« – »Stellen wir wirklich immer noch exzellente Leute ein? Oder weichen wir vom Pfad der Exzellenz ab?« Das Personalwesen muss sehr auf die Qualität der Mitarbeiter achten. Es wird im Aufschwung die älteren Mitarbeiter sorgfältig schulen und weiterbilden. Es wird die Mitarbeiter ausgesucht freundlich behandeln, damit sie nicht in einer Lage kündigen, in der eine Wiederbesetzung von Stellen schwierig ist. Viele Firmen denken sich deshalb Besonderes für ihre Mitarbeiter aus, sie stellen Tennisplätze zur Verfügung und kostenlose Kaffeeautomaten. Mitarbeiter dürfen erster Klasse reisen. Jeder Mitarbeiter bekommt den Job, den er sich wünscht und bei dem er sich wohl fühlt. Er kultiviert seine Stärken und will über sich hinauswachsen. Das Personalwesen kümmert sich um eine rundum gesunde Mitarbeiterschaft, die gerne und engagiert arbeitet und sich in dieser guten Lage völlig mit dem Unternehmen identifizieren kann.

Up in der Praxis, zum Luxus hin: Im weiteren Aufschwung kommt es zu Zuständen wie im Schlaraffenland. Die Mitarbeiter fordern alles und bekommen auch alles. Die Aufträge sprudeln, alle Mitarbeiter arbeiten bei sehr gut bezahlten Überstunden und vergessen die Ausbildung. Weil gute Arbeitskräfte immer rarer werden, beginnt das Personalwesen sie mit »Kopfprämien« zu suchen. Irgendwann später werden nicht einfach ausschließlich gute Mitarbeiter eingestellt, sondern »leider die besten, die ich überhaupt finden konnte, Entschuldigung«. Als in den siebziger Jahren sehr viele Universitäten in Deutschland neu erbaut wurden, »mussten wir jeden zum Professor ernennen, der einen passablen Doktor hatte«. Als man damals die Gymnasien für alle öffnete, »mussten wir jeden als Lehrer einstellen und natürlich sofort auf Lebenszeit verbeamten, sonst wäre keiner gekommen«. Dieses Hintanstellen der Qualität und die Sorglosigkeit in Bezug auf Zukunft und Geld sind der Nährboden für die spätere Katastrophe (Schweinezyklen der Lehrer oder Lehrerschwemme und damit verbunden der Schweinezyklus der Qualität).

Down in der Theorie: In ungewissen Zeiten wird die Personalabteilung sehr vorsichtig. An manchen Stellen des Unternehmens gibt es nun kurzzeitig oder mittelfristig Personalüberhänge. Die überschüssigen Mitarbeiter werden in andere Abteilungen verschoben, wo noch Mitarbeiter gebraucht werden. Meist stockt im Abschwung die Produktion. Da kommen alle auf die glorreiche Idee, die Mitarbeiter in den Verkauf zu schicken, um den Abschwung zu stoppen. Das ist die gängige Theorie aller Manager. Weil Manager alles managen zu können glauben, denken sie auch, Dachdecker könnten morgen Heizungen installieren oder Goldschmiede Haare schneiden. So handeln alle Unternehmen, obwohl Leute aus der Produktion nie gut verkaufen können oder Leute aus dem Vertrieb nie gut programmieren. Die ins Nirwana Versetzten versagen zwangsläufig und siechen seelisch dahin. Die meisten Unternehmen entschließen sich nur schwer, am Anfang eines Abschwungs sofort zu Entlassungen zu greifen. Das wäre wahrscheinlich besser. Sie hoffen aber – sie tun erst nichts. Die Personalabteilung bekommt allerdings einen sofortigen Einstellungsstopp verordnet. Einstellungen sind jetzt nur noch ausnahmsweise möglich, wenn bewiesen werden kann, dass kein anderswo überflüssiger Mitarbeiter diesen Job ausüben kann. Naiv wird man annehmen, dass jeder beliebige überschüssige Mitarbeiter überall besser ist als ein junger Berufsanfänger frisch von der Hochschule. Deshalb wird nie mehr jemand eingestellt. Das Unternehmen schließt die Tore. Das Personalwesen schichtet nun das Personal um. Es verliert ganz den Blick auf den Personalmarkt draußen.

Down in der Praxis, weiter zum Ende hin: Im weiteren Abschwung ziehen die Unternehmen die Reißleine. Mitarbeiter werden in Massen entlassen. Die Personalabteilung muss »Ballast abwerfen«. Die Manager schauen in endlosen Meetings alle Mitarbeiter durch. Wer muss bleiben, wer kann gehen, wen will man loswerden? Die Mitarbeiter werden in Leistungsträger (unverzichtbar), Normalmitarbeiter (gleichgültig) und Leistungsschwächere eingeteilt (hinausmanagen!). Manager beginnen Leistungsschwache zu hassen, weil die ihnen die Abteilungsergebnisse verhageln. In Notzeiten gehen leider die erstklassigen Mitarbeiter von selbst, weil sie überall eine Stelle bekommen. Sie verlassen sinkende Schiffe als Erste. Diejenigen aber, die alle loswerden wollen, bleiben schwer wie Blei. Das Menschenbild X kommt zum Vorschein, weniger und weniger maskiert. Das Personalwesen ist nur noch mit harten Gesprächen befasst, kämpft mit juristischem Beistand gegen Betriebsräte, versucht, die Angst der Mitarbeiter auszunutzen, um die Gehälter zu senken. Das Management braucht im Gehirn die Theorie X, um überhaupt diese harten Maßnahmen durchführen zu können. Theorie X ist physischer Selbstschutz. Mitarbeiter werden nun so stark beobachtet und kontrolliert, dass sie, wie schon gesagt, sich bald wie unter Theorie X benehmen. Unter starkem Arbeitsdruck bilden sie sich nicht mehr weiter, wimmeln noch weitere Zusatzarbeiten ab und werden unkooperativ. Das Personalwesen streicht die betriebliche Weiterbildung auf ein Minimum zusammen und überlässt die Mitarbeiter ihrem Schicksal. Die Firmen verlangen vom Mitarbeiter den steten Beweis seiner »Employability«, seiner Einstellwürdigkeit. Sonst soll er gehen! Das Personalwesen managt Menschen wie verderbliche Sachwerte. Aus »Personalentwicklung« wird »Human Resource Management« und schließlich »Human Supply Chain Optimization«. Diese Bezeichnungen klingen im Deutschen zu hart. Niemand übersetzt so etwas!

Produkte und ihre Qualität

Up in der Theorie: Die meisten Hochkonjunkturen sind durch Innovation oder etwas »Neues« gekennzeichnet – dazu kann auch die Entdeckung Amerikas oder Chinas (heute) gehören. Die Unternehmen wittern neues Geschäft. Die Kondratieff-Zyklen versprechen eine lang anhaltende Bewegung, weil es sehr viel Zeit braucht, eine neue Basisinnovation ausreifen zu lassen. Es braucht Jahrzehnte von der ersten Schwarz-Weiß-Flimmerkiste bis zum High-Definition-Kinoflachbildschirm, Jahrzehnte bis zum sicheren 3-Liter-Auto oder zur perfekten Digitalkamera. In dieser Zeit wird entwickelt und geforscht. Wer hier die Nase vorn hat, macht das Geschäft. Produkte müssen also vor allem neu oder toll sein. Qualität bedeutet noch mehr Perfektion, Exzellenz, Ausgereiftheit, Top-Funktionalität. Die Techniker und Technologen wetteifern im besten Sinne um die Krone der Schöpfung. Diese Zeit ist erfüllt von Errungenschaften. Diese Zeit haben alle Politiker und Wirtschaftstheoretiker unverrückbar im Kopf, wenn sie von bereicherndem Wettbewerb und dem Segen der Technik und der Naturwissenschaften insgesamt »schnattern«. Hier und jetzt ist Segen – ja! Aber nicht im Abschwung. Das vergessen die Theoretiker oder es fällt ihnen nie ein.

Up in der Praxis, zum Luxus hin: Zum Ende eines Innovationszyklus' werden die Produkte kaum noch besser, nur noch luxuriöser. Die Autos werden in Rosenholz ausgelegt und bekommen Kühlschränke. Die Menschen kaufen sich Prachtbibeln, ein gutes Zeichen! (In der Gründerzeit des 19. Jahrhunderts wurden die berühmten Doré-Bibeln für ein Arbeiter-Jahresgehalt fast zum Bestseller. In den neunziger Jahren wurden Luxus-Brockhausausgaben von Hundertwasser und Heller und »limitierte« Chagall-, Hundertwasser-, Dalí-, Merian-, Gutenberg-Bibeln aufgelegt. Heute, zehn Jahre später, gibt es nachempfundene Billiganaloga über BILD und Weltbild zu einem klitzekleinen Bruchteil des Preises.) Im Wohlstand »haben wir schon alles«. »Was soll man dir noch schenken?«, lautet die Klage. Die Produkte werden nun »spinnig«, zum Teil albern, pompös. Man verwendet nur noch Seide und Kaschmir, verplättelt am Ende die Dächer mit Gold? Die Gewinnspannen sind satt und auskömmlich, obwohl die Käufer eigentlich ebenfalls satt sind und langsam keine Lust mehr haben, etwas zu kaufen. Sie räkeln sich an Pools von Luxushotels – sie leisten sich vor allem den Luxus, *nicht mehr auf den Preis zu schauen.* Wir haben unser Verhalten in den achtziger Jahren bestimmt alle vergessen, da wir heute das Preisvergleichen zum Volkssport erhoben haben. Bitte erinnern Sie sich: Der Preis spielte damals keine Rolle. Wir wollten und konnten alles haben. Qualität bedeutete dieses »Alles!«, und die Produzenten lieferten alles und lebten gut davon.

Down in der Theorie: Bei einem Abschwung werden erst einmal das Sahnehäubchen und der Goldüberzug eingespart. Die Verbraucher werden im Abschwung vorsichtiger. Sie kaufen nicht mehr alles, sondern »vernünftige« Qualität. Die Produzenten sehen nun, dass sich die Produkte viel billiger und auch in effizienteren Großserien herstellen lassen, wenn sie sich im Produktdesign auf wenige Standards und normalen, nicht ausufernden Luxus beschränken. Dadurch kommt es zu einer kleinen Revolution in der Produktion. Während Luxus praktisch in Handarbeit entsteht, ein individuelles Stück nach dem anderen (jedes Auto mit allem Firlefanz einzeln genau nach Individualbestellung gefertigt), so werden normal nützliche Produkte wieder mehr am Fließband hergestellt. Das führt zu einer starken Rationalisierungswelle in der Produktion. Mitarbeiter können entlassen werden. Es kommt zum Downsizing. Die Produktion schafft mehr mit weniger Mitarbeitern. Alles wird nun auf den Kopf gestellt – davon habe ich ja schon eine Menge vorn im Buch geschrieben: Über die Revolution in der Automobilproduktion, die durch die westliche Analyse der Toyota-Methoden ausgelöst wurde. Im Abschwung sagt unser Kopf theoretisch: Produkte sollen mit minimalen Mitteln die maximale Funktionalität und den maximalen Nutzen aufweisen. Es kann in schlechteren Zeiten verlangt werden, dass man sich zeitweise den Luxus verkneift.

Down in der Praxis, weiter zum Ende hin: Zum Ende des Abschwungs hin stockt der Absatz der Produkte. Der Käufer findet Geiz geil und »will nicht blöd« sein, einen zu hohen Preis zu zahlen. Er verlangt Rabatt. Der Markt verschiebt sich nun in Richtung Lemon Market. Die Produzenten gehen an die Grenzen des Billigproduzierens, sie verzichten auf teure Qualität, täuschen Qualität vor, liefern Fakes, kopieren andere Erfolgsmodelle, um Geld bei der Entwicklung einzusparen. Der Käufer will Schnäppchen, also bekommt er Billigprodukte hinter aufwändiger Fassade und in großartiger Verpackung. Man produziert Produkte für den Basar in der Mitte von Lebensmittelläden.

Service und Kunden

Up in der Theorie: »Der Kunde ist König.« Dieser einfache Satz charakterisiert die Theorie. Im Aufschwung soll der Kunde immer wieder Neues kaufen (Autos, Computer, Kleidung), und er tut das auch. Guter Service lohnt sich und macht beide Seiten froh.

Up in der Praxis, zum Luxus hin: Der Kunde ist jetzt wirklich König, weil es dem Servicegeber gar nicht mehr so sehr auf das Geld ankommt. Der Kunde will alles und bekommt alles. Er bezahlt indirekt auch alles. Die Empfangszimmer der reichen Ärzte müssen in Holz und Leder gehalten werden, die Firmen bauen Paläste, die Banken die sprichwörtlichen Bankpaläste. Die Kunden werden zum Essen und zu Festen aller Art eingeladen. Autokunden besichtigen die Fabriken, Computerkäufer die Entwicklungslabore, Bankkunden die Börsen. Es gibt fürstliche Geschenke. Manchmal, wenn es Abend wird und Manager auf Tagungen etwas traurig von der guten alten Zeit erzählen, dann höre ich mit großen Augen zu: Journalisten/Manager wurden zu einwöchigen Fabrikbesuchen eingeladen, das ganze Flugzeug voller Männer, die sich dann von Frauen durch die Woche begleiten lassen und auf dem Rückflug die fertigen Presserklärungen/Bestellformulare im Gepäck finden. Anscheinend war nichts zu teuer. Das muss irgendwie authentisch sein, denn sie wissen, wie man früher die Kosten über kleine Firmen abrechnen konnte, die davon lebten. Ich fühle mich bei solchen Gesprächen wie eine Jungfrau. Die eigentliche alte Luxus-Zeit habe ich an der Universität als Mathe-Prof verbracht und dort war es immer schon »frugal«. Darauf sind Mathematiker bekanntlich stolz. Ich stelle mir als schüchterner Mathematiker manchmal vor, wie ich wohl damals reagiert hätte, wenn da lauter schöne Frauen gekommen wären. Ich wär' wohl entsetzt fortgelaufen, so wie einst in meiner Jugend, als welche aus meinem Semester was Seltsames zu rauchen anhuben und 20-DM-Scheine austauschten ... schnell weg, damit ich nicht mitbekomme, wie sie hinter mir her höhnen! Also: Ich belasse es bei meinen scheuen Andeutungen und vertraue auf das selbstständige phantasievolle Ausmalen derer, die das besser können.

Down in der Theorie: Die Rückkehr zur Normalität wird angestrebt. Die Geschenke fallen nicht mehr so üppig und immer magerer aus. Die Servicegeber fragen sich, inwieweit sich alles auszahlt. Ist jeder Service noch zeitgemäß? Die Services werden nun »standardisiert«. Kunden bekommen das Normale, wie »Kassenpatienten«. Wer mehr möchte, soll »Privatpatient« werden. Im Grunde wird der Service-Level oder die Kundenleistung langsam auf das Notwendige eingeschränkt. Die Kunden beginnen innerlich zu murren. Sie nehmen es dem Servicegeber übel und vergleichen nun, ob sie anderswo besser behandelt werden. Es tut nämlich ihrem Ego sehr weh, wenn sie schlechter behandelt wurden als ein Nachbar, der seinen Servicegeber dafür laut lobt.

Down in der Praxis, weiter zum Ende hin: Der Service für den Kunden wird so weit eingeschränkt, wie der Kunde es mitmacht. Telefoncomputer fragen den Kunden erst sorgsam aus und versuchen, möglichst alle Arbeit zu erledigen, bevor teurer Service durch Menschen geboten wird. Kunden warten bei Musik in Warteschleifen. Die Flugzeuge und Bahnen werden so unpünktlich, wie der Passagier noch einsteigen mag. Der Kunde wird am Rande seiner Belastungsfähigkeit gehalten. Bei Beschwerden heißt es: »Für so wenig Geld können Sie nicht mehr verlangen.« Der Kunde dreht folglich auch jeden Cent um und wird geizig. Auch hier ist der Abstieg zum Lemon Market allgegenwärtig. Wo der Kunde kaufen soll, gibt es noch einen Kaffee, wo der Kunde Leistung erwartet, wird gespart. Das Paradebeispiel sind die Banken und die Telekoms. Die Banken verkaufen in den Filialen, aber die Leistungen werden draußen in der Kälte von Automaten erbracht oder vom Kunden selbst im Internet. Die Telefonläden verkaufen, aber wehe, man hat Probleme mit seinem Vertrag oder Anschluss – die Leidensgeschichten in Call-Centern füllen Bände. Ich könnte selbst ein paar beisteuern, die Sie mir aber nicht glauben würden. Die Dienstleistungen werden immer undurchsichtiger, damit der geizgeile Kunde die Preise nicht verstehen kann. Kaum ein normaler Mensch kann erklären, welchen Telefontarif er hat und was seine Investmentzertifikate bedeuten oder erbringen. Zinsen für Kredite unterscheiden sich bis zur Beliebigkeit. Ich selbst verstehe sachlich nicht, warum ich heute eine Hypothek für 6 Prozent bekomme und eine Kontoüberziehung das Doppelte kosten soll. Aber ich denke mir, die Bank vertraut darauf, dass ich es gar nicht merke. Der geizige Kunde kämpft nun mit dem trickreichen Kleingedruckten, das ihn überall über den Tisch ziehen will. Der Kunde wechselt den Anbieter, misstraut Marken, erkundigt sich teuer bei »Beratern« oder lässt »managen«. Die Service-Anbieter säen Informationsdschungel, die Kunden suchen nach Klarheit. Beides kostet sehr viel Geld. Deshalb muss alles noch billiger werden …

Märkte, Marken und Marketing

Up in der Theorie: Wenn sich ein neues Unternehmen oder Produkt am Markt etablieren will, ist die Bekanntheit fast ausschlaggebend. Die Qualität des Produktes muss sich wie ein Lauffeuer herumsprechen oder Prominente müssen sich im Fernsehen damit zeigen. Boris Becker und Steffi Graf fachen einen Tennisboom an, der ohne sie gleich wieder einbricht.

Sehen Sie den Hauptpunkt? Das Neue muss sich erst bekannt machen, etablieren, ins Auge springen, Vertrauen wecken, Lust anstacheln, fashionable sein. Der Markt muss sich dem Neuen zuwenden. Kunden müssen begeistert die Kunde des Neuen in die Welt tragen. Wie ein Lauffeuer muss alle Welt vom neuen iPhone erfahren und vor Begierde fiebern. »Was – es ist bald ausverkauft? Wo kann ich es noch bekommen? Schnell!« An diesem Punkt sind viele Internetfirmen gestorben. Sie waren die Ersten am Markt, sie hatten die tolle Idee, aber dann gewannen andere Unternehmen, die die Aufmerksamkeit hatten. Am Anfang und im Aufschwung kaufen alle Menschen, die von einem neuen Produkt hören. Aber hören müssen sie eben davon! Deshalb muss die Werbetrommel gerührt werden, es muss ein großes Tamtam anheben. Dann gehen tolle neue Produkte weg wie warme Semmeln. Es geht nicht darum, dem Verbraucher etwas vorzumachen oder zu übertreiben. Am Anfang ist es nur wichtig, dass der Markt davon erfährt. Das reicht. Marketing ist wie Bekanntmachung.

Up in der Praxis, zum Luxus hin: Wenn sich eine Marke etabliert hat, dann kennt sie jeder. Die Marke muss nun noch bekannter werden und sie muss ihren Bekanntheitsgrad halten. Der Kunde muss sie immer mal wieder im Ohr oder im Auge halten. »Seitenbacher Müsli – lecker, lecker, lecker!« muss ab und zu das Autoradio mit gekonnt amateurhaftem Charme sagen. Das ist Markenpflege. Wenn das Geschäft läuft und die Konjunktur nach oben zeigt, kaufen die Kunden mehr und mehr. Die Marketing-Chefs der Unternehmen behaupten dann selbstverständlich selbstgefällig, dass ihr Marketing das einzige Fundament des Absatzzuwachses gewesen sei. Sie fordern und bekommen neue Werbe-Etats und werben noch mehr, obwohl es schon sinnlos ist. Die Marketing-Abteilungen verschenken nun Flaschenöffner und Stofftiere, unterstützen die örtlichen Vereine und legen sich Fußballclubs oder Radrennställe zu. Am Ende bekommt die Stadt Braunschweig den Namen eines Kräuterlikörs oder Entwicklungsländer das Logo globaler Konzerne, die dann endlich einen Sitz im Sicherheitsrat der Vereinten Nationen ergattern. Marketing kann sehr schnell in reinen Narzissmus umschlagen und verliert dann natürlich jeglichen Bezug zum Geschäft.

Down in der Theorie: Jetzt wird wieder auf den Cent geschaut. Im Abschwung sinkt ja der Absatz der Produkte. Im Prinzip müsste man nun die Werbetrommel lauter schlagen, damit der Absatz wieder steigt. Das wird oft versucht, aber es verpufft im »Down« wirkungslos. Der Markt nimmt Marketing nun nicht mehr wirklich an. Nun beginnen die Betriebswirte oder bald die »Erbsenzähler« die Effizienz der Werbung nachzurechnen. Sie schaffen zuerst das Narzisstische ab und sparen sehr viel ein. Vom Einsparerfolg beflügelt, stellen sie nun jede Werbemaßnahme auf den Prüfstand und klopfen mit Logik ab, was vorher durch Selbstliebe betrieben wurde. Der Marketing-Vorstand muss gehen. Die Fußballlogen werden verkauft. »Es muss alles in einem richtigen Verhältnis stehen. Wenn alle Bereiche des Unternehmens sparen müssen, dann auch die Werbung.« Man sagt später, man habe die Marke vernachlässigt oder eben etwas wenig für sie getan.

Down in der Praxis, weiter zum Ende hin: Am Ende des Abschwungs geht es ums Überleben. Alle lechzen nach Patentrezepten und Glücksbotschaften, wie man davonkommen könnte. Jetzt bekommen die Stimmen im Unternehmen mehr Gewicht, die zu risikoreichen Kraftakten raten. »Wir gehen in einen Preiskrieg, wir senken die Preise und ziehen in eine Werbeschlacht, so dass die Kunden bei uns wieder Schlange stehen!« Preise runter, Werbeausgaben rauf! Der Weg der Logik wird verlassen. Natürlich senken alle anderen Wettbewerber ebenfalls die Preise und halten mit Werbeschlachten dagegen. Es wird nicht mehr nachgerechnet, ob und wie sehr sich etwas lohnt. Es ist Ausnahmezustand, in dem die Vernunft als Hilfsmittel bekanntlich nicht mehr als probates Mittel gilt. Im Unternehmen gibt es Flügelkämpfe. Die einen brüllen, man müsse weiter sparen, die anderen wollen in die Schlacht und klotzen. Was denn? Hü oder Hott?

Hektische Wiederbelebungsversuche der Marke und des Marktes wechseln mit Geizphasen ab. Lohnt sich das alles noch? Das Unternehmen versucht, heruntergekommene Marken an andere Unternehmen lukrativ zu verkaufen. Diese Schrumpfung wird als Konzentration oder Fokussierung schöngeredet.

Vertrieb und Kunden

Ich werde jetzt nach und nach kürzer in der Darstellung – Sie merken ja, es wird redundant und Sie haben alles schon so weit verstanden, dass Sie eventuell die nächsten Argumente schon selbst aus dem Vorhergehenden erschließen können.

Up in der Theorie: Die Vertriebsbeauftragten sind im Aufschwung glücklich. Das Geschäft brummt. Der Umsatz ist höher als erwartet, die Provisionen sprudeln. Die Verkäufer sind stolz auf das Erreichte. Sie sind stolz auf die neuen Produkte, die im Markt ankommen. Der Stolz und die Sonne über dem Markt lassen alles leuchten.

Up in der Praxis, zum Luxus hin: Es gibt Zeiten, wo Käufer um neue Automodelle oder Großcomputer Schlange stehen und Anträge stellen. In besten Zeiten zahlen sie Eilzuschläge, damit sie das Produkt ohne einjährige Wartezeit bekommen. Käufer müssen sich mit dem Vertrieb gut stellen. Erinnern Sie sich an die Aktienzuteilungen bei Neuemissionen, die sicheren Gewinn am ersten Tag brachten? Heute muss man angeblich noch bei Ferrari drei Jahre warten …

Down in der Theorie: Wenn der Käufer zögert, wird er vermehrt angesprochen. »Kauf doch!« Der Vertrieb ist nun in Sorge und verliert den Stolz auf die Produkte. Er hadert mit der Produktion. »Macht bessere Produkte, ich kann die alten nicht mehr so gut verkaufen!« – Er hadert mit der Werbung. »Die sparen an Anzeigen und Prospekten, wie sollen wir den Kunden begeistern?« Die Unternehmen machen aber im Gegenteil dem Verkäufer Beine und geben ihm die Schuld am Niedergang. »Streng dich an!« Da ein

Verkäufer nun weniger verkauft als vorher, steigen die relativen Kosten des Verkaufens. (Wenn ein Verkäufer mit 50.000 Euro Jahresgehalt 1.000 Autos im Jahr verkauft, so kostet der Verkauf 50 Euro pro Auto. Wenn er nur noch ein Auto pro Werktag verkauft, können es 250 Euro werden … dazu leere Verkaufshallen, teure Vorführmodelle etc. und plötzlich kostet das Verkaufen insgesamt einen echten Batzen – die Gewinne schmelzen!) Die Provisionen werden daher gesenkt, der Vertrieb bekommt höhere »Quoten«, also mehr Arbeit als vorher, obwohl die Arbeit des Verkaufens nun schwerer geworden ist als vorher. Wie alle Mitarbeiter werden nun auch die Verkäufer »geprügelt«. Man entlässt »unfähige« Verkäufer, die sich nicht richtig einsetzen.

Down in der Praxis, weiter zum Ende hin: Das alles hilft nichts gegen den Abschwung. In größter Not versucht man es mit Belohnungen. Der Vertrieb bekommt Extra-Boni und Flugreisen versprochen, wenn er überhaupt etwas verkauft. Das Unternehmen überlegt, alle Mitarbeiter, die in der Produktion nichts mehr zu tun haben, in den Verkauf zu schicken. Die Verkäufer werden zu aggressivem Vorgehen aufgefordert. »Wir wollen aggressiv auf Kunden zugehen! Wir fragen jeden immerfort, ob er etwas kaufen will. Wir wollen uns in die Kunden verbeißen! Wir rufen sie jeden Tag per Call-Center an! Wir besuchen sie zu Hause!«

Erinnern sie sich an die Räuber und Beutetiere vom Anfang des Buches? Die Räuber suchen nun verzweifelt nach Beute. Weil keine Beute mehr in Sicht ist, erklärt das Unternehmen die Räuber, Entschuldigung, die Verkäufer, für unfähig und peitscht sie brutal in den Markt.

Identität und Imagepflege

Up in der Theorie: Am Anfang eines Aufschwungs findet das Unternehmen zu neuer Kraft und Identität. Junge Unternehmen bilden eine Identität aus. Es ist eine schöne Zeit, die Kultur wird geliebt. Im Aufschwung darf sich die Identität bilden, wie sie zu allen passt. Mitarbeiter identifizieren sich mit Haut und Haar mit diesem gemeinsamen Geist. Das Image entsteht.

Up in der Praxis, zum Luxus hin: Im Luxusexzess wird mit der »Kultur« oder eigentlich mit dem Wohlstand geprahlt. »Wir sind die Größten.« – »Auf uns schaut die Welt.« Die Mitarbeiter identifizieren sich weniger und weniger mit dem Geist des Ganzen, sondern immer direkter und stärker mit dem Unternehmen und insbesondere mit seinen zunehmenden Sozialleistungen und »Benefits«. Der Mitarbeiter ist Teil eines reichen Ganzen. Er fühlt sich wie in der richtigen Uniform, er hat den segnenden Glauben, ist am guten Futterplatz, fühlt sich sicher aufgehoben. Das Image ist da.

Down in der Theorie: Mit dem Abbau des Luxus wird der Mensch eingeschränkt. »Alle müssen zurückstecken, aber uns geht es hier noch im Verhältnis gut, andere sind schlechter dran.« Während man vorher auf das Unternehmen im absoluten Sinne schaute (»ich will alles«), so wird der Blick nun relativ (»ich bin vergleichsweise zufrieden«). Das Image bröckelt, wird aber als eine Notwendigkeit aufrechterhalten. Das Image wird mehr und mehr zur wichtigen Fassade. Diese Fassade stiftet noch Zusammenhang und auch Trost. Solange die Fassade glänzt, muss nichts verloren gegeben werden.

Down in der Praxis, weiter zum Ende hin: Jetzt wird kein gutes Haar an dem Unternehmen gelassen. Die Mitarbeiter unterhalten sich über ihre Probleme mit schimpfenden Kunden, sie reden über schlechte Produkte der eigenen Firma, unfähige Manager, beratungsresistente Chefs, ausbleibende Gehaltserhöhungen nach jahrelanger Fron und düsteren Aussichten auf Rente, weil sogar ein Bankrott für möglich gehalten wird. Die Motivation sinkt, die Kunden reden schlecht, die Manager hassen die jammernden Mitarbeiter, die es nicht bringen. Das Image verblasst und nimmt großen Schaden. Das Management zwingt Mitarbeiter, das Unternehmen in den blauen Himmel zu loben. Die Fassade wird Lebenslüge.

Innovation

Up in der Theorie: Wenn ein neuer Technologiezyklus beginnt, haben die Visionäre Eingebungen himmlischer Welten. Evangelisten neuer Produktideen begeistern die späteren Kunden auf Konferenzen. Hype kommt auf. Die ersten Prototypen neuer Produkte, die leider nicht gut funktionieren, werden herumgereicht. Die ersten Mutigen nutzen noch unfertige Produkte. Die ganze Branche trifft sich auf Weltkonferenzen oder in Sillicon Valleys und debattiert, wie die Welt später aussehen könnte. Eine ganze Anhängergemeinde bildet sich um eine Idee oder neue Entwicklung. Sie alle sind auf der Suche nach der endgültigen Kunstform. Innovation ist Aufbruch in eine neue Welt oder Vorfreude auf neue Nützlichkeit.

Up in der Praxis, zum Luxus hin: Später ist diese Welt selbstverständlich. Das Neue ist da. Nun wird es perfektioniert. Innovation ist nicht mehr das Neue oder das sich nach dem Neuen Sehnende, es ist ein »mehr«, ein »noch besser«, »viel mehr Knöpfe dran«. Der Eierkocher kann jetzt nicht nur weich, mittel, hart, sondern er ist digital stufenlos für jede Eihärte einstellbar, abhängig von der Eigröße (»bitte S, M, L, XL eingeben, bei XXL bitte erst reinschauen, ob es ein Doppeldotterei ist«) und von dem Alter des Eis. Innovation ist wie das äußerst Mögliche, schon ganz losgelöst vom Nutzen. Designfragen werden wichtiger als funktionelle Werte. »Edelhandy für Linkshänder in Perlmutt und Hermelin – bitte nicht an geschminkte Wangen halten, weil es dafür zu empfindlich ist!«

Down in der Theorie: Der Nutzen und später der Preis bestimmen die Richtung. Innovation ist das Erfinden besserer Produktionsmethoden, die ein Produkt billiger an den Markt bringen können. Innovation im Abschwung ist »introvertiert«, sie bezieht sich auf die Art, wie innen das Produkt entsteht. Vorher ging es um die Art des Produktes für den Kunden, vorher war Innovation »extrovertiert« oder nach außen gerichtet. Innovation ist jetzt alles, »was etwas einspart« und in diesem Sinne »besser« macht. Geldautomaten sind in der ersten Zeit Luxus gewesen, dann – als sie billig hergestellt werden konnten – Ersatz für Kassierer geworden. Erst war die Innovation nach außen gerichtet, dann kommt sie nach innen.

Down in der Praxis, weiter zum Ende hin: Zum Schluss ist Innovation alles, was beim Überleben hilft. Mogelpackungen, kreative Mengenangaben (»Waschladungen« statt kg), NEU-Etiketten. Innovationen werden immer mehr zu reinen Optimierungen im Darwinschen Sinne. Wie passt sich ein Unternehmen in schwerer See an?

Finanzen

Up in der Theorie: Die Finanzseite des Unternehmens verteilt in ihm materielle Energie wie das Herz das Blut im Körper. Das Geld wird eingesetzt, damit das Unternehmen mehr Energie erwirtschaftet als es selbst verbraucht. Dieser Energieüberschuss ist der Gewinn. Der Mensch arbeitet für seine Nahrung und kann dadurch weiter gestärkt arbeiten. Den Überschuss legt er in die Vorratskammer oder auf ein Sparbuch. Im Aufschwung braucht das Unternehmen viel Geld für Investitionen, so wie ein Bauer Saatgut verteilt. Neue Unternehmen, die nicht auf Vorräte oder Rücklagen zurückgreifen können, leben zunächst auf Kredit von Investoren. Es geht darum, aus der Saat viel Neues zu ziehen. Später wird geerntet – wenn die Rechnung aufgeht. Theoretisch sät man Geld, lässt es wachsen, erntet und wartet auf einen neuen Frühling.

Up in der Praxis, zum Luxus hin: Im Schlaraffenland laufen die Vorratskammern über. Das Geld und die Energie werden kaum noch »gepflegt«. Es kommt zu allgemeiner Verfettung und zu Verschwendung. Im Erfolgsrausch geben wir beim Kochen immer noch Ei, Sahne und gute Butter dazu. Der Bauer gibt wider alle Vernunft mehr Dünger als nötig – vielleicht wächst ja mehr! Ebenso sinnlos werden Unternehmensaktivitäten überfinanziert. Das Verhältnis von Saat und Ernte steht nicht mehr im Zentrum.

Down in der Theorie: Wenn die kargen Ernten kommen, wenn die schlechten sieben Jahre in Ägypten anbrechen, dann muss zu Hungerkuren gegriffen werden. Finanzen werden nun immer knapper verteilt. Das Unternehmen muss sich die Energie aus den Rippen schwitzen – so sagt man. Der

CFO (Chief Finance Officer oder Chef-Controller) mutiert vom Geldzulieferer der Unternehmensorgane zum Zuchtmeister. Er muss Abspecken und Aufräumen. Er hilft, das Unternehmen wieder auf gesunde Beine zu stellen. Er beginnt, wirklich Controller zu werden. Während Unternehmen im Aufschwung den Börsen die neuen Produkte zeigen (wie heute noch Apple oder Porsche), präsentieren Unternehmen im Abschwung »die Zahlen«. Der CFO, Hüter dieser Zahlen, ist der zweitmächtigste Manager im Unternehmen – früher war das der Chef-Ingenieur.

Down in der Praxis, weiter zum Ende hin: Der CFO wird mehr und mehr zum Unterdrücker und zum Racheengel gegenüber Leistungsschwachen. Die härteste Strafe ist »Review«. Man muss zum Bericht, die Zahlen präsentieren. Wie vor Gericht muss man sich gegen den Vorwurf jeglicher Geldausgabe verteidigen. »Arbeite mehr bei weniger Kosten!« Während jeder Millicent umgedreht wird, kann aber der CFO mit unerklärlicher Leichtigkeit viele Milliarden für den Kauf eines Unternehmens ausgeben, das ebenfalls marode ist. Es gilt in schlechten Zeiten als ausgemacht, dass zwei Kranke zusammen ungefähr drei Gesunde ergeben. Diese Hoffnungsformel heißt Synergieeffekt und ist wegen »notwendiger Globalisierung« auch dann sicher richtig, wenn sie nicht stimmt.

Gewerkschaften

(Ich höre so langsam mit den Gegenüberstellungen auf. Ich könnte endlos fortfahren. Ich denke, Sie haben genug davon. Noch eine letzte?)

Up in der Theorie: Gewerkschaften vertreten die Interessen der Arbeitnehmer. Das tun sie im Aufschwung sogar. Der Arbeitnehmer muss seinen Teil des Aufschwunges sichern. Er muss vor eventuellen Willkürakten des Unternehmens geschützt werden. Jeder Mitarbeiter hat Anspruch auf eine menschenwürdige Arbeitsumgebung. Die Gewerkschaften bestimmen das Wohl des Unternehmens mit. Motivierte Mitarbeiter erzielen bekanntlich mehr Gewinn. Wenn ein Aufschwung beginnt, brauchen die Mitarbeiter eigentlich keine Gewerkschaft, weil die Unternehmen immer nur einstellen. Die Löhne steigen. Die Unternehmen sorgen sich, dass niemand kündigt, sie behandeln Mitarbeiter gut.

Up in der Praxis, zum Luxus hin: Später werden die Unternehmen so sehr von den Mitarbeitern abhängig, dass diese immer mehr Geld herausholen können. Die Gewerkschaften sind jetzt für Arbeitnehmer nützlich, wenn sie hohe Lohnforderungen durchsetzen. Viele Arbeitnehmer treten jetzt ein, weil sie davon Vorteile erwarten. Die Gewerkschaften werden mächtig und reich. Sie eilen von Erfolg zu Erfolg und zwingen den Unternehmensführern einen guten Teil ihrer Macht und ihres Geldes ab.

Down in der Theorie: In der Abspeckphase kämpfen die Gewerkschaften gegen Entlassungen und setzen satte Abfindungszahlungen durch. Ohne sie, könnte man manchmal denken, würden die Rechte der Arbeitnehmer mit Füßen getreten. Gewerkschaften mäßigen jetzt die Geschwindigkeit des Abbaus, während sie vorher zum Aufschaukeln der Lage beitrugen. Die Unternehmen erobern jetzt die Macht zurück. »Wenn ihr streikt oder etwas wollt, entlassen wir noch mehr von euch!« Im Aufschwung gewinnt die Gewerkschaft an Macht, deshalb treten Arbeitnehmer ein, um beim Sieger zu sein. Im Abschwung verliert die Gewerkschaft an Macht. Nun fürchten sich Arbeitnehmer, offen für die Gewerkschaft einzutreten. Sie haben Angst. Das Unternehmen scheint übermächtig, ein Kampf zwecklos. Die Arbeitnehmer treten aus der Gewerkschaft in dem Augenblick aus, in dem sie die Gewerkschaft am meisten brauchen könnten.

Down in der Praxis, weiter zum Ende hin: Die Gewerkschaften verlieren allen Einfluss. Sie verlieren mit den Mitgliedern ihre Einnahmen. Jetzt erst, beim Kassensturz, zeigt sich, wie reich sie eigentlich im Aufschwung geworden sind. Nun beginnen sie, ihre Wunden intern zu lecken. Die Gewerkschaft als Organisation schrumpft nun genauso wie alle die abspeckenden Unternehmen auch. Die Gewerkschaftsorganisation wird zum Spiegelbild ihres eigenen Feindbildes, sie entlässt und kürzt die Renten.

Am Ende steht immer die Manie

Up in der Theorie: gleichmäßig aufwärts

Up in der Praxis, zum Luxus hin: träges Verharren auf dem Gipfel

Down in der Theorie: ängstlicher, quälender, unfreiwilliger Abstieg

Down in der Praxis, weiter zum Ende hin: Abrutschen, immer tiefer, und bei jedem Zwischenaufprall die stichflammenartige Euphorie, jetzt doch gerettet zu sein. Menschen, die am Abgrund und später noch im Fallen euphorisch sein können, werden nun Unternehmenslenker. Sie sollen das Unmögliche schaffen und Not leidende Massen zu Höchstleistungen motivieren.

Ist das gewollte Manie? Löst sie die Turbulenzen aus, in denen die Weltwirtschaft heute hin und her wogt? Ist sie die Ursache für die steigenden Risiken, die Kämpfe, die anwachsende Volatilität der Märkte und die Ruhelosigkeit der Menschen, die unter Dauerstress unfruchtbar werden? Statt eines larmoyanten Kapitels erkläre ich einfach, was eine Manie wirklich ist. Sie wissen dann schon, worüber ich klage: Die ganze Welt ist in einer Art Geisteskrankheit gefangen.

Die nachfolgende Beschreibung stammt von Psychologen, die sich mit Manie als gefährlicher Krankheit befassen. Manische Leute können in Anfällen all ihr Geld vertun und die ganze Umgebung in ein Unglück reißen. Das kommt auch in der Wirtschaft vor, wirklich und wahrhaftig. Es ist wahrscheinlich nicht die echte, krankhafte Manie, aber so etwas Ähnliches muss es sein.

Was ist eine Manie?
(Wenn Sie dies richtig schön beantwortet sehen möchten, suchen Sie im Internet den Artikel *Der manische Mensch* von Thomas Fuchs, Professor an der Universität Heidelberg. Eine echte Inspiration erwartet Sie!)
Manie ist eine Gemütskrankheit, das Gegenteil der Depression. Bei manchen Patienten wechseln sich manische und depressive Phasen miteinander ab. Man spricht von manisch-depressiver Erkrankung (»himmelhoch

jauchzend – zu Tode betrübt«) oder neuerdings von bipolarer Depression oder bipolarer Psychose.

Maniker sind wach, schlafen kaum, beginnen früh mit »Jogging«, erfinden andauernd Neues, verbessern die Welt, expandieren das Unternehmen, mischen sich überall ein. Sie neigen zu ruinösen exzessiven Geldausgaben und plündern oft die ganze Umgebung. In unermüdlichem Expansionsdrang wechseln sie oft die Stellung, hüpfen von Job zu Job, beginnen immer neue Projekte, ohne je welche zu Ende zu führen. Denn bei kleinsten Problemen wird das aktuelle Vorhaben gegen eine Reihe neuer Pläne ersetzt. Der Maniker dreht sich wie in einer Pirouette auf der Stelle, ohne dass irgendetwas herauskommt. Maniker reden ununterbrochen von ihrem Tun und zwingen jedem ihre Themen und ihren Willen auf. Sie kennen keine Distanz. Sie sind völlig enthemmt und ablenkbar, auch in Bezug auf ihre Sexualität. Der Maniker spielt immer die Hauptrolle.

Maniker können nicht verstehen, dass sie manisch sind. Man spricht von mangelnder Krankheitseinsicht oder wenigstens Selbstkritik. Wenn dann wieder einmal alles scheitert, wenn es zu Scheidung, Arbeitslosigkeit und Ruin kommt, erfasst sie der »Kater« und sie stürzen oft in eine tiefe Depression.

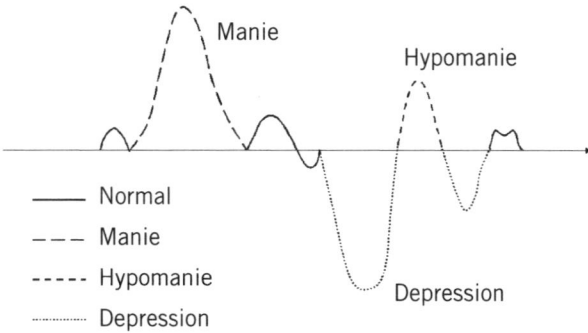

Bipolar-I-Störung – Stimmungsschwankungen

Dieses Bild zeigt einen möglichen Verlauf: Es geht hin und her. Manchmal kommt es zu einer starken Manie, manchmal zu einer tiefen Depression. Hypomanie ist »ein bisschen Manie«.

Ich habe hier neben mir ein Buch von John Gartner liegen, das habe ich mir wegen des Titels gekauft. Es heißt: *The hypomanic edge* (Auf dem hypomanischen Grat) und trägt den Untertitel *The line between (a little) craziness and (a lot of) success in America* (Die feine Linie zwischen [ein bisschen] Verrücktheit und [dem großen] Erfolg in Amerika). Es ist ganz wohlwollend geschrieben und untersucht legendäre Erfolge typisch amerikanischer Entrepreneure. Bei deren Auftreten fragt man:»Is he manic?« Und die Antwort ist:»Yes.« Und man fragt stärker:»Is he crazy?« Die Antwort diesmal: »Well, not really.« Viele Entrepreneure sind also irgendwie besessen, aber nicht wirklich verrückt. Dazwischen ist wohl manchmal nur eine feine Linie. Das Buch lobt das gigantische Amerika für das, was auf der richtigen Seite der Linie geschieht. Das ist im Aufschwung! Im Abschwung bzw. unter Druck sind Maniacs richtig gefährlich, so wie in der eben gegebenen Beschreibung der Manie. Davon will keiner reden. Stattdessen habe ich schon oft selbst höchstpersönlich Motivationsreden in verschiedenen Firmen gehört, die von allen Mitarbeitern »maniacal focus for success« (manischen Fokus auf Erfolg) forderten, denn sie seien »warriors for profit« (Kämpfer für Profit). Die Internet-Pleiten der E-Mania verliefen entsprechend turbulent und auch Irak-Kriege drehen manische Pirouetten.

Up-Management als Technik zum Down

Heutiges Management predigt unentwegt Wachstum, Aktienkurssteigerungen, größere Umsätze und erhöhte Leistungsfähigkeit. Unsere Zeit ist geprägt durch Effizienzbemühungen, Wettbewerb und Globalisierung. Wer heute einen Blick in die Managementbuchregale am Flughafen wirft, findet meterweise Ratgeber, wie Erfolg winkt, wie Zeit gespart wird, wie schlechte Mitarbeiter identifiziert und entsorgt werden (»Outplacement«).

Allen diesen Managementaktionen, die irgendwie die Lage zu verschlimmern scheinen, liegen bestimmte Glaubenssätze zugrunde. Diese Glaubenssätze bestimmen das Handeln des heutigen Managements. Das Management glaubt, durch sein Handeln alles zum immer Besseren zu wenden. Nur deshalb kann das Management verlangen, so hoch bezahlt zu werden.

Ich will in diesem vorletzten Kapitel die Glaubenssätze des Managements von heute untersuchen. Ich will zeigen, dass sie alle eines gemeinsam haben: Sie würden nämlich den Gefangenen im Gefangenendilemma als weisen Ratschlag nahe legen, den jeweils anderen Gefangenen zu verraten. Wir sind – so will ich zeigen – mehr oder weniger alle in den Glaubenssätzen heutigen Managements »gefangen«. Deshalb verraten wir unseren Nächsten und optimieren uns gegeneinander. Zum Schluss bekommen wir – wie im Gefangenendilemma – die hohe Strafe für Nicht-Kooperation, für Nicht-Vertrauen, für Nicht-Gemeinschaftlichkeit, letztlich für Nicht-Christsein. Die Strafen dieser Aufschaukelungen heißen Arbeitslosigkeit, Slums, Zusammenbrüche von Firmen, Nicht-Ethik im Management, Abwertung des Menschen, Umweltkatastrophen und andere als Folge von Raub des Gemeingutes (»Regenwälder«, »Energieverschwendung«).

Heutiges Management basiert zu großen Teilen auf Methoden, die auf wenigen Grundsätzen beruhen. Solche »Glaubensgrundsätze« kann ich fast unter einem einzigen zusammenfassen: »Stress machen, damit besser gearbeitet wird.« Wie eine Lawine ergibt sich daraus das Menschenbild X, das Beta-EEG, das dauernde Arbeiten unter Not-Adrenalin und schließlich das Vergessen des »Mitgefangenen«.

Wichtige Grundsteine für Managementmethoden sind

- *Orientierung an der Exzellenz (nicht an Exzellenz an sich) (»In Search of Excellence«)*: Man sucht den »Besten der Branche« und stresst alle anderen, zu sein wie er.
- *Aggressives Vergleichen (»Benchmarking«)*: Man vergleicht Firmen oder Mitarbeiter gegeneinander (nicht miteinander!) und stresst sie mit der Forderung, besser als der »Maßstab« zu sein – am besten natürlich am besten.
- *Messen und Zumessen eines Ranges (»Ranking« und am Ende »Rankism«)*: Einordnen in Ranglisten und psychische Druckerzeugung durch Aufstieg und Abstieg.
- *»Kundenorientierung« zusammen mit Komponentisierung*: Zerlegen aller ökonomischen Objekte in selbstständige Einheiten (»Profit-Center«), die alle einzeln für sich profitabel sein müssen. Erzeugung von psychischem Überlebensstress.
- *Fokus oder Konzentration auf den Kern*: Alles an einer Kerngröße ausrichten, meist am Profit oder am Shareholder-Value. Was diesen nicht erhöht, dient nicht dem Unternehmen und wird unterlassen.
- *Experimentelles Schraubendrehen zur Erhöhung des Profits*: Ändern einer Größe im Unternehmen und auf Erfolg hoffen. Ceteris-Paribus-Denken der Wissenschaft führt zu allgemeinem Optimieren.
- *Black-Box-Denken*: Prozesse werden nur als Input-Output-Modelle gedacht, die Menschen ebenfalls, was zum Aussterben von Menschenbild Y führt.
- *Inhalte entstehen automatisch durch die Form*: Struktur erzwingt den Inhalt.

Alle diese Arten des Denkens und methodischen Agierens sind ausdrücklich dazu geschaffen, die Wirtschaft in eine unendliche Wachstumsphase zu bringen. Es ist Ihnen aber nach dem Vorstehenden sicher schon weitgehend klar, dass diese Denkweisen die hohen Ausschläge in allen Schweinezyklen geradezu zwangsläufig erzeugen. Trotzdem will ich Ihnen das Ganze nochmals in diesem Kapitel um eine Stufe stärker erhellen. Denn erst wenn dies alles grell im Licht steht, können wir im letzten Kapitel darangehen und nachdenken, was wir denn eigentlich gegen »Phasic Instinct« tun könnten. Ich kann dann dieses letzte Kapitel schon mit der Erkenntnis starten, dass die heutigen Management-Denkweisen eben weitgehend zurückgeschraubt werden müssen. Denn – so will ich hier beim Schnelldurchgang durch die Galerie der Denkmethoden zeigen: Zu starker Up-Drang führt zum Down. Und ich stelle fest: Hartes Management erzeugt, was es verhindern will – einen Abwärtsstrudel.

Und Sie können sich schon auf meine zwingende Hauptweisheit am Ende des Buches einstellen: Maßhalten. Dann werden Sie dabei ein bisschen gähnen und fragen: »Ach, warum immer dieselben Ratschläge?« Aber ich habe bei Seneca schon gelesen, was man denen antworten muss, die sich unter den immer gleichen Weisheiten gelangweilt schütteln. Seneca rät mir, Sie zu fragen: »Warum machen Sie immer die gleichen Fehler?«

Auf der Suche nach Spitzenleistungen

Management-Methode: Jedes Unternehmen studiert die besten Unternehmen der Branche und analysiert, was diese hervorragenden Beispiele besonders auszeichnet. Welche Stärken haben die besten Firmen? Welche Fehler haben sie vermieden, die vielfach in der Branche gemacht worden sind? Was kann ein durchschnittliches Unternehmen vom Besten lernen? Was kann es übernehmen?

Dazu lesen die Manager alle Berichte in den Wirtschaftszeitungen. Sie besuchen fleißig große Kongresse, auf denen die gefeierten Keynote-Sprecher zeigen, wie ihre erfolgreichen Unternehmen alle Krisen gemeistert haben und alle Jahre zügig wachsen konnten. Die Manager bringen aus solchen Tagungen Erkenntnisse und »leicht umsetzbare praktische Konzepte«

mit und versuchen, das eigene Unternehmen zu verbessern. Das müssen sie in der Regel schon deshalb, weil die Aktionäre, Shareholder oder »Heuschrecken« ihnen im Nacken sitzen und ihnen immer wieder die beste Firma der Branche anklagend »vor die Nase« halten. Oft werden die Manager gezwungen, sich Berater ins Haus zu holen, die ihnen dann gegen teures Geld beweisen, wie »grottenschlecht« die Firma angesichts der Besten ist.

Erziehungsmethode: »Kind, schau dir mal deinen Bruder an. Der ist gut in der Schule. Dein Bruder ist fleißig und strebsam. Er hat noch nie die Hausaufgaben vergessen. Alle lieben ihn. Er wird als Keynote-Speaker bei der Schulfeier sprechen. Nimm dir ein Beispiel an ihm. Wir haben immer Kummer mit dir. Wir sitzen dir stets im Nacken und geben dir leicht umsetzbare Ratschläge, wie du gut sein kannst. Im Grunde lieben wir dich eigentlich schon nicht mehr – nur noch, weil du uns gehörst. Als Kind warst du bisher ein Fehlschlag. Nun müssen wir dir schon seit Jahren die teuren Nachhilfestunden bezahlen. Lässt du dich gar nicht mal beraten? Versuch doch wenigstens, charismatisch zu sein!«

Verzeihen Sie diese polemische Zuspitzung. Ich sehe in allen Familien, dass ein Hinweis auf den Klassenprimus meistens mit Achselzucken quittiert wird (»niemand versteht mich«) und im schlimmeren Fall zu Hassausbrüchen führt. Ich selbst war einige Jahre »Primus« in der Schule – es war schrecklich! In der Schule und zu Hause. Ich kenne eine Menge Menschen, die durch den steten Hinweis auf den Besten zutiefst von ihrem Unwert überzeugt worden sind und nie mehr etwas Großes leisten werden. Es gibt meterweise psychologische Literatur über die Erziehungsdesaster rund um das Mehrlieben und Vorziehen der Besseren und Schöneren. Die Betroffenen werden in ihrem Selbstwert empfindlich verletzt und langsam mit destruktiver Energie erfüllt. Sie lassen sich nur noch unter Angst zu Leistungen motivieren. Der Hinweis auf den Besten verdirbt ihre Seele oft soweit, dass das Menschenbild X voll und ganz auf sie zutrifft. Sie sind tatsächlich zu X-Menschen geworden. Sie müssen zur Leistung gezwungen werden. Solche Menschen glauben nicht an leicht umsetzbare Ratschläge von Beratern, zum Beispiel nie die Hausaufgaben zu vergessen. Sie wissen, dass immer nur einer der Primus sein kann. Und da sie den schon so sehr lange hassen, möchten sie auch keiner sein. Wie gesagt, ich kann sie verstehen.

Was den Besten zum Besten macht, ist ja meist nicht so tiefsinnig. Es steht in jeder Firmenmission, die die Beraterheere allen Unternehmen in den letzten 20 Jahren aufgezwungen haben. »Wir wollen die beste Firma mit den besten und innovativsten Mega-Produkten sein, deren zufriedenste Mitarbeiter den zufriedensten Kunden den exzellentesten Premium-Service weit und breit bieten, für den die Kunden freiwillig stolze Höchstpreise zahlen, die uns zum profitabelsten Unternehmen der Welt machen, das auf ewig zweistellig wachsen will.« Das sind noch plattere Weisheiten als das elterliche »sei fleißiger«. Allgemein wird im Management angenommen, dass die harsche Gegenüberstellung des Schlechten und des Guten zum Ansporn für den Schlechten führt. Dieselben Manager, die mit diesem Ansatz zu Hause mit ihren zwei armen Kindern scheitern, schwören auf ihn am Arbeitsplatz.

Das Menschenbild Y würde ebenfalls zum Anschauen der Exzellenz raten. Aber so: Irgendwann wird dein Herz jemanden lieben, der richtig gut ist. Du wirst dich an ihm aufrichten und ihn zum Vorbild nehmen. Die Berührung des Herzens mit dem Großen lässt dich über dich hinauswachsen. Das Leben verläuft nicht so sehr in Karrierestufen, sondern in den Schritten des Herzens vom Kleineren zum Größeren. Die Sehnsucht zieht dich weiter.

Sehnsucht ist nicht Fremdfeuer unter dem Hintern! Ich liebe Saint-Exupéry. Ihm werden die herzheiligen Worte zugeschrieben: »Wenn Du ein Schiff bauen willst, so trommle nicht Männer zusammen, um Holz zu beschaffen, Werkzeuge vorzubereiten, Aufgaben zu vergeben und die Arbeit einzuteilen, sondern lehre die Männer die Sehnsucht nach dem weiten endlosen Meer.« Diese tiefe Weisheit lese ich auf unzähligen Managerfolien – und zwar allermeist voller tiefer Bitterkeit, denn die Vortragenden sagen dazu: »Sehnt euch mit mir zusammen danach, die Nummer Eins zu sein. Sehnt euch nach der Verdoppelung unseres Aktienkurses. Sehnt euch mit allen Fasern eurer Muskeln nach Profit und Shareholder-Value. Sehnt euch stets nach allem, wonach ich selbst mich sehne. Wenn ihr das tut, wird das wahr: ich werde die Nummer Eins.« Ich warte noch, bis sich einmal jemand in einem Freudschen Aussetzer verschreibt: »… sondern lehre die Männer die Sehnsucht nach dem endlosen Mehr.«

In fast allen Fällen wird die Sprache des Menschenbildes Y missbraucht, um Menschen im Menschenbild X zu manipulieren. Das führt schleichend zu Unfrieden und Misstrauen. Jeder, der nicht Nummer Eins ist, fühlt sich minderwertig. Alle beginnen, sich gegenseitig zu beäugen und bald zu bekämpfen. Alle diese Menschen werden im ökonomischen Gefangenendilemma versuchen, die Nummer Eins zu sein. Und die einzige Lösung, beim Gefangenendilemma angesichts der Guillotine besser als der andere abzuschneiden, ist – ihn zu verraten.

Unternehmen, die exzessiv zu Höchstleistungen anheizen, sind bestimmt keine »sozialen Einrichtungen«, wie deren Manager verächtlich formulieren. Dort herrscht »interner Wettbewerb«, nicht Zusammenarbeit. Und irgendwann später klagen alle: »Wir beschäftigen uns zu sehr mit uns selbst.«

Benchmarking und Scorecards

Managementmethode: Anstatt einfach der Beste sein zu wollen, sammelt die Methode des Benchmarking oder die Methode des Vergleichs mit dem Besten die Schlüsseldaten (»key performance indicators«) des Besten der Branche. Anschließend werden diese Daten mit den eigenen verglichen (»gap analysis«). Es wird also die klaffende Lücke zwischen der besten und der eigenen Leistung gemessen und analysiert. Was kann besser gemacht werden? Wir kann die Lücke geschlossen werden? Ab jetzt wird die Entwicklung der eigenen Leistung konsequent in Leistungstabellen (»Scorecards«) im Laufe der Zeit verfolgt (»tracking«). Die bestehenden Lücken werden in regelmäßigen Meetings oder globalen Telefonkonferenzen (»Calls«) nicht wirklich »gewaltfrei« besprochen. Wessen Zahlen stimmen, der ist »im grünen Bereich«. Wer nicht weit genug kam, ist in der Tabelle und im Gesicht rot.

Das Benchmarking ist viel konkreter als das platte Anbeten der Nummer Eins. Die Unternehmen müssen dazu allerdings wissen, wie die Daten erfolgreicher Unternehmen aussehen. Diese stellen das Ideal dar, zu dem die Lücke in den eigenen Daten klafft. Die Schlüssel-Daten der Besten der

Branche beschafft man sich über die Beratungsfirmen. Diese untersuchen ja viele Unternehmen und können ihre verschiedenen Beratungsklienten nun untereinander vergleichen. Dadurch fällt ihnen das entscheidende Wissen gegenüber einzelnen Unternehmen quasi in den Schoß. Ein Berater überzieht nun ein ganzes Unternehmen mit »Interviews«, also mit Befragungen, die im Ergebnis seinen derzeitigen Stand feststellen. Diese Zahlen werden nun mit dem Ideal oder dem »Benchmark«, der Messlatte, verglichen. Die Berater zeigen, wo die größten Schwächen des Unternehmens liegen – das ist dort, wo das Unternehmen sehr schlecht gegenüber dem Ideal aussieht (»Schwachstellenanalyse«). Sie dringen nun in ihren Kunden, an diesen besonders schlechten Stellen besser zu werden. Der Kunde ist natürlich sehr betroffen über die aufgedeckten Missstände und beauftragt die Berater, die KPIs an diesen Stellen zu verbessern (*key performance indicators*).

Erziehungsmethode: »Kind, ich verstehe, dass du mit der glücklichen Drei in dieser einen Mathe-Arbeit eigentlich sehr zufrieden sein kannst. Du warst schon viel schlechter in diesem Jahr. Aber eine Drei ist nicht die beste Note, oder? Hatte jemand eine Eins? Ja? Aha, wie war der Durchschnitt? Aha, 3 Komma 4. Du, das heißt doch, dass du am unteren Ende liegst. Wie viel haben eine Eins? Oh je. Und da bist du zufrieden? Willst du mich auf den Arm nehmen? Gott sei Dank ist ja bald Zeugnistermin. Dann sehe ich einigermaßen, wo du stehst. Dann schauen wir, wo du am schwächsten bist. Ich denke, wir verbessern deinen Leistungsstand einmal in denjenigen Fächern, wo du echt schlecht bist. Da besorge ich dir Nachhilfe. Das wird eine Menge Geld kosten, einen guten Berater für dich zu finden. Dann kommst du wenigstens auf eine Drei überall. Mehr schaffen die Nachhilfelehrer meist ja leider nicht, weil ihr so irre schlecht seid. Im Grunde ist euch eure schnelle Zufriedenheit zu sehr im Weg. Ist das Ärgste an euch korrigiert, lasst ihr alles schleifen. Ich sehe nicht, wie du jemals wirklich gut werden könntest. Dabei müssten dir doch bei deinen schlechten Zeugnissen die Ohren klingeln. Ich wünschte, ich wüsste selbst, was im Schulplan verlangt ist. Dann würde ich dich selbst schon gut ausbilden. Aber so bin ich gezwungen, viel Geld für einen Lehrer zu verdienen, weil nur der weiß, worauf es wirklich ankommt. Mist.«

Das ist jetzt wieder polemisch! Ich will deutlich machen, dass die modernen Managementmethoden mit den tollen amerikanischen Namen intellektuell nicht über sehr durchschnittliche Erziehungsansichten hinausgehen, die sich im täglichen Leben gar nicht bewähren! Nachhilfe ist eine ständige Übung im Dauerüberleben am Abgrund.

Benchmarking führt zu emsigem Arbeiten an den eigenen Schwächen. Die bestehenden Stärken werden keines Blickes gewürdigt. »Die sind gesetzt oder selbstverständlich.« Man schaut wie in der Volksschule nach, wo die schlechtesten Noten stehen. Dort verbessert man sich ein bisschen und schöpft Atem. Überlebt? In Managementmeetings werden schlechte Noten in den Präsentationsfolien und Tabellen mit rot markiert, gute mit grün. Ich war in der letzten Woche in einem Meeting, in dem Kennzahlen eines Unternehmens vorgestellt wurden. Die Hälfte der Tabelle war rot, die andere grün. Alle Prozentzahlen lagen zwischen 40 und 60 Prozent. Als Mathematiker interessierte mich sofort, was wohl den Unterschied ausmachen könnte. Ach, langweilig, dachte ich. Ich sah sofort, dass alle Zahlen über 50 grün waren, die anderen rot. Ich fragte den Unternehmensboss: »Darf ich fragen, was absolut gesehen, im intuitiven Sinne, eine gute Leistung ist? Wie hoch wäre meine Zahl, wenn ich normal gut wäre?« Er antwortete: »80 Prozent.« Ich: »Wäre es dann nicht sinnvoller, alle Zahlen rot zu färben?« – »Ja, sicher, aber wir können ohnehin nicht alle gleichzeitig verbessern, wir sehen jetzt die schlechteren der schlechten Zahlen in Rot. Ich glaube darüber hinaus auch, die Tabelle ist zu unübersichtlich und unverständlich, wenn sie ganz in Rot wäre.« Denken Sie sich kurz hinein? Es wird immer nur an den ärgsten Schwächen gearbeitet. Im Management heißt das »eifriges Wasserschöpfen, bis man einmal genug Zeit hat, die Löcher im Boot zu stopfen«.

In dieser andauernden Notsituation erschöpft sich das Unternehmen. Die Mitarbeiter arbeiten unter Beta-EEG und Adrenalin. Irgendwann geben sie sich vielleicht auf, bekommen einen Endorphin-Schock und gehen schmerzfrei unter. In der hektischen Phase aber beschuldigen sie sich meist. »Der andere hat nicht so viel geschöpft wie ich! Ich habe bessere Noten verdient!« Sie schachern um Punkte und Rotschattierungen, um nicht unterzugehen.

Wie werden sie als Gefangene im Gefangenen-Dilemma entscheiden?

Sie werden gestehen. Sie vertrauen niemandem. Unter Benchmarking entstehen X-Menschen. Y-Menschen und Y-Theorien würden an den Stärken arbeiten und Fähigkeiten entwickeln und weiterentwickeln.

Ranking und Rankism

Managementmethode: Alle zu bewertenden Leistungen werden in einer Rangfolge dargestellt. Man misst die Leistung möglichst mit Hilfe einer einzigen Zahl, einer Leistungskennziffer. Allen Bewerteten wird ihr Rang in einer Tabelle bekannt gegeben. Die schlechtesten werden bestraft, die besten werden belohnt. In der oberen Hälfte wird Begeisterung entzündet, in der unteren Hälfte nackte Angst erzeugt. »Toll, ihr habt das Zeug zur nächsten Nummer Eins!« – »Toll, dass wir euch nicht feuern mussten! Strengt euch mehr an, ihr könnt sogar noch höher! Erlebt einmal, wie es ist, ohne Prügel zu arbeiten!«

Diese Methode ist dem Sport abgeschaut, wo ja die Zeit oder die Sprunghöhe als einfaches Messkriterium zur Verfügung stehen. Die Leistungsmessung im Sport dient den Sportlern dazu, sich miteinander (nicht gegeneinander) zu messen. Sportler trainieren hart, um Meister zu werden. Sie messen in Turnieren, wie weit sie sind. Sie bemühen sich, einmal gegen einen Meister zu laufen, um von ihm zu lernen. Knappen lernen bei Rittern. Junge nehmen sich Ältere als Vorbild. Das ist alles unter Menschenbild Y fein beobachtet.

Unter Menschenbild X aber dient das Turnier nicht der Leistungsmessung, sondern der Verteilung von Geld! Sport ist heute ein Geschäft. Es geht nicht um Messen, sondern um Gewinnen und Geld. Das Geld ist das Ziel, nur indirekt die Meisterschaft. Die Trainer motivieren, die Ärzte dopen, die Sportler hetzen von Turnier zu Turnier. Der sensationsgierige Zuschauer will unvergessliche Erlebnisse, kein Leistungsmessen wie früher in meiner Jugend, als sich zum Beispiel Leichtathleten in fast leeren Stadien trafen. Das Einordnen in Tabellen macht den Menschen einen tiefen psychischen Eindruck. Ich erinnere mich noch heute bestürzt an einen sehr kritischen Blick eines lieben Menschen. Ich hatte gerade mein Buch bei Amazon.de angeschaut. Es war auf Verkaufsplatz 42. Ich war unendlich stolz. Ich rief laut: »Ich bin auf Platz 42!« Mein Mitmensch berichtigte mich: »*Dein Buch* ist auf Platz 42.«

Erziehungsmethode: »Kinder, ich setze jeden Tag nach Euren guten Taten eine Rangliste fest. Wer unten ist, den liebe ich nicht. Mit dem rede ich nicht mehr. Theoretisch könnte ich euch alle lieben, das ist im Prinzip denkbar, aber dann funktioniert diese Methode nicht. Es muss immer jemand die Arschlochkarte ziehen, damit er eine Warnung für die anderen sein kann. Denn ohne Aggression gegen euch Kinder kann Erziehung keinen Erfolg haben.«

Ranking wird planvoll dazu benutzt, dass wir uns selbst mit unserem Tabellenstand verwechseln. Wir steigen nicht ab, sondern wir sind Absteiger. Wir steigen nicht auf, sondern wir sind Stars. Wir werden gierig auf höhere Tabellenplätze, weil wir – wir selbst – es sind, die dort auf und ab steigen. Wir identifizieren uns mit dem, was wir tun sollen. Dadurch wird die Y-Idee des Leistungsmessens zur Meisterschaft ganz pervertiert zur Idee des Wettkampfes auf Leben und Tod. Wir sehen heute, wie angehende Meister, Talente und Genies in Turnieren verheizt und verschlissen werden. »Sie müssen den Tabellenstand verbessern« oder eben »Geld verdienen«. Das Messen dient nicht dem Verbessern des Weges und der eigenen Fähigkeiten, sondern das Messen ist zur Hauptsache geworden. Die Menschen, die im Y-Sinne Meister werden möchten, hetzen nun im X-Stress um Punkte. Sie werden zu X-Menschen, die immer wieder Adrenalin abrufen müssen, um sich immer wieder zu motivieren. Heute können wir schon von Ranglistensucht sprechen, von *Rankism*. Robert W. Fuller hat sich über dieses allgemein um sich greifende Phänomen in seinem Buch *Somebodies and Nobodies – Overcoming the Abuse of Rank* ausführlich geäußert.

Wie werden sie, die im Herzen durch Ranglisten verletzt sind, im Gefangenendilemma reagieren? Mit Vertrauen? Niemals! In meiner Jugend, im langen Aufschwung nach dem Krieg, da war eine Schwalbe im Fußball extrem verwerflich. Die Trainer nahmen sich den Sünder selbst zur Brust und maßregelten ihn. Die Zeitungen schrieben einige Wochen lang über einen, der »keinen Charakter hat«. Später sprach Maradona von »der Hand Gottes«, die den Ball von seiner Hand zum Sieg Argentiniens ins Tor zauberte.

Und heute feiern wir die Italiener als Weltmeister, die sich durch eine absichtliche Beleidigung von Zidane im Endspiel in Vorteil brachten. Und morgen wird der Beleidiger noch im Fernsehen zusätzlich erzählen, wie er wochenlang mit Hilfe von Psychologen Beleidigungen von Mitspielern aus der Kenntnis ihrer Lebensläufe heraus designt hat. Neben dem Elfmetertraining lernen die Fußballer bald auch Schwalbenfliegen, Körperverkrümmen unter Schmerzschreien, verdecktes Hodenzerdrücken und das Abfassen von Morddrohungen an Spielerfrauen.

»Kundenorientierung«

Managementmethode: Alle großen Systeme, Unternehmen und Regierungsapparate werden in kleine Serviceeinheiten zerlegt, die dann wie separate selbstständige Einheiten fungieren und als Profitcenter behandelt werden. Die Service-Einheiten verlangen für ihre Dienstleistung Geld von ihren nun neuerdings so genannten *Kunden* (Konzept der Kundenorientierung). Sie müssen so viel Geld von ihren Kunden erhalten, dass sie insgesamt mit Gewinn arbeiten. Sonst müssen sie den Service verbessern oder eben geschlossen werden. Was nicht bezahlt wird – so ist die Maxime –, hat keinen Wert.

Beispiel: Unser Hausmeister hat früher alles Mögliche für uns erledigt. Wenn er aber Gewinn machen muss, sind wir seine Kunden. Er muss für seine Leistungen Preise verlangen. Reservierung von Räumen, Bereitstellung von Tafelkreide oder eines Beamers. Veränderung der Bestuhlung im Meetingraum von U-Form auf Sitzreihenanordnung. Neonröhre ersetzen. Druckerpatrone einsetzen. Alles muss jetzt bezahlt werden! Weil das so lästig ist, machen wir es oft selbst. Dann macht er pleite, und wir müssen nun die Arbeit stöhnend selbst tun.

Erziehungsmethode: »Kind, ich erziehe dich nicht einfach so. Du musst Erfolg haben. Deshalb bekommst du nur noch Taschengeld und gutes Essen für Leistung. Ich als Vater/Mutter bin dein Kunde. Ich will, dass aus dir etwas wird. Dafür bin ich bereit, den einen oder anderen Euro springen zu lassen. Du wirst also deinen Service-Level gegenüber der Schule, den Nachbarn und uns einhalten und deine Pflichten erfüllen, dann soll es dir gut gehen und wir sind auch bereit, dich zu lieben. Sonst geht das natürlich nicht. Ein Kind muss den Eltern Freude bereiten, dafür darf es aufwachsen. Es ist ein klarer Deal. Wir hängen eine Liste in deinem Kinderzimmer auf, wofür du Pluspunkte erwerben oder dir Minuspunkte einhandeln kannst. Die Minuspunkte werden von den Pluspunkten abgezogen. Gewinn ist gleich Umsatz minus Kosten. Es muss unter dem Strich etwas im Plus bleiben, sonst geht es dir schlecht, das sagen wir dir. Wir bereiten dich dadurch, dass wir deine Pflichten langsam erhöhen, gerade immer so viel wie du leisten kannst, optimal auf dein späteres hartes Leben vor. Weil das Leben so ist, werden wir dir nichts, aber auch gar nichts schenken, mein Kind.«

Es geht darum, dass jeder, aber auch jeder Handgriff bei der Arbeit einen Preis hat und dadurch einen Wert bekommt. Was nicht bezahlt wird, hat eben keinen Wert.

Deshalb muss alles, was einen Wert haben soll, verkauft werden können und einen Preis haben. Damit es einen Preis haben kann, muss es messbar und verhandelbar gemacht werden. Alles, was einen Wert haben soll, muss messbar sein. Sonst gibt es das eigentlich nicht! Die neue Sucht, alles zu messen und mit einem Preisschild zu versehen, habe ich schon in meinem ersten Buch *Wild Duck* als *Omnimetrie* angeprangert.

Wie viel ist also eine WM-Final-Schwalbe oder die Feuerwehr oder ein Notarzt wert? »Geben Sie mir Ihr halbes Vermögen – dann rette ich Sie.« Oder: »Herr Dueck, wenn Sie mir einen Ansprechpartner für dieses Vorhaben in der IBM nennen können, würde mir das bestimmt zwei Monate Arbeit ersparen.« – Soll ich dann sagen: »Also will ich 10 000 Euro für den Namen!« Ist das okay?

Es ist aber nicht alles messbar, oder?

Vertrauen, Hilfe, Warmherzigkeit, Ehre, Respekt, Würde, Liebe, Beziehung oder »Not«?

»Mein Königreich für ein Pferd!« – »All meine Habe für eine Nacht mit dir!« – »200 Euro oder Sie müssen einen anderen Schlüsseldienst holen!« – »Liebe mich doch, ich verdiene so viel!« – »Eine Beförderung für Sie gegen eine nützliche Fehlbuchung für mich.« Hier versagen die Preisbildungssysteme, weil Ehre, Würde, Gott oder Liebe für manche Menschen unendlichen Wert besitzen, für andere unter Umständen keinen. Das öffnet Erpressungen alle Türen. Typisch für fast jeden Film: Der Bösewicht zerstört gerade die ganze Welt, aber er wird von James Bond erwischt und besiegt. Da greift sich der Bösewicht die Blondine, die 007 seit etwa einer Nacht kennt und droht, ihr Säure ins Gesicht zu schütten, wenn James Bond ihn weiter daran hindert, die Welt zu zerstören. Da sagt James Bond: »Okay, zerstöre die Welt, aber versauere mir nicht mein Bondgirl.«

Die Ökonomie versucht, alles in ihr strenges Angebots- und Nachfragekonzept zu pressen. Alles muss einen Preis haben. Das geht mit sittlichen oder ethischen Werten nicht! (»Leider noch nicht richtig gut!«, sagt die Ökonomie selbst.) Weil diese also nicht gemessen werden können, haben sie in der modernen Ökonomie keinen Wert und bleiben außer Betracht. Deshalb schwinden an unseren Arbeitsplätzen das Vertrauen, die Beziehung, die Zuneigung, die Teamarbeit und das Denken für das Ganze. Der kleine Prinz von Saint Exupéry sagt: »Man sieht nur mit dem Herzen gut, das Wesentliche bleibt für die Augen unsichtbar.« Er könnte auch sagen: »Man sieht nur mit dem Herzen gut, das Wesentliche bleibt dem Ökonomen und der Ökonomie verborgen.« Dieses Zitat habe ich noch nie auf Präsentationsfolien gesehen!

Wie reagieren ständig in Zahlen verwandelte Menschen und Preisschildökonomen im Gefangenen-Dilemma? Sie rechnen den anderen aus und bewerten seine Handlungsoptionen. Sie wissen, dass jeder Mensch mitnimmt, was er bekommen kann. Dann gestehen sie.

Fokus

Managementmethode: Konzentration aller Energie auf einen Punkt, um durchdringende Durchschlagskraft zu erzielen. »Wir müssen uns auf das Wesentliche konzentrieren. Das ist am Ende immer der Aktienkurs. Sonst fällt uns nichts anderes ein, auf das wir uns ganz und gar fokussieren können. Und dass wir uns fokussieren *wollen*, haben wir ja schon vorher beschlossen. Deshalb bleibt unter diesem merkwürdigen Postulat der vollkommenen Konzentration nur die eine einzige Richtung des Shareholder-Value übrig. Auf diesen konzentrieren wir uns. Wir verlangen ›maniacal focus‹. Alles muss auf den kurzfristigen Profit ausgerichtet werden. Alles andere ist zweitrangig und muss beiseite bleiben, weil wir uns nur auf das Eine konzentrieren.«

In der Not fokussiert sich der Mensch kurzfristig auf das Überleben. »Fight or Flight!« – Flucht oder Angriff. Beta-EEG und Adrenalinrausch. Negativ gesehen heißt Konzentration oder Fokus leider auch Tunnelblick. Dieses Wort hat die Psychologie für Menschen unter Extremstress reserviert, die auf Gedeih und Verderb eine sofortige Lösung eines Problems erzwingen müssen.

Denken Sie, wie Sie plötzlich nur noch nach Toiletten in der Welt suchen, wenn Sie in Not sind! Wie Sie schreien, wenn es blutet oder brennt! Wie Sie leiden, wenn Ihnen etwas ganz Wichtiges vorenthalten bleibt: Die erste Liebe, die Gehaltserhöhung, die Liebe der Stiefmutter.

Unter dem Tunnelblick sieht der Putzteufel nur noch Staub, das für sich selbst hässliche Mädchen nur noch Übergewicht, der Hasserfüllte nur noch Böses im Chef. Der Tunnelblick ist eine besonders energiereiche Existenzform, die alles auf eine Karte und eine einzige Wahrnehmungsform setzt.

Erziehungsmethode: »Kind, wir wollen mit dir Geld verdienen und haben beschlossen, dass du dich auf das Tennisspielen konzentrierst und bei Turnieren viel Geld verdienst. Dafür wollen wir alles in unserer Macht stehende tun, insbesondere opfern wir uns, dich zwölf Stunden am Tag zu trainieren. Das ist kein blinder Ehrgeiz, sondern die realistische Aussicht, das zu schaffen, was unsere Eltern an uns versäumt haben. Sie haben uns als Versager groß werden lassen. Das wollen wir dir nicht antun.«

Manager wollen, dass sich Mitarbeiter auf den Erfolg des Managers fokussieren, sonst auf nichts! Keine Umwege, keine Nebentätigkeiten, keine Nachbarschaftshilfen für andere Abteilungen! Das beliebteste Zitat: »Mein Erfolg ist auch Ihr Erfolg. Äh. Nein. Ihr Erfolg ist mein ... Wie war das? Haha, ich glaube es ist egal. Sie gehören ja mir.« Das sagt der Manager in der jeweils höheren Ebene ebenfalls. Deshalb ist der Mitarbeiter mit Tunnelblick ungefähr dasselbe wie ein Aktienkurs.

Und auch hier hat Vertrauen keine Chance.

Ceteris-Paribus-Schrauben

Managementmethode: Eine einzelne Größe im Unternehmen wird in eine Richtung verändert (so wie ein Hebel gedrückt, ein Schieberegler verändert oder eine Schraube gedreht wird). Man erwartet dadurch, dass sich das Unternehmen zu einem besseren Zustand hin verändert. Eine Größe wird also unter Beibehaltung aller anderen verändert. Das nennt man »ceteris-paribus«, lateinisch »unter sonst gleichen Umständen«. Diese Managementpraxis ist ganz eng mit den zugehörigen wissenschaftlichen Theorien verbunden, die Wechselwirkungen zwischen verschiedenen ökonomischen Größen in Betrieben dadurch erforschen, dass sie eine der Größen variieren und dann die Auswirkung auf das ganze System beobachten. Solche Überlegungen werden speziell in der *Mikroökonomie* angestellt.

Optimierungsmethode: In der mathematischen Optimierung löst man wirtschaftliche Probleme mit vielen Unbekannten. Die Aufgabe besteht etwa darin, den bestmöglichen Faktormix aus Produktionsanlagen, Investitionen, Mitarbeitern, Lagerbeständen etc. zu bestimmen. Viele der mathematischen Verfahren arbeiten ebenfalls mit der Variation jeweils einer Variablen. Man beginnt mit einer vernünftig aussehenden Kombination wirtschaftlicher Größen und berechnet den zugehörigen Gewinn. Dann verändert man eine der Variablen und schaut nach, ob der Gewinn dadurch steigt. Wenn das nicht der Fall ist, versucht man es mit der Veränderung anderer Größen. Wenn es der Fall ist, belässt man die veränderte Größe in der (erfolgreich zu höherem Gewinn) veränderten Form und verändert nun andere Variablen. Anschaulich: Durch Versuch und Irrtum beim Drehen verschiedenster »Schrauben« wird das ganze System nach und nach besser eingestellt, »bis es optimal läuft«. Natürlich überlegen Mathematiker, ob die Methode des Nacheinanderdrehens überhaupt zu einer besten Lösung führen kann. Das ist tatsächlich in aller Regel nicht der Fall. Trotzdem wird es so gemacht, weil die Lösungen nicht so schlecht sind – und vor allem, weil das Programm dafür für Informatiker ganz leicht zu schreiben ist.

Die Mathematiker würden es lieben, ganz grundsätzlich das ganze Problem auf einmal zu lösen. Sie hätten gerne Programme, die exakt die beste

Kombination aller Produktionsfaktoren berechnen können. Leider ist das auch mit heutigen Rechnern noch schwierig, und zweitens weiß man natürlich nicht für jede beliebige »fiktive Fabrik« genau, wie hoch deren Gewinn sein wird. Ich sollte einmal vor dem Bau eines Versandhandelszentrums aus dem Bauplan heraus genau berechnen, wie viele Pakete täglich darin verarbeitet werden könnten. Da habe ich nur mitleidig geseufzt. Das gibt ein Jahr Arbeit für zehn Mathematiker! »Herr Dueck, wir wollen aber in drei Wochen mit dem Bau beginnen!« Ich will sagen: Das Bestimmen des genauen Optimums ist sehr viel schwieriger, als ein normaler Mensch glauben mag. (Lesen Sie dazu mein Buch *Das Sintflutprinzip* aus meinen Jahren als Industrieoptimierer. Kann jeder verstehen, ist nur eine Formel drin!)

Management und auch die Mathematik optimieren also gemeinsam durch sukzessives Drehen an Stellgrößen oder Parametern im Betrieb. Demotivierte Mitarbeiter? Man versucht es mit ein bisschen Urlaubsgeld. Schlechter Absatz der Produkte? Man versucht es mit einer Zeitungsanzeige. Das Telefonieren wird aus Kostengründen verboten – da gibt es weniger Kundenkontakt. Dann wird das Telefonieren wieder empfohlen, die Kosten steigen. Wo liegt das Optimum?

Erziehungsmethode: »Kind, ich sehe, du bist schlecht in der Schule. Wenn ich dich so beobachte, dann fällt mir auf, dass du eigentlich nur das Klavierspiel mit wahrer Begeisterung betreibst. Dafür ist dir keine Zeit zu schade, und wir sehen ja auch, wie brillant du spielst. Leider leiden darunter die Leistungen in der Schule. Deshalb haben wir beschlossen, dir das Klavierspiel bis zum Ende des Schuljahres versuchsweise zu verbieten. Dann hast du ab sofort keine Freude im Leben mehr und hast Zeit, dich der Schule zu widmen.« – Oder: »Wir haben gelesen, dass man in der Schule besser wird, wenn man zusätzlich Klavier lernt. Wir haben dich bei der Musikschule angemeldet. Wir wissen, dass du Musik hasst, aber es ist für dein Fortkommen nötig.« Oder: »Weil du uns nicht liebst, kürzen wir dir das Taschengeld.« Oder: »Weil du uns nicht liebst, verdoppeln wir dein Taschengeld.« Oder: »Damit du besser im Beruf wirst, schenken wir dir einen Computer.« – Oder: »Damit du besser im Beruf wirst, nehmen wir dir den Computer weg, denn der macht nur gewalttätig und süchtig. Das wollen wir nicht. Was, du bist böse? Das haben wir uns gedacht, deshalb machen wir das ja. Weißt du, alles kann man so oder genau andersherum sehen. Erziehung ist fast wie Versuch und Irrtum. Wir wissen nie, wie du letztlich reagierst.«

Diese aus der harten Wirtschaftstheorie und der Mathematik stammenden Verfahren laden nun direkt dazu ein, unkooperativ zu werden.

Jeder Gefangene rechnet unentwegt nach: »Wenn der andere gesteht, muss ich auch gestehen. Wenn der andere schweigt, verändere ich das System zu meinen Gunsten und rede. Also ist das Reden für mich optimal. Ja, das werde ich – reden.«

Die Schalthebeldrückverfahren rechnen nicht mit Reaktionen. »Wenn wir die Gehälter senken, steigt der Gewinn.« Dann kündigen die besten Mitarbeiter. Die Firma gerät in die Verlustzone. »Wenn wir die Gehälter anheben, steigt der Gewinn.« Oder: »Wir senken die Preise, dann kommen alle Kunden zu uns!« Da senken alle die Preise.

Da die Denkmuster im Management zu einfach sind, also nicht mit den Reaktionen auf Aktionen rechnen, übersteuern die Manager ihre Aktionen zu sehr. Sie legen den Schalter meist zu weit um. Das löst dann »Phasic Instinct« aus und führt fast todsicher zu Kämpfen und harten Einbußen für alle (Preiskrieg, Ausbluten der Erfahrung im Betrieb, Kundenabwanderung).

Warum aber rechnen Manager nicht mit den Reaktionen auf ihr Daumenschraubendrehen?

Dazu fehlt ihnen meist die tiefe inhaltliche Sachkenntnis.

Black-Box-Ökonomie

Managementmethode: Manager sehen Unternehmenskomponenten wie Black Boxes an, die auf bestimmten Input einen planbaren Output liefern. Es stellt sich das Managementproblem, eine Vielzahl von Komponenten zu einer schlagkräftigen und effizienten Organisationsstruktur zu bündeln. Der Manager ist Architekt einer Struktur. Er ist nicht vorrangig Fachmann im Inhaltlichen.

Zur Erklärung des Wortes: Eine *Black Box* ist ein System, dessen Inneres nicht bekannt ist oder für eine daran stattfindende Untersuchung nicht interessiert. Eine Black Box ist charakterisiert durch Eingangssignale und Ausgangssignale. Man misst die Ausgangssignale in Reaktion auf verschiedene Eingangssignale und erkennt aus diesen Reaktionen des untersuchten Systems dessen »Verhalten«.

Mein Sohn sollte in der letzten Woche eine Übungsaufgabe in Ökonomie lösen. Er bereitete sich auf eine Klausur an der Universität vor. Er las mir ein Rezept vor. »7 Eier, 500 Gramm Mehl, 1 Liter Milch ... zu einem flüssigen Teig quirlen ... in einer Pfanne ausbacken ... ergibt 36 Pfannkuchen.« Die Aufgabe lautete: »Begründen Sie, dass es sich hier um eine Beschreibung eines Produktionsprozesses handelt. Gehen Sie die Beschreibung durch und streichen Sie alle Passagen, die nicht zu einer wissenschaftlichen Definition eines Produktionsprozesses gehören.« Johannes fragte mich, was denn weggelassen werden müsste. Ich dachte kurz nach und fand, es scheine alles ganz in Ordnung. Man müsse ja die Zutaten kennen und die Arbeitsschritte, also das Rezept und die Durchführung. Johannes schüttelte den Kopf. »Was du meinst, hat wohl mit Produktionsprozess im Sinne der Ökonomie nichts zu tun. Du denkst als Informatiker oder Ingenieur darüber nach. Für solche sind die Arbeitsschritte wie eine Art Programmierung nötig. Ich glaube, dieses Programm ist für Ingenieure der eigentliche Produktionsprozess. Aber für Ökonomen ist er das nicht, denke ich.« Ich war etwas verdutzt, obwohl ich in meiner Jugend auch alle Einführungsscheine in Ökonomie erfolgreich erworben habe. Hatte ich etwas vergessen? Bin ich »Ingenieur«? Ich fragte Johannes, was denn aus seiner Sicht die Antwort »der Ökonomie« sein könnte. Er antwortete: »Input 7 Eier, 500 Gramm Mehl, 1 Liter Milch. Output 36 Pfannkuchen.« Ich war naiv enttäuscht von dieser »inhaltsfreien« Auffassung meines Sohnes. »Schau mal, das ist ja nur eine Input- und Outputbeschreibung des Prozesses. Zutaten rein – dann eine Stunde Pause – dann plopp, kommen wie mit Zauberei 36 Pfannkuchen heraus. Wie es geschieht, scheint niemanden zu scheren?!« – »Genau.« – »Johannes, das erinnert mich an etliche Manager, die nehmen auch als Input 7 Mitarbeiter, 500 Überstunden und 1 Liter Aufputschmittel und dann kommt auf der anderen Seite ein profitables Projekt heraus. Wie das geschieht, interessiert sie nicht.« – »Papa, du siehst dies als typischer Ingenieur. Du irrst. Ein Manager sieht den Produktionsprozess als Black Box an. Die hat Inputs und Outputs. Man gibt die Inputs als Investition in die Black Box. Sie reagiert mit einem Output, also mit Pfannkuchen oder einem Projekt. Bei einer Black Box wird nicht geschaut, was drinnen passiert. Das ist nicht die Aufgabe des Managers.« – »Bei einer Black Box«, sagte ich, »ist unbekannt, was drinnen passiert oder es interessiert niemanden, was drinnen passiert. So ist eine Black Box definiert. Du willst also sagen, dass der Manager erstens nicht weiß und bewusst keine Ahnung hat, was in der Black Box geschieht und dass es sowieso von keinerlei Interesse für ihn ist?« – »Papa, ja! Das innen drin machen die vielen Ingenieure, nicht der eine Manager. Die Ökonomie ist nur für das Analysieren da, wie viel rein muss, damit so viel rauskommt. Sie hat nichts mit der Arbeit an sich zu tun!«

Da dämmerte mir auf einmal, warum Ingenieure und Manager sehr oft ganz typische Denkpräferenzen zeigen. Diesem Thema habe ich mich schon in mehreren Büchern genähert – dort über verschiedene Gehirnnutzungspräferenzen. Einfach statistisch gesehen sammeln sich anscheinend »Linkshirne« (Menschen mit Präferenz, die linke Hirnhälfte zu benutzen, also mit Vorliebe für Struktur und Organisation, »Liste«, »Hierarchie«, »Tabelle«) beim Ökonomie-Studium und vorwiegend »Rechtshirne« (Kreation, Architektur, Idee, Bild) in Fächern wie Informatik, Mathematik, Ingenieurwissenschaft. Aber die eben wiedergegebene Diskussion mit meinem Sohn zeigt auf, wo vielleicht die Wurzeln liegen. Die Wissenschaft der Ökonomie befasst sich mit Inputs und Outputs, mit Soll und Ist, mit Plan und Resultat – sie ist nicht so sehr am Arbeitsprozess interessiert. Sie will zuerst wissen: »Was kommt unter dem Strich heraus? Wie viel kostet es? Welche Inputs brauche ich, um ein festes Ziel zu erreichen?« Nicht: »Wie tun wir es genau?« Die genaue Einrichtung des Fließbandes, das Wie, ist Sache der Ingenieure? Frederick Winslow Taylor (»Taylorismus«, »Scientific Management«), der das Fließband und die extreme Arbeitsteilung erfand, war Ingenieur und dachte dabei wie ein Mathematiker. So sammelt eine Wissenschaft der Tabellen und Black Boxes die »Linkshirne« oder typischen Ökonomie-Studenten im schicken Seidenanzug um sich, während eine Wissenschaft des grübelnden »Wie am besten?« ihre Anhänger aus den visuell wahrnehmenden Jeansträgern und Computerfreaks rekrutiert.

Ich will hier kein neues Buch über dieses Phänomen schreiben – es ist ein weites Feld! Aber Sie sehen sicher sofort, dass die Black-Box-Auffassung scheitern muss, wo die Black Box nicht aus Maschinen, sondern aus Menschen besteht. Eine auf die Black Box beschränkte Sicht scheitert an menschlichen Faktoren, die diese Sicht nicht versteht, die sie sträflich ignoriert oder für die sie sich gar nicht interessiert. Typische Manager sagen: »Es geht hier rein um die Sache. Ohne Ansehen der Person.« Deshalb zerschellen viele Manager an Kulturproblemen, Motivation, Mitarbeiterunmut und Kundeningrimm – insgesamt an der emotionalen Beziehungsebene des Business.

Wie in allen bisherigen Abschnitten folgere ich wieder: Die Sicht auf die Black Box führt dazu, dass alles rund herum um Team, Kooperation, gegenseitige Hilfe, Freundschaft, Vertrauen weitgehend ausgeblendet bleibt. Die Black-Box-Sicht unterstützt deshalb alle Tendenzen, die »sachlich optimierende Entscheidungen treffen«. Diese Sicht führt also auch im Gefangenen-Dilemma oder im Ökonomie-Dilemma fast zwangsläufig zur nicht kooperativen Sicht des Lebens.

Black-Box-Menschen

Heutige Managementsicht des Menschen: Der Arbeitnehmer bekommt sein Geld und arbeitet dafür sachlich und ohne »persönliche Eigenheiten«, die er »professionell« hintanstellt. Das Innere des Menschen stört tendenziell die Arbeit (X-Sicht des Menschen) und hat am Arbeitsplatz nichts zu suchen.

Ich habe irgendwo gelesen, dass Eric Berne, der Begründer der Transaktionanalyse in der Psychologie, von der »Long Dark Night of Behavorism« gesprochen hat, also von der langen dunklen Zeit des Behaviorismus. Diese Zeit wurde mit dem berühmten Aufsatz *Psychology as the behaviorist views it* eingeläutet. Es war das Manifest von J. B. Watson, der damals, im Jahre 1913, seine Auffassung niederlegte, dass sich der Mensch als naturwissenschaftlich eindeutig erklärbares Reiz-Reaktions-Muster konstituieren lässt. Der Mensch wird von dieser Art von Naturwissenschaft als Black Box angesehen. Er wird Reizen ausgesetzt (»stimulus«) und beobachtet. Wie ist die

Reaktion (»response«)? Der Behaviorismus ist die Input-Output-Analyse des Menschen. Die Behavioristen sind felsenfest überzeugt, dass der Mensch sich vollständig aus seinen Reaktionen auf Außenweltreize erklären lässt. Sein Inneres ist dabei faktisch unwichtig. Deshalb ist es vollkommen gerechtfertigt, den Menschen als Black Box anzusehen. Wer den Menschen verstehen will, muss seine Stimulus-Response-Muster durch Experimente feststellen. Wer den Menschen beherrschen will, muss ihn durch geeignete Stimuli so steuern, dass er den gewünschten Output liefert. Die Behavioristen haben für wohl 50 Jahre die Psychologie vollkommen dominiert. Letzter Höhepunkt dieser vollkommenen Machtübernahme mindestens in der amerikanischen Psychologie war das Schaffen B. F. Skinners, der mit seinen Experimenten rund um die Skinner-Box (Box!) berühmt wurde. Skinner vertrat die feste Meinung, dass man durch geeignete Stimulus-Response-Muster den Menschen so gut erklären kann, dass all das, was man wie »die Seele« dem Individuum selbst zuschreiben würde, so gut wie nichts zähle.

Diese Auffassung des Menschen als eine weitgehend über Außensteuerung beherrschbare Black Box prägte eben die lange dunkle Zeit der Psychologie in den USA, während in Europa mehr die Auffassungen von Freud und Jung im Vordergrund standen, die sich ja um die Erklärung des Inneren aus Seelenzuständen und Trieben bemühen.

Der Behaviorismus ist vielleicht in der heutigen wissenschaftlichen Psychologie auf dem Rückzug. Aber er hat sich tief in das Unterbewusstsein des Managements und der Ökonomie eingegraben. Menschen werden heute nach messbaren Ergebnissen beurteilt, sie werden durch Belohnungssysteme stimuliert, so dass sie die gewünschten Arbeitsreaktionen zeigen. Alles muss messbar, also wissenschaftlich sein, sonst läuft der Ansatz des Black Box Menschen nicht. Dieser Ansatz verträgt zum Beispiel nicht so etwas wie Vertrauen in die Seele des Mitarbeiters, in intrinsische Motivation und ähnliches. Kurz: Die das Management beherrschende naturwissenschaftliche Sicht der menschlichen Psyche manifestiert das Menschenbild der Theorie X. Das ist in den USA aus den eben genannten historischen Gründen stärker der Fall als in Europa. Deshalb sind viele Europäer sehr gereizt, wenn sie durch amerikanische Managementmethoden als Black Boxes administriert werden sollen. Und die Amerikaner verstehen nicht, warum Europäer sich so seelenverletzt und renitent zeigen, wenn sie nur einen Katalog erwünschten Verhaltens vorgelegt bekommen. Ich selbst war einmal tief betroffen von folgender Aufforderung während der Arbeit. Sie lautete: »We wish you to demonstrate authentic behavior.« Auf Deutsch: »Wir erwarten, dass Sie in Ihren Handlungen Authentizität zeigen.« Ich antwortete, ich wäre empört über diese Formulierung. Es dürfe nicht heißen, man müsse authentisch »aussehen« oder »reagieren«, sondern man müsse authentisch SEIN. Es hieß weiter: »Managers show genuine interest in what their employees do.« Auf Deutsch: »Manager demonstrieren aufrichtiges Interesse für die Arbeit der Mitarbeiter.« Ich forderte die Formulierung: »Manager sollten sich ehrlich und von innen heraus interessieren.« Ich ärgerte mich über den Unterschied zwischen »zeigen« und »sein«. Wissen Sie, welche Antwort mich aus den USA noch mehr schockierte als die Black-Box-Anweisungen vorher? Die Antwort lautete: »Was ist der Unterschied?«

In dieser Sicht kann nicht wirklich verstanden werden, was Vertrauen oder Kooperation emotional bedeuten. Verstehen Sie jetzt, was es in den amerikanischen Nachrichten bedeutet: »Der Gefangene zeigte sich kooperativ. Der Gefangene zeigte Reue.« Es kommt nicht darauf an, ob er Reue spürt. Er muss sagen, dass er bereut. Er muss sich entschuldigen und Leid zeigen. Das ist alles, was man will. Vor der Freilassung der Ex-Terroristin Brigitte Mohnhaupt wurde diskutiert, ob sie im Fernsehen sagen soll: »Ich entschuldige mich.« Sie selbst empfindet über dieses formale Ansinnen öffentlichen Reueverhaltens Abscheu. Das wieder wird von denen, die sie als Black Box zu Wohlverhalten zwingen wollen, nicht verstanden …

Die Grundfrage der Ökonomie, ob man in einem kooperativen Zustand prosperieren will oder in einem nicht kooperativen Zustand das Nötigste zum Überleben verdient, hat also mit solchen Einstellungen zum Menschen an sich zu tun. Im Abschwung prügelt man die Black Box: »Mach 38 Pfannkuchen aus 7 Eiern, 500 Gramm Mehl und 1 Liter Milch, egal wie.« Nur im Aufschwung entspannen sich die Manager ein bisschen und lassen Seele zu. Dadurch kommt es wahrscheinlich überhaupt zu dem richtigen Aufschwung – so wie das Prügeln ohne Ansehen der Seele den Abschwung verstärkt.

Economy-Mitarbeiter als Allzweckmaschinen

Managementmethode: Viele Tätigkeiten führen zu ihnen innewohnenden unvermeidbaren Leerstandszeiten. Die Arbeit von Kassierern schwankt je nach Kundenandrang. Körperlich harte Arbeiten erfordern Pausen. Frisöre und Banken haben verschiedene Spitzenlastzeiten. Das Management der Effizienz muss auf totale Auslastung drängen. Daher räumen Kassierer in ruhigeren Stunden Regale ein. Bankangestellte rufen in Leerzeiten Kunden an und verkaufen. SAP-Berater füllen Leerzeiten, indem sie in der Firma SAP die neu geschriebenen Software-Programme austesten. Prinzip: Mitarbeiter müssen mehrere Jobs beherrschen, so dass sie je nach Lage von Job zu Job umschalten können und auf diese Weise ohne jede Pause arbeiten. *Total Utilization* (vollkommene Auslastung). Eine andere Möglichkeit ist es, das Auslastungsrisiko ganz auf den Arbeitnehmer abzuwälzen und ihn nur für die Stunden zu bezahlen, die er arbeitet.

Die Mitarbeiter sollen immer arbeiten. Die Arbeit aber fällt je nach Kunden oder je nach Saison an (Landwirtschaft, Weihnachtsgänse, Grillkohle). Die Manager zahlen dann eben nur für die geleistete Arbeit oder setzen den Mitarbeiter in vielen Teiljobs ein. Wenn ein Mitarbeiter nur nach seiner tatsächlichen Arbeit bezahlt wird, hat er ein erhebliches Beschäftigungsrisiko. Er weiß nicht, wie viel Verdienst er erwirtschaften kann. Deshalb wird er bei verschiedenen Firmen Teiljobs suchen, so dass er sich selbst immer auslastet. Eine weitere Möglichkeit besteht darin, sich bei einer Leiharbeitsfirma einstellen zu lassen. Diese vermittelt den bei ihr Festangestellten in verschiedene Jobs bei verschiedenen Firmen. Der Mitarbeiter muss sich dann nicht selbst um seine Jobs kümmern und verlagert das Risiko auf die Leiharbeitsfirma. Dafür verdient er hier wesentlich weniger Geld als wenn er selbst das Risiko trüge und sich selbst die Jobs suchte.

Fazit: Der normale Mitarbeiter, der kein First-Class-Spitzenstar ist, hat in einer Welt der Black Box Menschen keinen Beruf mehr, sondern er hat eine Menge von Jobs. In großen Firmen spricht man nicht von Jobs, sondern von Projekten. »Kann ich in einem Projekt mitmachen?«, fragen Mitarbeiter. »Ich habe da noch ein Projekt für Sie!«, sagen Manager. Normale Arbeit in diesem Überlastklima heißt »day job«. Wenn sich Mitarbeiter zusätzlich fortbilden oder über normale Arbeit etwas freiwillig wirklich gut machen wollen (Hoffnung auf Beförderung), dann sagt man »night job« dazu. »Der Chef will, dass ich Einladungsschreiben für die einzelnen Vorstände entwerfe – am Feierabend!« Niedergeschlagenes Stöhnen: »Another night job.«

In einer Umgebung, die sich durch totale Arbeitsüberlastung definiert und die unterausgelastete Mitarbeiter schleunigst feuert, ist es am besten, eine Allzweck-Black-Box zu sein. Alles in einem. »*All-in-one.*« Eierlegende Wollmilchsau. Nach dem Motto: »Man darf sich nicht zu schade sein, jeden Job auszuführen. In unserer Airline schalten die Kapitäne nach dem Start auf Autopilot und verkaufen dann Kaffee in der Kabine.« Mitarbeiter sollten alles tun können und diesen Flickenteppich an Jobs begeistert akzeptieren. Jeder soll alles können.

In der Zeitung heißt es dann: »Der heutige Mensch hat nicht mehr einfach einen Beruf für sein Leben. Er muss sich ständig weiterbilden und sein Leben als eine Folge verschiedener Jobs auffassen. Denn der ständige Wechsel in der Zeit erfordert das. Es ist deshalb besser, man macht mehrere Lehren und zwei verschiedene Diplome und legt sich nicht so sehr auf etwas Bestimmtes fest. Es ist riskant, einer inneren Stimme oder Berufung zu folgen. Besser ist Breite und Masse.« Im Grunde ist es aber nicht der Wechsel, sondern das manische Bemühen um totale Auslastung, die den Menschen in verschiedene Welten und Projekte unterteilt. »Zwischendurch fahre ich Taxi.« – »Ich jobbe und studiere nebenbei.« – »Ich erziehe die Kinder und schlage mich mit allem Möglichen durch.«

Das totale Auslastungsmanagement degradiert den Black Box Menschen zu einem Menschen der Economy-Class. Er ist eine Billigversion geworden, die nur robust funktionieren soll. Genauso ergeht es Kunden, die nicht viel Gewinn abwerfen, auch sie sind zweite Wahl und fliegen Economy.

Als Economy-Kunde in Multiple-Choice-Segmenten

Managementmethode: Anbieten von Produktbündeln und Menüs. Produkte werden heute kaum noch individuell hergestellt – wie etwa eine private Villa nach eigenen Entwürfen. In Fast Food Restaurants gibt es 10 Menüs mit »Big & Maxi«-Option. Banken vertreiben Fonds Nr. 1 bis Nr.

100 als Standardware, Autos werden in vier bis fünf Zubehör-Schnick-schnack-Klassen angeboten. Man bekommt alle Produkte in Classic, Silber, Gold und Platin. Das vereinfacht die Produktion erheblich und ermöglicht höhere Auslastung.

In der Zeitung klingt das so: »Die europäischen Innenstädte und auch die Einkaufsparadiese verlieren zunehmend ihre Identität. Sie sehen alle gleich aus. Die Einzelgeschäfte sterben, alle Fußgängerzonen sind in der Hand von Ketten aller Art. Kaffeeketten, Hotelketten, Bekleidungsketten. Egal, wo man is(s)t, in Paris oder in Schwerin, überall dasselbe.« Bald gibt es in jeder Straße MissChinese, MissPizza, MissWine, MissBank, alles gleich – jeweils in Classic oder Edelmetall. Wir dürfen noch wählen, ob wir ein Boss-Typ sind oder mehr ein Joopie. Wir sind der paketierte Kunde mit dem No-Name- oder XL-Tarif.

Das Individuelle ist im Niedergang nur gegen exorbitanten Mehrpreis lieferbar. Normale Kunden kaufen ein gutes Fake des Echten. Zuchtperlen, Zuchtlachs, Kunstleder. Der Markt spaltet sich in sagenhaften Luxus und in Menü-Angebote in Selbstbaukastenform. »Stylen Sie Ihr Auto im Internet selbst!« – »Buchen Sie Ihren Flug selbst. Bringen Sie etwas zu Essen auf den Flug mit! Tragen Sie ihren Koffer bis zum Abflugpunkt!« Die ganze Problematik des extremen Fakens habe ich ganz ausführlich und sehr sarkastisch in meinem Buch *Lean Brain Management* dargestellt, das zum Managementbuch des Jahres 2006 gewählt wurde. Ich will nicht alles wiederholen. Im Grunde bedient der Economy-Kunde eher das Unternehmen als umgekehrt. Banken zum Beispiel verkaufen nur noch (sie sagen »beraten«), was ich mir dann nach dem Bezahlen als Self-Service holen muss … usw.

Struktur erzeugt strukturierten Inhalt

Managementmethode: Managen. Wenn jemand sagt, man müsse dieses oder jenes jetzt endlich managen, so drückt er damit aus, dass dieses oder jenes bis jetzt nicht professionell angepackt wurde und nun durch »Managen« planvoll und vor allem effizient und schnell durchgeführt werden muss. Man kann auch sagen: Es wird Ordnung, Ablaufdisziplin und Struktur in die Sache gebracht. Danach wird die Struktur unter Druck gesetzt, indem man sie einer ständigen Fortschrittskontrolle unterwirft. (»Review«, »Tracking«, »Command & Controll«, Ist-Soll-Vergleich, Reporting.) Man sagt nicht mehr, Frau A ist Vorgesetzte von Herrn B, sondern: Herr B berichtet an Frau A. Wer getrackt wird oder berichten muss, ist »unten«.

Das reine Managen auf Effizienz fokussiert sich auf Strukturen, Ergebnisse und Ziele. »Am Ende des Tages«, sagen Manager mit dieser seit zwei Jahren modernen Floskel, »am Ende des Tages zählt nur, was hinten herauskommt!« Und sie zwinkern mit den Augen. Diese Formulierung zeigt das Black-Box-Denken. Leistung ist das Verhältnis von Output zu Input bei der Black Box. Was geben wir vorne hinein, was kommt hinten heraus? So versteht sich ergebnisorientiertes Management. Dabei geht der Blick auf die Inhalte verloren. Die Manager der Effizienz schaffen unermüdlich effiziente Strukturen, die noch besser, billiger und schneller höhere Ergebnisse bringen. Wenn Mitarbeiter weinen »Wie sollen wir das wohl tun? Wie?«, dann ist oft die Antwort: »Schnitzt es euch, seid kreativ. Lasst euch etwas einfallen. Seid nicht so negativ. Hängt nicht zu sehr an alten Zöpfen und Seilschaften. Seid keine Leistungsverweigerer, denen wir das Gehalt kürzen müssen. Wollt ihr euch denn gar nicht engagieren? Sollen wir euch nach Indien auslagern?« Und die Mitarbeiter wettern: »Es geht nicht! Jeder weiß das! Man fragt uns nicht! Strukturveränderungen quälen uns und pressen uns in Korsetts. Wir werden wie Bonsai-Bäume beschnitten und sollen große Früchte tragen! Manager sind kreuzdumm und verstehen nicht die Bohne von unserem Geschäft!«

Haben Sie noch im Ohr, was mein Sohn sagte? »Die Struktur macht der Ökonom – den Inhalt bestimmt der Ingenieur.« Da ist viel Wahrheit darin. Und wenn wir es so stehen lassen, dann wäre die offenbare Aufgabe, Struktur und Inhalt zu versöhnen. Das geschieht im modernen Management und in den Lean- und Sparprojekten nicht. Die Struktur vergewaltigt die Inhalte.

Das heutige Management nimmt an, dass die vornehme Aufgabe im Bereitstellen der Geschäftsprozesse besteht. »Jetzt muss nur noch die Struktur mit Leben gefüllt werden«. – »Wir müssen unser Modell nur noch leben.« – »Es fehlt noch die Akzeptanz unserer neuen Struktur. Die Mitarbeiter müssen noch hart motiviert werden und wir werden mit Aufklärungskampagnen für die nötige Akzeptanz bei den Kunden sorgen. Der Kunde nimmt im

Augenblick unsere Sparpakete nicht richtig an.« Alle solche Aussagen deuten auf eine Disharmonie zwischen Struktur und Inhalt. Das Management nimmt meistens an, dass die Organisation und die Struktur so viel Macht entfalten, dass sich der Inhalt passend zur Struktur von selbst ausbildet. Die Struktur, so sieht es das Management, ist die eigentliche Aussaat eines Unternehmens.

Dazu passt das uralte X-Erziehungsprinzip, dass sich der Mensch an alles nach und nach gewöhnt. Wenn er als Kind gezwungen wird, alle strengen Moralvorstellungen zu erfüllen, so wird er nach erstem schweren inneren Widerstand die Regeln mit dem Herzen akzeptieren und bejahen. Er wird dann gern tun, woran man ihn gewöhnt hat, weil er ja auf Dauer nicht unglücklich sein will und sich so aus Überlebenstrieb heraus zu seinem Glück zwingen lässt. Er findet endlich gut, was sein muss. Er lernt, unter widrigsten Umständen glücklich zu sein. Auch Menschen in den Slums lachen. Mitarbeiter, die man drakonisch zum »Hallo!«-Grüßen an Kassen abrichtet, werden irgendwann tatsächlich freundlich.

Die vom Management angeordnete Struktur füllt sich mit strukturierten Inhalten, die zu vorgegebenen ökonomischen Zielen passen. Es sind Inhalte, die unter den gegebenen Strukturen zulässig sind. »Unter den gegebenen Bedingungen« werden Produkte gebaut, deren Herstellung sich »im erlaubten Kostenrahmen bewegt«. Kunden bekommen Inhalte »zum angegebenen Billigpreis, zu dem eben nicht viel erwartet werden darf«. Das Management erzwingt unter hohem Druck so etwas wie »effiziente Inhalte«. Die Inhalte beugen sich unter hartem Management der Struktur, der Normung, den Kontrollen und dem Black-Box-Denken.

Unter harten Strukturen bekommen wir Einheitsprodukte (»globale Marken«), Einheitsgeschmack, billige Fakes als strukturierte Version eines Eigentlichen und »Wegwerfprodukte«.

Effizienz erzeugt den effizienten Menschen

Etwas despektierlich, aber prägnant: Effiziente Brathühnchen werden federlos in Farmen gezüchtet – zum alsbaldigen Verbrauch. Effiziente Legehennen drücken Eier aus einem Körper, der kaum größer ist als ihr Produkt der Klasse L.

So aber, wie das Management von Farmen Hühner hervorbringt, so verändert es den Menschen. Erst wird der Käfig des Huhns konstruiert, dann das Ei-Produktionssoll bestimmt, dann passt sich die Henne dem Leben in der Box an.

Erst wird die Struktur für den Menschen bestimmt, dann passt er sich selbst der Form an. Er lernt, in Großraumbüros unter hohen Lärmpegeln in Ruhe zu arbeiten, so gut es geht. Der Lehrer führt und füllt nur noch den Lehrplan aus, der Schüler verändert sich nach den Prüfungsanforderungen, der Student nach den »Credit Points«, der Professor nach den Vergaberichtlinien der Staatsgelder. Die Mitarbeiter müssen in »Job Roles« oder »Tätigkeitsklassen« passen. Sie füllen in solchen Rollen eine Funktion aus und bedienen einen Geschäftsprozess.

Personal-Manager versorgen den Betrieb mit Menschen, die genau das »Skill-Profil« der jeweiligen Arbeitsrolle haben. Man spricht inzwischen von »Human Resources« und »Human Supply Chain«, also der Menschenversorgungsorganisation. Menschenfähigkeiten werden organisiert wie sonst Bücherbestellungen oder Ersatzteilanforderungen. Menschen werden durch zu hartes Management selbst zu Produkten, die einen bestimmten Nutzzyklus haben. »Jetzt sind Sie zu alt. Es tut uns leid, dass Sie nach unserem Wink mit dem Zaunpfahl auf eigenen Wunsch selbst gekündigt haben, um Ihre Selbstachtung zu behalten. Die geben wir Ihnen gerne mit auf Ihren weiteren Lebensweg, für den wir Ihnen alles Gute wünschen.«

Der Schweinezyklus, der Markt und das übertriebene Management der Effizienz führen unter immer härterem Druck am Ende zu Gammelfleisch. Das habe ich am Beginn des Buches geschildert. Jetzt müssen Sie neben das eklige Gammelfleisch noch die Vorstellung des effizienten Mitarbeiters hinzufügen. Auch er hat sich verändert. Er ist ein vollkommener X-Mensch geworden, den man wie ein Wegwerfprodukt auswringt und ersetzt.

Das klingt jetzt gnadenlos hart und militant. Doch gerade eben las ich lange Berichte in der *SZ* vom März 2007. Amerikanische Soldaten, die im Irakkrieg schwer verletzt wurden, werden in verkommenen Krankenhäusern unter entsetzlichen Umständen gesund »administriert«. Von »Behandlung« ist kaum die Rede. Grausame Gleichgültigkeit kränkt die Helden des Volkes, »America's finest« (Präsident Bush). »Am einfachsten war es noch, in die Luft gesprengt zu werden«, sagt ein Offizier. Sie fühlen sich weggeworfen, nachdem sie vom Vaterland verbraucht wurden.

Sehe ich das alles überzogen? Wenn Helden letztlich Nutzobjekte sind? Ist nicht der Präsidentenspruch von »Company's finest« überall auch in den Unternehmen präsent? »Sie, unsere Mitarbeiter, sind unser wertvollstes Gut!« – »Sie, unsere Mitarbeiter, werden nun entlassen. Wir danken Ihnen für die geleistete Arbeit, durch die wir Gewinn erzielten. Ihre Entlassung aber erzielt mehr Profit als Sie es in all den Jahren je durch Ihre Arbeit schafften. Wir danken für Ihr Verständnis. Sie haben bis zum letzten Tag wie verrückt gearbeitet, um auch Ihren indischen Nachfolger einzuarbeiten, weil wir Ihnen zum Dank signalisiert haben, dann kein gar so schlechtes Zeugnis auszustellen. Manche von Ihnen, die besonders viel geleistet haben, lassen wir nur schweren Herzens ins Elend ziehen, aber wir entlassen nur immer ganze Abteilungen, Jobrollen oder Six-Packs. Alles ist objektiv und geschieht ohne Ansehen der Person, weil wir Menschen ausschließlich sachlich behandeln, obwohl es uns immer bewusst ist, dass Sie im Grunde Menschen sind.«

Das Effizienzmanagement entmachtet das Menschsein zu Lasten der Wirtschaftlichkeit. So erzwingt die Struktur andere »Inhalte«, also andere Menschen. Die moderne Ökonomie erschafft sich einen »Lean Menschen« nach ihrem Bilde. Irgendwie beten wir bald zum Allmächtigen, dem großen Gotte Ökonos? Ökonos will den Economy Menschen. Menschen sollen nicht wie Vollblutpferde sein, sondern wie Postpferde im Gespann.

Von ihrer Idee her dient die Ökonomie dem Menschen, sich möglichst günstig seine ihm gemäßen physischen Lebensgrundlagen zu schaffen. Eine Selbstzweckökonomie zwingt den Menschen, sich so zu verändern, dass die Ökonomie am besten funktioniert.

Ökonomie will knappe Ressourcen weise einsetzen. Unter Effizienzwahn aber bekämpft sie implizit allen Überfluss. Der Zustand allgemeiner Massenarmut und großer Arbeitslosigkeit aber ist derjenige, an dem die knappen Mittel am besten eingesetzt sind. In diesem Zustand werden kaum Arbeitskräfte verschwendet und der Verbrauch von Gütern minimiert. Die Ökonomie bewegt sich also unter den derzeitigen Managementmethoden auf diesen optimalen Zustand zu.

Lemon Lemmings

Damit schließe ich den Kreis zum Anfang des Buches. Ich habe dort dargestellt, wie die Produktqualität in unsicheren Märkten verfällt. Irgendwann bildet sich ein »Lemon Market«, ein Ramschmarkt der »Nieten«. Unter Druck und aufkommendem Betrug verfällt das Vertrauen. Alle am Markt Beteiligten optimieren sich nur noch selbst und werden gewollt oder ungewollt »zum Tier«. Dadurch stellen sich alle immer schlechter. Der Markt gerät in einen Teufelskreis.

Anschließend habe ich diesen Teufelskreis unter dem Blickwinkel des Gefangenendilemmas neu entwickelt. In Situationen ohne Vertrauen schaden sich die Menschen gegenseitig unter ihrer festen Überzeugung, sonst selbst Opfer ihrer eigenen Vertrauensseligkeit zu werden.

Dieses Kapitel diente dem Nachweis, dass alle von uns wie selbstverständlich akzeptierten Managementtechniken und -ansichten in einem Teufelskreis des Wettbewerbes und Wirtschaftskrieges absolut verstärkend wirken. All die vielen Schlagwörter wie Messen, Wettbewerb, Vergleich, Ranking, Leistungslohn oder Low Performer zeigen in die Richtung gewollter Nicht-Kooperation, die angeblich die Ausnutzung der Ressourcen verbessert und die Preise drückt.

Der Grundirrtum ist, dass nur die Produkte billiger werden und sich die Käufer freuen.

Aber: Alles wird billig. Unser Leben wird billig. Wir werden standardisierte »Moronen« (wie ich in *Lean Brain Management* über uns Prozess-Automaten oder »Idioten« schrieb). Die Produkte teilen sich in Armani und ALDI, die Menschen in eine klitzekleine Elite (die neuerdings besonders gefördert wird – auch ein Zeichen der Zeit) und in eine große Masse von »Lemmingen«, die in immer schlechter bezahlten Jobs arbeiten und sich bald in Gratis-Praktika erst jahrelang bewähren müssen, um eine erste feste menschenwürdige Stelle zu ergattern.

Menschen teilen sich in ein paar Hauptgewinne (»Stars«) und in viele Nieten (»Poor Dogs«), genau wie es bei den Produkten der Fall ist. Die Standardtechniken des Managements oder die heute angebetete »analytische Ratio« erzeugen diese Klassengesellschaft. Das habe ich hier zeigen wollen, damit vielleicht eine Diskussion darüber beginnen kann. Heute zetern nur die Gewerkschaften: »Wenn alles mit immer niedrigeren Löhnen durch Hungerleider hergestellt wird – wer soll denn die Produkte noch kaufen?« Das ist als Argument zu vage. Dahinter verbirgt sich aber konkret der Teufelskreis hin zum Elend der Massen mitten im Glanze ganz weniger immer noch reicherer Menschen.

Die heutigen Managementtechniken und die entsprechenden Theorien dienen den Reichen und Superreichen und schädigen das Ganze.

Die Gesellschaft teilt sich in wenige Superreiche, die rational ihr Geld wie ein Homo oeconomicus einfahren und in viele um ihr Überleben kämpfende Arbeitnehmer, die keine Chance haben, sich zu viel um Übermorgen zu kümmern. Wer hat eigentlich ein Interesse an Wirtschaftstheorien? Wem dienen sie wann? Welche dienen wem? Wer hat die neuesten Theorien und kann sie für sich ausnutzen?

Heute beginnt das Rationale der »Heuschrecken« schon allgemein Angst zu machen. Die jüngste Hypothekenkrise (»subprime woes«) baden Unkundige aus, die sich von eiskalten Profis Kreditrisiken verkaufen ließen, die sie selbst als Unkundige kaum einschätzen konnten. Profis entdeckten nämlich, dass sie mit exakter berechneten Risiken anderen Leuten, die diese Theorien nicht kannten, das Fell über die Ohren ziehen konnten. Wie die Lemminge kauften die Unwissenden Zertifikate und Hedgefondsanteile und bezahlten die Zeche und schimpfen noch heute. Um die Zwangsversteigerungen der direkt betroffenen einstigen Hausbesitzer kümmert sich niemand.

Kann sich etwas zum Guten ändern?

Ist es möglich, trotz allem in eine bessere Welt zu gelangen? Aber ja! Wir können

- auf einen Aufschwung durch Innovation hoffen.
- einen neuen Glauben der Gemeinsamkeit etablieren (höhere Kultur).
- Arbeit beharrlich mit Tugend und Sinn verbinden (etwa wie Kaizen).
- Infrastrukturen bereitstellen, die kein Prekariat erzeugen.

Jedes Buch muss doch versöhnlich enden, nicht wahr? Ich gebe Ihnen Hoffnungen und Reformen mit auf den Weg, nachdem ich Ihnen bestimmt den Eindruck vermittelt habe, die Welt ist schwankend und unberechenbar, voller Lust und voller Schmerz. So ganz werde ich diesen Eindruck selbst nicht los ...

Vor kurzem besprachen wir das mögliche Projekt, mein Buch *Lean Brain Management* ins Amerikanische zu übersetzen. Der amerikanische Verlag fragte ohne jede Umschweife nach, ob mein Buch »European Style« oder »American Style« sei. Es wurde erklärt, dass »European« gleichbedeutend mit »pessimistisch« und »American« synonym mit »optimistisch« gesehen werden könnte. Europäer kleben zu sehr am Wirklichen oder bitter Realen, was den Menschen in den Besitz der Wahrheit bringt, aber natürlich ganz pessimistisch macht, nicht wahr? Amerikaner sehen statt der Wirklichkeit mehr die Möglichkeit (»Chance!«) und freuen sich an ihr. Und bei IBM sagte mir neulich ein amerikanischer Kollege: »Wenn ihr Deutschen etwas als insgesamt tragfähig und gut erkannt habt, seid ihr unschlagbar gut. Aber wenn es nur gut *aussieht* und ihr nicht alle einzeln überzeugt seid, gehorcht ihr nicht wirklich und wir finden euch dann untüchtig, renitent und unkooperativ. Warum könnt ihr nicht einfach tun, was der Boss sagt? Warum müsst ihr euch zusätzlich noch selbst vertrauen? Wir in Amerika sagen: ›Whatever you decide, boss, I'll prove you right.‹ Gilt das in Deutschland nicht?« Und fast in derselben Woche sagte ein Chinese: »Wir Chinesen bewundern den höchsten Geist und das Ewige sehr. Zur gleichen Zeit aber leben wir seit eh und je in Elend und Armut. Das ist für uns kein Widerspruch. Das Reale und das Ideale sind verschiedene Welten, die getrennt voneinander existieren. Wir bewundern die Deutschen, die sich tatsächlich enorm anstrengen und es in gewisser Weise auch schaffen, das Reale und das Ideale zusammenzubringen.«

Dieses Buch hier ist ein europäisches Buch. Ich habe mich auf die Einsichten in neue Wahrheiten konzentriert. Ich gebe Ihnen auch jetzt am Schluss zwar mögliche Lösungen, aber ich gebe bei allem zu bedenken, dass es keine billigen Lösungen sind und dass es keine billigen Lösungen gibt. Ich habe das ganze Buch über beschrieben, wohin es führt, wenn wir alles billig haben wollen – zu Gammelfleisch, das vom hungrigen Prekariat verschlungen wird. Nein, die richtigen Lösungen verlangen einen Ausbruch aus dem normalen Zyklus. Dafür müssen wir erst geduldig investieren und dann ernten. Wie ein Landwirt müssen wir sein, nicht wie ein Räuber.

Ökonomie sieht nur bis zum Tellerrand

Im Aufschwung, wenn die Güter nicht so richtig knapp sind, kann Ökonomie ohne Stress besser denken und funktionieren. Der Tisch ist reich gedeckt, der Teller voll und riesengroß. Der Tellerrand ist weit für den, der in der Mitte isst.

Im Abschwung sieht man Leere und schielt auf die Teller der Nächsten.

Im Aufschwung kann man Wahrheiten vergessen, im Abschwung vergisst man sie unter Druck.

Ökonomie denkt selten über den Tellerrand der Instinkte hinaus. Der satte Millionär denkt nichts, der Hungrige sieht keine zwei Schritte weit. Doch gefragt sind Beharrlichkeit, Tugend, langfristiges Denken, Ethik, Umsicht, Zukunftsplanung, Schonung der Umwelt und der zukünftigen Ressourcen, Förderung der Gemeinschaft, der Familie, angemessenen Kinderreichtum für eine gute Zukunft, Sinn für Sinn, für Qualität, für Liebe zum Menschen im Allgemeinen und zum Mitarbeiter und Kunden im Besonderen.

Das sind aber alles Themen der praktischen Philosophie! Die heutigen Managementmethoden führen zum schmerzenden Realen und die praktische Philosophie predigt mit tränenden Augen das Ideale. Wie bringen wir das zusammen? Wie schaffen wir es, gemeinsam über den Horizont unseres glucksenden oder knurrenden Magens zu schauen?

Die Philosophie sieht die Wahrheit und bringt Licht. Sie beschreibt das Licht in betörend kurzen ewigen Grundsätzen: »Seid ein Team!« – »Liebe deinen Nächsten.« – »Widme dein Leben der Idee des Guten.« – »Eigentum verpflichtet.« – »Der Weg ist das Ziel.« – »Lass ab von Hass, Gier und Verblendung.« Wir verstehen das alle, und ganz leicht! Aber Wahrheiten bedeuten praktisch wenig und Philosophie ist oft erschütternd wirkungslos. Denn gesprochene Wahrheit und geschriebene Wahrheit haben keinen Wert, wenn sie nicht im Herzen verankert sind. Im Gehirn sind blutleere Wahrheiten, im Bauch nur die Triebe des Tages. Das Herz muss entscheiden und handeln. Wir alle müssen also erst wieder mit dem Herzen sehen und dann das Reale mit dem Idealen verbinden.

Fühlen Sie das? Oder kraust das Hirn die Stirn? Oder hat der Bauch »keinen Bock auf so etwas«? Das ganze Dilemma ist das des Vertrauens – das zeigte ich wieder und wieder. Und das Vertrauen ist im Herzen. Jedenfalls nicht im Hirn, nicht im Bauch.

Viele sagten, wir brauchen eine Philosophenrepublik (Regieren nach Wahrheiten) oder ein Philosophen-Management. Ach, das geht doch nie! Ging auch nie!

So, jetzt gehe ich mit Ihnen die Punkte durch, die wir ändern könnten. Zuerst kurz das Philosophische als Appell. »Man sollte!« Dann über Ökonomie 2.0, über Infrastrukturen einer neuen Welt, über das uralte ignorierte Kaizen (das wir merkwürdigerweise merkwürdig finden, während

Toyota seit 1950 langsam die Welt erobert) und ein neues Management des Herzens.

Philosophisch-ökonomische Wahrheit

Es wäre am besten – das stelle ich hier nur noch einmal der Vollständigkeit halber fest – den Wohlstand festzuhalten und ihn unter keinen Umständen in eine Luxusphase münden zu lassen. Das kostet mitten im Wohlstand die immense Kraft, immer weiter vernünftig zu sein. Bei aller Freude, sich etwas leisten zu können, muss die stete ernste Sorge sein, sich nicht zu viel zu leisten und bestimmt nicht alles. Insbesondere sollten Menschen im Wohlstand nicht tolerant sein, wenn sich die Wirtschaft Fehler, Unwirtschaftlichkeit, Protzpaläste oder Managerprivilegien leistet. Dieses »Leisten« kostet am Ende alles. In der Luxusphase gehen die Fähigkeiten zu sorgsamem Wirtschaften verloren. Die Beharrlichkeit schwindet, die Tugend erstickt, der Wille erlahmt – das Gefühl der Notwendigkeit von wirtschaftlichem Handeln ist gar nicht mehr da. Wenn die ersten ernsten Probleme der Luxusphase erscheinen, werden sie für »temporär« erklärt und mit staatlichen Hilfen und Leben auf Pump weggepflastert. Und bald danach wütet die aktionistische »Vernunft« oder das klassische Management, um wieder Zug in die Wirtschaft zu bringen. Sie bringt wieder Effektivität und Effizienz. Das ist gut! Aber die Sanierer übertreiben bald so stark, dass alles im Sparwahn endet und in der Verarmung der breiten Schichten. Es wäre gut, diese Entwicklung lange vor dem Ruin anzuhalten.

Naiv gesehen wäre dies nötig: Die Menschen müssten besonders in extremeren Situationen, also in Phasen des Glücks und des Elends, in fetten und in mageren Jahren, ruhiges Blut bewahren und ihren Weg gehen. Sie müssten eine gleichmäßig starke kooperativ-ethische Kultur etablieren und fest gegen Stress und aggressive Tendenzen verteidigen. Nur immer gleichmäßige Vernunft! Kein »fettes Denken« des Luxus' und kein »mageres Denken« aus Angst vor schlechten Zeiten!

Seit Platon kennen wir die vier Kardinaltugenden des Menschen: Gerechtigkeit, Weisheit, Tapferkeit und Sophrosyne (»Maßhalten«, Besonnenheit, kluges Überlegen im Praktischen). Wir sollen engagiert mit ganzem Herzen (»tapfer«) den weisen Weg gehen, dabei stets das Richtige kennen (»gerecht«, »richtig« im Absoluten) und immer in seiner Nähe bleiben, in der besonnenen Mitte. Also in modernem Jargon: Alpha-EEG, kein Stress, keine Übertreibung, keine Gier, Noradrenalin, kein Adrenalin, kein Raubbau, langfristiges Denken, stete Energie, herzhaft arbeiten usw.

In guten Zeiten, wenn Menschen »Muße haben«, sind sie aller Philosophie aufgeschlossen. Es geht dabei um körperliche Zustände.

In fetten Zeiten verfettet die Seele unter Dopamin oder Endorphin und vergisst sich im Dämmerschlaf oder Lustorgien. In mageren Zeiten schaltet das Adrenalin die Seele ab, die im Notfallmodus nicht gebraucht wird. Adrenalin ist für die Zeit, in der der Körper zum Überleben extreme Aktionen einleiten muss. »Adrenalin« ist Unmaß an sich. Fette Zeiten und magere Zeiten sind maßlos. Das Herz des Menschen aber ist der Sitz des Maßes, der Sophrosyne. Ohne Herz ist der Mensch unbesonnen – töricht, süchtig und leichtsinnig im Luxus, aggressiv, aktionistisch und egoistisch im Fall.

Das Herrschen der Tugend, der Weisheit, des Herzens, des Glaubens ist nicht wirklich von gesunden Körperzuständen zu trennen. Prinzipiell richtiges Handeln und prinzipiell bestes Wirtschaften sind unmöglich, wenn sich die Menschheit in manischen, depressiven, hyperaggressiven oder narzisstischen Phasen befindet. Das steht leider in keiner Wirtschaftstheorie. Die Ökonomielehrbücher unterstellen »rationales Verhalten« aller an der Wirtschaft beteiligten Wirtschaftssubjekte und versuchen empirisch, im Markt beobachtete Verhaltensweisen rational zu erklären.

Eine über den Sinn nachdenkende Ökonomie würde die Menschen an Werten orientiert erziehen. Eine Gesellschaft im philosophischen Sinne wertvoller oder gottgefälliger Menschen ist »vom Design her« besonnen, mäßig, gerecht, tapfer und ein bisschen weise. Und liebevoll – wenn neben Platon auch Jesus treten darf. Eine im philosophischen Sinne wertvolle Gesellschaft wird kein Gefangenendilemma kennen, denn sie ist nicht gefangen in unkooperativen Egoismen. Sie braucht in ihrer Beständigkeit nicht die unsichtbare Hand des Adam Smith, die die Maßlosigkeiten des Marktes wieder behebt. In einer wertvollen Gemeinschaft treten die meisten Probleme nicht auf, an denen sich heutiges Management zerreibt.

Gibt es das? Kann es das geben? In vielen kleinen Firmen, die wie »Vereine« oder »gewachsene Dorfgemeinschaften« sind, ist es möglich. Es gibt etliche »wertvolle« große Firmen, die aber bei genauerem Hinsehen meist von einem weisen charismatischen Diktator geleitet werden, der die Tugenden im Unternehmen für alle vorlebt und fordert. Der IBM Gründer Thomas Watson war so eine Lichtgestalt, die immer noch an meinem Arbeitsplatz mit dem Leitsatz »THINK!« und dem ethischen Grundsatz »Respect for the individual« lebt. Firmen wie Oetker, Otto, dm, Porsche, BMW florieren seit eh und je. Wer hält sie oder »all das« zusammen? Ein gemeinsamer Geist, ein Herz, das gemeinsame Verständnis eines Y-Menschen – nicht die klassischen Managementmethoden oder Organisationsformen, die ja die Werte und Arbeitskollegen abschaffen und durch Zahlen und konkurrierende Humanressourcen ersetzen.

Im philosophischen Sinne wertvolle Organisationen bauen auf die Herzen in Gemeinsamkeit. Echte Gemeinsamkeit verhilft zu hohen wirtschaftlichen Gewinnen, wie sie auf der anderen Seite durch Kampf und Druck auch angestrebt werden können. Ein Modell gemeinsamer Herzen ist ein fast diametral entgegengesetztes Modell zum heute herrschenden Management, das mit manischem Fokus den Aktienkurs hochtreibt.

Ökonomie befriedigt die Güternachfrage der Menschen unter optimaler Ausnutzung der zur Verfügung stehenden knappen Ressourcen. Oder sie stellt aus den vorhandenen Ressourcen die bestmögliche Güterversorgung bereit. Ressourcen – das sind Erdöl, Wind und Sonnenenergie, Uran, Eisen und Wasser, auch unsere Arbeitskraft. Im philosophischen Sinne an Werten orientierte Ökonomie wird sich besonnen, weise und maßvoll auf das Richtige beschränken. Sie wird nicht die Umwelt verbrauchen und nicht den Weltfrieden. Sie wird nicht Menschen zu Arbeitskrüppeln schinden, sie entwürdigen und entrechten. Das ist heute von allen Ökonomen unbestritten. Wirklich wertvolle Ökonomie aber wird auch die Seelen nicht verletzen! So wie wir Raubbau-Energie aus Öl oder Kohle durch erneuerbare Energieträger (Wind, Sonne, Biomasse) ersetzen, müssen wir Herzenskraft und psychische Energie als erneuerbare Ressource behandeln. Wir dürfen Menschen nicht in Adrenalin baden und später ertränken. Wir dürfen Herzen nicht ausbrennen und Menschen ausgelaugt in Mini-Rente schicken oder sie bis zur einsetzenden Demenz in Billigjobs beschäftigen, bis sie in osteuropäische Billigheime ausgelagert werden (die gibt es schon – halten Sie das nicht für einen Zynismus von mir).

An fundamentalen Werten orientierte Ökonomie verbraucht die Arbeitskraft des Menschen als wichtige Ressource, aber nicht den Menschen selbst, dem sie ja dienen soll. Wenn Ökonomie den Menschen im Namen der Vernunft und Effizienz selbst verbraucht, zwingt sie die Verbrauchsmenschen zu Unvernunft. Die Idee des Homo oeconomicus wird nun vollends lächerlich, auch theoretisch.

Auch hier geht es letztlich um das Maß. Und das Maß aller Dinge ist der Mensch. (Heute ist das Maß aller Menschen ihr eigener Profit.) Wie weit reicht der Anteil der Ressource im Menschen, wie weit muss er Mensch sein können? Ich gebe eine altmodische, sehr kurze philosophische Antwort: *Ora et labora.* Bete und arbeite. Oder im Original: *Ora et labora, Deus adest sine mora.* Gott ist immer da (»hilft ohne Verzug«). Das ist die Regel des benediktinischen Ordens. Gott und Welt! Menschsein und Arbeiten! Arbeit und Sinn! Notwendiges tun und Sein. Wir sind immer Ressource zum Wirtschaften und Mensch – teils, teils. Was ist was? Wie viel von jedem? Können wir es so einrichten, dass das Dasein als Ressource und das Sein des Menschen in einer »guten« Arbeit integriert werden können? Wie sehr muss das Wesen der effizienten Arbeit sich dem Menschsein beugen? All das zu wissen, ist Sophrosyne, das tiefe Wissen um das rechte Maß bei Platon.

Ökonomie 2.0

Heute wird viel vom Web 2.0 geredet und die wirklichen Trendsetter gewollt fortschrittlichen Denkens wissen schon, was Web 3.0 ist. Das Internet 2.0 oder das World Wide Web 2.0 sind Bezeichnungen für eine neue gemeinschaftliche Nutzung des Internets. Im Internet 1.0, also der ersten »Version«, gab es Web-Präsenzen. Jedes Unternehmen und viele Privatleute hatten und haben eine eigene Web-Site, auf der sie sich präsentieren, über sich informieren, für sich werben und etwas verkaufen. Später gab es

Services im Internet. Beispiel: Aktienkurse für jeden, der sie gerade wissen will. Unternehmen boten Selbstbedienung an. Beispiel: Internet-Banking, häusliche Telefonanlage im Internet konfigurieren. Schlagwörter wie B2B (Business to Business) oder B2C (Business to Comsumer) klassifizierten diese Angebote. Unternehmen handeln untereinander oder bedienen Kunden – oder noch schlauer: Kunden bedienen die Unternehmen (der Kunde konfiguriert die Telefonanlage). Alle diese ersten Modelle des ersten Internetzeitalters standen unter dem Motto: »Jemand will etwas.« Verkaufen, Aufmerksamkeit erregen, erledigen, abarbeiten, bestellen, verkaufen.

Seit einiger Zeit aber kommen neue Formen ins Internet. Menschen tauschen bei eBay ihre überflüssigen Besitztümer, unpassenden Geschenke und Dachbodenfunde aus. Man spricht von einer »eBay-Gemeinde«. Viele schreiben leidenschaftlich gerne Bücher-Rezensionen bei Amazon und stellen damit ihr Wissen oder ihre Erfahrung der Allgemeinheit zur Verfügung. Bei Flickr stellen Millionen Menschen ihre Urlaubsfotos öffentlich ins Internet. Bei YouTube geschieht dasselbe mit Filmen und Videobotschaften. Viele beginnen, gesprochene Reden und Verkündigungen als Podcasts zu verteilen. Über Business-Netzwerke, Studentennetzwerke, Schülernetzwerke bilden sich Interessengemeinden und Kontakte. Im *Second Life* der Firma Linden Lab bauen virtuelle Bewohner dieser neuen Welt an ihrem zweiten Leben. Das Internet-Lexikon Wikipedia wird von Zehntausenden von Menschen freiwillig mit Liebe verfasst – es ersetzt zunehmend die mehr »amtlich genauen« Lexika, die diese Brockhaussche Würde ausstrahlen. Im Extrem entwickelt sich der Traum, alles Menschheitswissen in einem riesigen Lexikonapparat für alle Menschen frei verfügbar zu haben. Menschen tippen ganze Bücher ab und stellen sie etwa beim Projekt Gutenberg ins Internet. Programmierer arbeiten weltweit etwa am Betriebssystem Linux zusammen. Sie tun das ohne Geld, in ihrer Freizeit! Eine ganze Open Source Bewegung zeichnet sich im Gefolge ab. Alle diese Entwicklungen meint man, wenn man »Web 2.0« sagt.

Grob und kurz: Web 1.0 ist wie »ich«, Web 2.0 ist wie »wir«.

Menschen bilden über alle Ländergrenzen hinweg Gemeinschaften (»Communities«) und bringen sich in ehrenamtlicher Arbeit ein. Sie helfen, ein Ganzes zu erschaffen, so wie vielleicht früher die Bürger Jahrzehnte Arbeit in eine Kathedrale steckten. Unsere Vereine im Dorf lösen sich auf.

Im Internet entsteht eine neue Gemeinschaftswelt. »Wir tun etwas zusammen!« – »Wir fühlen uns gemeinsam für etwas verantwortlich!« Menschen, die sich nie gesehen haben, sind virtuelle und auch richtige Freunde. Werden aus Menschennetzwerken dann neue Kirchen oder gar Staaten entstehen? »Komm zu uns, zahle so und so viel Prozent Steuern und du bekommst Versicherungen, Schutz, unbegrenztes Recht, alle Songs von Shakira zu hören, dazu eine kostenlose ADAC-Mitgliedschaft ...« Das schreibt sich so leicht – aber nehmen Sie es lieber als ernste Vorhersage. Virtuelle Staaten könnten sich wie englische Clubs bilden, zu denen nicht jeder Zugang hat. Für normale Menschen gibt es dann »öffentliche Staaten und Anstalten«, für ganz Arme eine »Internetmission«. Im Second Life, einer virtuellen Welt, wo man wie in einem Videospiel herumlaufen kann, wo man Grundstücke und Kleider kaufen und verkaufen kann, bezahlt man mit »Linden Dollars«, einer künstlichen Währung. Linden Dollars haben einen »eBay-Umtauschkurs« in echte Dollars. Bei Linden Lab selbst kann man Linden Dollars gegen Dollars kaufen. Ist jetzt ein Linden Dollar auch echtes Geld? Eine Währung? Wenn das so ist, muss Linden Lab die Geldbestände dem Notenbanksystem melden wie jede Bank? Muss Linden Lab Mindestreserven hinterlegen? Zählen Linden Lab Dollars zum Bruttosozialprodukt und wenn ja, bei welchem Land?

Merken Sie, dass etwas passiert? Dass sich hier quasi private Währungen bilden? Könnte man dann nicht gleich alle Währungen privatisieren? Die Staaten auch? Brauchen wir noch Staaten? Oder nur noch Gemeinschaften, die über Web 5.0 organisiert werden? Wird die Demokratie abgelöst, die wir einerseits als heilig erklären, andererseits aber nicht mehr lieben – denn wir wählen ja nicht einmal mehr.

Das ist ein weites Feld! Aber Sie sollten spüren, dass die neuen Unternehmen der Zukunft so etwas wie Heimat und Gemeinschaft bieten werden. Das wird zu einer vollkommenen Umorientierung führen. Denken Sie an ein Altersheim. Sie lesen dessen Werbung: »Wir sind das effizienteste und größte Hochhaus-Altersheim und bieten deshalb Discountpflege. Nur das Nötigste, keine unnötigen Gespräche über das Wetter oder Ihre Zipperlein. Wir drängen uns nicht auf und lassen Sie kompromisslos in Ruhe.« Wollen Sie das? Früher boten unsere Kirchen, unsere Banken und Vereine Heimat. Das leisten sie nicht mehr oder wir wollen es nicht mehr so wie einst. Wir zahlen nicht mehr für Kaffee und Beratung in Form höherer Kontogebühren, aber wir zahlen fürs Herumlaufen in Second Life.

Das Unternehmen 2.0 bietet Geborgenheit, Freunde, »Events«, Freude, Sinn, Vision, Gemeinsamkeit. Es dirigiert behutsam unser Leben. Wir wählen uns mit dem Unternehmen unsere Kultur nach unserem Wunsch (»culture on demand«). Wir bleiben unter uns, die wir uns gegenseitig wählten.

Die ersten Management-Gurus verbreiten die neuen Lehren, wie erfolgreiche Unternehmen der Zukunft aussehen könnten. Bei IBM wird ganz aufmerksam das Buch *The Keystone Advantage* gelesen. Die Autoren Marco Iansiti und Roy Levien vergleichen das Universum der Unternehmen mit einem »Ökosystem« der Biologie. Wie ist das in der Natur? Geht es den Lebewesen gut, wo es viele Haie gibt? Oder gedeiht das Leben nicht am allerallerbesten in einem Korallenriff, wo jeder menschliche Taucher in dieser stillen Zauberwelt des prallen Lebens vor Staunen fast das Atmen vergisst? Iansiti/Levien stellen verschiedene »Sieger« in Ökosystemen heraus und vergleichen ihre Geschäftsmodelle.

Sie diskutieren verschiedene Rollen in Firmennetzwerken: »Niche Players«, »Landlords/Dominators« und »Keystones«. Nischenunternehmen leben in einer kleinen Ecke des Marktes, wo sie ungestört arbeiten und leben können. Beispiel: Es gibt sehr, sehr viele (bio-)chemische Laborsubstanzen, von denen weltweit jährlich insgesamt nur einige Kilo gebraucht werden. Wer sie herstellen kann, ist Weltmarktführer und hat nur ein paar Tage im Jahr Arbeit. Dominators und Landlords beherrschen die Märkte. Sie versuchen mit Dominanzstrategien den Markt zu erobern. Sie besetzen Land um Land, Markt um Markt. Sie expandieren und festigen Marktstellungen. Es geht um Besitz und Herrschaft. Landlords unterdrücken die Bauern und treiben den Zehnten ein oder mehr.

Als Keystones (Grundpfeiler) werden im Buch Unternehmen diskutiert, die eine Gemeinschaft aufbauen, sie pflegen und hegen und als Netz zusammenbinden. Sie verstehen sich als helfende Zentrale einer Gemeinschaft, wie eine Kirche für einen Glauben, wie ein großes Computerunternehmen IBM für die freien Entwickler da draußen und alle Partner. (Das soll keine Werbung sein – sondern nur sagen, das »wir« das Ganze sehr, sehr ernst nehmen und IBM gerne in einen Keystone überführen möchten. Wir haben verstanden!) Der Keystone schöpft einen Teil der Prosperität der Gemeinde ab (wie Kirchensteuer). Dafür arbeitet er daran, den »Mitgliedern der Gemeinde« zu dienen, eine Infrastruktur zu bieten, gemeinsame Werkzeuge bereitzustellen, Weiterbildung anzubieten, zu informieren und die Gemeinschaft zukunftsfähig zu machen.

Keystones organisieren die Welt, sie besitzen oder beherrschen sie nicht. eBay organisiert – besitzt uns aber nicht. Wir sind Freunde von eBay oder kurz eBayer, nicht »Kunden«. Keystones sind mehr wie Venedig und nicht wie die alte UdSSR. Keystones haben in Ökosystemen nur wenig Biomasse! Dagegen sind Dominators und Landlords eher wie Kriegselefanten.

Das Konzept des Keystones – so denke ich – wird zur Grundidee einer Ökonomie 2.0. Sie gründet sich auf dem Gedanken der Förderung einer Gemeinschaft. Eine prosperierende Gemeinschaft verdient unendlich viel Geld – so wie im Korallenriff viel Leben Platz hat. Wer in einer Gemeinschaft eine festigende Zentralrolle einnehmen kann, wird davon ebenso gut leben können wie das klassische Landlord-Unternehmen, das fast zu Tode gehungerte Bauern antreibt. (Beispiel: Autoproduzenten unterdrücken die Vertragshändler, möglichst viele Autos »rauszuhauen« und geben immer weniger Händlerrabatte.)

Warum jetzt und heute Ökonomie 2.0 und nicht früher? Weil die Basisinnovation des Internets alle Gemeinschaften durcheinander wirbelt. Die Welt ist jetzt zusammengeschlossen! Alle Menschen sind online! Mehr und mehr Menschen arbeiten supranational! Sie leben nicht mehr im Ökosystem des Dorfes oder der Familie, sondern wörtlich in der Welt. Sie brauchen neue Heimaten, Gemeinschaften und Netzwerke. Das ist die Stunde der Keystones. eBay, Amazon, Google, Wikipedia, …

Es geht nicht um Konkurrenz, sondern um Kooperation. Niemand wird zu bestimmten Leistungen gezwungen. (eBay lässt jeden verkaufen, wie viel er immer will. eBay selbst stellt keine Forderungen, sondern entwickelt und bietet eine immer leistungsfähigere Infrastruktur für das Ökosystem. eBay lehrt, wie gut verkauft werden kann.)

Am Ende des vorigen philosophischen Paragraphen werden Sie möglicherweise gedacht haben, ich überschlage mich vor lauter Idealismus. Keystones aber sind real, oder? Ökonomie 2.0 ist real. Und die echten Milliarden Dollar wurden in den letzten Jahren in dieser neuen Ökonomie 2.0 verdient – an Kooperation, nicht am Krieg.

Leadership und Vertrauen

Und immer wieder meine Kontrollfrage: Welches Menschenbild steckt hinter Ökonomie 2.0? Ganz klar: Bild Y. Der Keystone fördert die Mitglieder und hilft ihnen, besser zu werden.

Ich will hier bestimmt nicht in naivem Optimismus durchdrehen und eine vollständige Hinwendung zum Y-Menschen und allgemeiner Vertrauenskultur vorhersagen. Nein, ich weiß, dass eine Kirche am Anfang den Glauben der Gemeinschaft unterstützt und später sehr wohl Eroberungsfeldzüge als Dominator in Nomine Domini antreten kann, Zwangstaufen Eroberter durchführt und Inquisitionen vorsieht. Es kann sein, dass Innovations- und Besiedlungsphasen in Zeiten der Weltvergrößerung Kooperation begünstigen. Am Beginn einer solchen Phase stehen wir heute. Die Welt ist flach! So künden Bestsellertitel. Am Anfang sind die Unternehmen noch ganz auf Menschenbild Y konzentriert wie eine christliche Urgemeinde oder ein Dorf der Amish-People. Mit der Größe aber ziehen Hierarchien ein und die einzelnen Führer werden zu vielen Managern, die um Macht und Tabellenpositionen in Excel rangeln.

Die derzeitige Ökonomie 2.0 grämt sich über den immer stupideren Managerismus, der nur zählt, verwaltet, kommandiert und endlos die X-Menschen antreibt und prüft (»tracking«). Immer lauter wird der Ruf nach Leaders (»Führern«, was im Deutschen nicht so gut klingt, weil es anderweitige Assoziationen hervorruft). Führen – nicht managen! Was fordert man damit genau?

Manager sind out, sagt man und sieht verächtlich, dass sie »nur« verwalten, Bessere imitieren, Erfolgsrezepte kopieren, gut davonkommen wollen, auf Systeme und Prozesse fokussieren, den Status Quo verteidigen bei gleichzeitigem Bekenntnis zu Change, endlos kontrollieren, keinen Schimmer von Inhalten haben und immer alles richtig tun.

Leader aber tun das Richtige, nicht nur alles richtig. Leader erneuern, kreieren Originale, sind innovativ, fordern den Status Quo heraus, fokussieren sich auf den Menschen (Y!), setzen auf Vertrauen, begeistern und agieren aus dem Herzen heraus.

Diese Gegenüberstellung können Sie ziemlich überall finden, sie ist nicht von mir! Die Ökonomie 2.0 setzt ganz eindeutig auf den Leader, auf das Menschenbild Y, auf Vertrauen und wie im Keystone auf ein gemeinsames Schicksal (»shared fate«) der ganzen Gemeinschaft. Leader meinen wirklich »Wir sitzen in einem Boot« und haben nicht den Hintergedanken »solange Platz für alle ist«.

Warum hat eBay einen solchen Erfolg? Viele von eBay selbst zeigen sich überzeugt, dass es nicht die geniale Idee des Versteigerns war, die eigentlich viele Firmen hatten. Es gab ja auch viele Auktionsunternehmen, die meist wieder verschwanden. Das Versteigern als solches war es nicht! Die Kunden kommen zu eBay, weil sie vertrauen. Sie vertrauen auf die Vertrauenspunkte des Bewertungssystems. Ich selbst habe jetzt 238 Bewertungen, zu 100 Prozent positiv! Darauf bin ich stolz! Einmal habe ich etwas verkauft, was ich aus Versehen nicht richtig beschrieben habe. Bei der berechtigten Beschwerde bekam ich wirklich heiße Ohren und ich merkte, dass ich nun einen Makel bekäme. Ich habe dem Käufer sofort Rücksendung auf meine Kosten oder Rücküberweisung von 25 Prozent des Preises angeboten, was dieser akzeptierte. Das Ganze ist nicht wirklich wichtig, und ich bin über 50 Jahre alt. Verstehen Sie aber, was meinem Unterbewusstsein oder meinem Körper mein guter Ruf bedeutet? eBay an sich und der Erfolg von eBay und auch der Gebrauchtsektion von Amazon hängen ganz untrennbar mit Vertrauen zusammen. Wir vertrauen eBay mehr als unserer Bank. Früher war unsere Bank auch eine »Heimat«, aber heute bedrängen sie uns, was sie intern »aggressives Marketing« nennen. Sie wollen etwas und sind Landlords geworden, die uns den Zehnten nehmen wollen. eBay ist für uns da – so wie früher die Banken.

Shareholder-Value-Denken sahnt alles ab, nimmt alles mit und hinterlässt Misstrauen und verbrannte Erde. Die neue Zeit pendelt wieder zu Vertrauen und Leadership zurück. Wir spüren alle, dass dies eine bessere Zeit ist. Und der Philosoph fragt, warum immer wieder doch das Vertrauen ausgenützt und betrogen wird. Wird eBay die Gebühren unangemessen erhöhen, wenn die Börse mehr Gewinn sehen will? Wird Google irgendwann zum Dominator? Kommt irgendeine Zeit, wo der Leader oder der Keystone plötzlich nicht mehr den Hals voll genug bekommen können?

Kooperative Infrastrukturen

Die Ökonomie 2.0 wird eine Menge ganz neuer Infrastrukturen hervorbringen.

Beispiel: Telemedizin. Es wäre gut, die Gesundheitswerte von nach Hause entlassenen Operationspatienten zu messen und dann zu speichern (etwa durch RFID, als Funkchips) und anschließend per Funk oder Handy an das Krankenhaus zu übertragen. Dort wird alles automatisch ausgewertet. Bei Anomalien oder Gefahr alarmiert das System die Klinik.

Angenommen, wir wollten ein solches System bauen. Wer bezahlt es? Wer betreibt es? Ein Krankenhaus? Geht nicht, es müssten sich alle zusammentun. Nokia? IBM? Die Krankenkassenvereinigung? Welche Daten dürfen erhoben werden? Hilfe, die Juristen und Bedenkenträger werden kommen.

Sehen Sie das gewaltige Problem? Tausende von Parteien und Ansichten sind zu integrieren. Da sie sich aber nicht vertrauen, verzetteln sie sich in Interessenskriegen. Es passiert nichts. Irgendwann wird eine Art eBay Keystone diesen Service anbieten, das Vertrauen der Patienten erringen und Milliarden verdienen. Am Ende werden Sie sagen: »Das war eigentlich eine nahe liegende Idee!« Wie gemein Sie da sind! Oder wie unreflektiert!

Der Bau eines Telemedizin-Ökosystems ist eine gigantische Aufgabe in einem Misstrauensklima, in dem viele Jahre so etwas Einfaches wie eine Gesundheitskarte verhandelt werden muss. Ich selbst habe diese neuen Infrastrukturen der Ökonomie 2.0 immer Inter-Enterprise Services genannt. Zwischen den Unternehmen werden viele neue Netze, Ökosysteme und Gemeinschaften entstehen. In einigen Jahren wird es Radio-Chips oder RFIDs an allen Produkten geben. Lebensmittel werden gelabelt und melden sich, wenn sie im Regal ablaufen. Boss-Anzüge bekommen einen Funkcode, der die Echtheit bestätigt oder den Anzug als Fake outet. Der Schweinebraten im Kühlregal verkündet per Funk, wie viel Prozent Fleisch er enthält.

Können Sie sich annähernd vorstellen, wie viele Parteien dort im Spiel sind? Alle Produzenten! Computerunternehmen! Alle LKW-Ausrüster, alle Logistik-Technologie.

Immer stellt sich die Frage: Ist so viel Vertrauen im Netzwerk, dass man etwas Gemeinsames auf die Beine stellen kann? Immer steht das bange Misstrauen des Gefangenendilemmas im Raum: »Werde ich genug vom Kuchen abbekommen? Werde ich in der neuen Infrastruktur als Verlierer ankommen?« Da sie alle das fürchten, tun sie nichts – und bleiben alle für Jahrzehnte im Verhandlungsmarathon, bis jemand »eine Art Google oder ebay« eröffnet, welches das Vertrauen hat.

Sie sehen an dieser Gedankenkette sehr schön, warum es so zäh ist mit der Ökonomie 2.0. Die bestehenden Großunternehmen haben eben als Dominators/Landlords absolut kein Vertrauen. Sie müssten von Saulus zu Paulus mutieren, wo doch eher ein Reicher durch ein Nadelöhr spazierte. Deshalb wird alles so ganz neu. Die bestehenden Strukturen sind eingezäunte, beherrschte Länder und keine weltumspannenden Vertrauensnetze. Deshalb werden die heutigen Unternehmen nicht die Gewinner von morgen sein. Mag sein, dass sie nicht einmal überleben. Sie haben sich im Gefangenendilemma »veroptimiert«.

Kaizen oder Maßhalten

Was ich eben unter Keystones und Ökonomie 2.0 beschrieben habe, sind typische Möglichkeiten des Neubeginns nach einer Basisinnovation. Die neuen Firmennetzwerke entstehen erst nach der Erfindung des Internets, quasi auf der grünen Wiese.

Können auch ganz etablierte Unternehmen Vertrauenskulturen aufbauen, ohne dass sie unbedingt einen weisen Diktator über sich herrschen lassen, der die Vernunft schützt?

Das geht! Der Autobauer Toyota macht es seit nunmehr fast 60 Jahren der ganzen Welt vor – mit Kaizen. Seit der schon genannten Studie aus dem Jahre 1984 (»The Future of the Automobile«) ist die Kaizen-Denkweise jedem öffentlich zugänglich. Jeder Berater kann Tausende von Bücher lesen und allen seinen Kundenunternehmen Kaizen beibringen. Viele haben es versucht, viele Unternehmen wollten Toyota kopieren. Ich wüsste nicht, wo es im großen Stile gelungen wäre – ja, nicht einmal die anderen japanischen Autobauer haben Kurs halten können. Es gibt keine Ausrede! Toyota ist im Autobau tätig. Der Automarkt ist seit langem gesättigt, es toben Rabattschlachten und Übernahmekämpfe. Immer wieder schlittern die großen Firmen wie GM, Daimler, VW, Chrysler, Fiat etc. in Milliardenverluste. Toyota steuert unbeirrt auf die Weltmarktführerschaft hin. Die Entwicklungsabteilungen der Autokonzerne beschäftigen Ingenieure in »Zerlege-Teams«, die sich Toyotas kaufen und auseinandernehmen. Dann bestaunen sie die ihnen ganz unmögliche Qualität in der Bauweise.

Dabei könnte alles ganz einfach sein. Ich will es hier nochmal ausführen: Kaizen ist so eine Mischung aus Menschenbild Y mit langfristigem Fokus auf Qualität und äußerster Disziplin bei der Arbeit. Als die westliche Industrie die fetten Konzerne der Luxusphase per Downsizing und Lean Management entschlackte, wurde ein so starker Druck auf das Sparen und die Effizienz ausgeübt, dass der Westen weit über das Ziel hinausschoss. Der Westen sauste auf dem Schnellweg zur Vernunft an dieser vorbei und findet sich nun in der Wüste wieder.

Kaizen will motivierte Mitarbeiter an sicheren, sauberen und standardisierten Arbeitsplätzen sehen. Systematisches Arbeiten, strukturiertes Vorgehen, Ordnung und Disziplin sind hohes Gebot. Ständig wird geprüft: Sind die Menschen bei der Sache? Identifizieren sie sich mit Arbeit und Firma? Wird methodisch gearbeitet? Sind die Maschinen gut in Schuss? Ist die Arbeitsumwelt angemessen?

Man achte »auf die 3 Mu«, das sind:

- *Muda* (Verschwendung)
- *Muri* (Überlastung der Mitarbeiter und Maschinen)
- *Mura* (Unregelmäßigkeiten der Prozesse, Unbalance, Nichtzusammenpassen)

Verschwendungen sind Überproduktion, unsinniger Prozessaufwand oder Overprocessing, zu hohe Bestände am Lager (besser: »just in time«), unnötiger Transport, unnötige Bewegung, Wartezeiten und einfach Fehler.

Kaizen in Kurzform: Vermeide Verschwendung, vermeide Überlastung, achte auf den motivierten Menschen, der immerfort lernt und sich anstrengt, die Produkte und die Produktion jeden Tag ein wenig besser zu gestalten.

Kaizen ist damit wie Sophrosyne – das Bleiben in der Mitte. Keine Verschwendung und kein Luxus, aber auch keine Überlastung. »Just in the middle«.

Was hat der Westen daraus gemacht? Wenn Sie heute irgendjemanden fragen, was das größte Problem eines heutigen x-beliebigen Konzerns ist, wird er antworten: Totales Overprocessing, phantastische Bürokratie, Arbeitsüberlastung und Stress bis zum Burn-out und Überlastung und Überalterung der Maschinen bis hin zur maroden Produktion, Stillstand in der Weiterbildung der Mitarbeiter, deren Motivation auf einem historischen Tief angelangt ist. Das sind die Folgen des einseitigen Drucks, allen »Luxus abzubauen«, Speck abzuschneiden und alles mit einem Minimum zu schaffen. Das ist ganz gegen Kaizen! Das westliche Drücken auf Mensch und Material, bis Blut spritzt oder die Maschinen stillstehen, hat uns ins Abseits getrieben. Das hat niemand je bei Kaizen verlangt! Wie konnte es geschehen, dass der Westen nur Druck macht und ganz das Verbot der Überlastung vergisst?

Überlastung wird geradezu vergöttert! Warteschlangen in Call-Centers sind gewollt! Manager sind so hektisch, dass sie nie mehr ansprechbar sind und keine Zeit mehr haben, wichtige Entscheidungen zu treffen. Mitarbeiter erarbeiten immer wieder Präsentationen für Beschlussvorlagen – alles Verschwendung, es geschieht damit nichts. Der Überstress führt zum Kampf der Abteilungen, zum Feilschen um Vorteile, zum Dauer-Hinterhertelefonieren, weil nichts ohne Druck geschieht – letztlich zur Selbstblockade der großen Konzerne. Dagegen wissen die Konzerne heute allgemein nur ein einziges universelles Patentrezept: Den Druck auf die Mitarbeiter erhöhen, Einsparungen, Massenentlassungen, höhere Arbeitszeiten, Lohnsenkungen, höhere Arbeitsdichte.

Die Welt ist schon lange an der Mitte der Vernunft vorbeigerast und versucht, den Fehler durch höhere Geschwindigkeit wettzumachen.

Schauen Sie über die Grundsätze von Kaizen: Dort steht nur, dass man normal gut arbeiten soll. Ganz schlicht nur dies. Toyota zeigt, dass es geht und eminent erfolgreich ist.

Wenn alle Manager der Welt auf jeder Konferenz Vorträge von Toyota hören – warum ahmen sie dieses langfristige und beharrliche Arbeiten nicht nach? Toyotas Manager verdienen nicht so viel – so wie sich gute Könige nicht allzu sehr über ihre Untertanen erhöhen. Die amerikanischen

Helden und Retter, die Feuerkämpfer wie Red Adair, die Shooting Stars und die Super-Models – die verdienen das Geld für sich allein – als einsame Sieger aus Armeen von Verlierern. Warum spielen so viele Arme Lotto und arbeiten nicht langfristig und beharrlich? Immer wieder gibt es einmal einen Mega-Jackpot-Gewinner unter den Myriaden der Loser. Die allermeisten leben von Hoffnung, die bekanntlich nicht sterben will. Bei Toyota lebt man allgemein von der Arbeit.

Rekapitulation und Ausblick

Dieses Buch führte Sie durch die Schwankungen unseres Denkens. Je nachdem, ob es mit der Wirtschaft auf oder ab geht, verändern sich die Schwerpunkte unserer Aufmerksamkeit. Im Auf sind wir zuversichtlich ohne Sorgen, im Abwärtsstrudel haben wir Angst und passen auf. Wir haben dabei von innen heraus das Gefühl, dass die *Gegenstände* unseres Denkens jeweils andere sind: Einmal bauen wir Luxus-Ferienhäuser, ein anderes Mal Dämme gegen Fluten. Wir kümmern uns jeweils um das – *so denken wir* – was nun am notwendigsten ist. In Wirklichkeit aber verändert sich auch unser Gehirn als solches. Es kann sich in Muße fast abschalten, weil nichts zu tun ist. Es kann sich unter Stress und Adrenalin so umstellen, dass wir wie reißende Tiere oder panische Angsthasen werden, je nach Menschennaturell und Lage.

Wir selbst verändern uns. Unser Gehirn schaltet um – und wir wechseln von Dr. Jekyll zu Mr. Hyde. Von Mensch zu Tier. Wir wechseln von Lamm zu Wolf, von paradiesischer Harmonie in Gott zu Überlebenskämpfen. Ein einheitlicher Homo oeconomicus sind wir nicht, höchstens wenn wir Professor der Ökonomie auf Lebenszeit sind. Das betone ich hier noch einmal etwas redundant: Wir verändern uns mit der Lage. Und es ist nicht so, dass sich unser Denken nur nach der Lage anders ausrichtet. Nein, das Denken als solches verändert sich. Wenn es den Menschen schlecht geht, so wäre es nach normalem Denken am besten, die Menschen würden einander MEHR helfen und ENGER zusammenstehen, bis die Lage entspannter ist. Unter Stress aber berauben wir uns selbst und wüten (»denken an uns«). Es ist für mich immer schwierig, diesen Sachverhalt gut zu erklären. Ich bin auf solch moralisch klingende Sätze ein »Ja, ja!« während meiner Arbeit nur zu gewohnt. Deshalb bin ich Ihnen hier im Buch mit Adrenalin, Noradrenalin,

Endorphin und Serotonin gekommen und habe Ihnen gezeigt, dass wir wirklich im biochemischen Sinne andere Menschen sind, je nach Auf oder Ab. Unsere Gehirnwellen haben unter Stress eine viel höhere Frequenz als in konzentrierter Ruhe. Wir selbst sind als Gegenstand je nach der ökonomischen Lage anders. Wir besitzen Gehirne des Friedens und des Krieges, die der Gemeinsamkeit und die des Verdrängungswettbewerbes.

Die Stimmungen an der Börse erklären sich dadurch. An guten Tagen denken und agieren wir an der Börse als Menschen der Zuversicht, an schlechten Tagen stoßen wir Teile unseres Eigentums erschrocken ab – wir fliehen. Solche Entscheidungen treffen unsere jeweils anderen Gehirne. Religion und Philosophie haben von jeher gewusst, dass der gleichmütige Mensch der eigentlich gottesgefällige ist – einer, der in allen Lebenslagen seine Zuversicht und seinen Glauben behält; einer, den die Kraft und Energie des Noradrenalin nie verlässt; einer, der nicht unter Stress gerät und vom Glauben abfällt; einer, der auch in Not zu den anderen Menschen steht und der nicht mit Hass, Kampf, Gewalt oder Verblendung reagiert. Das uns zu lehren ist auch heute noch Erziehungsziel an den Schulen.

Die Ökonomie als solche aber predigt in guten Zeiten »Management der ruhigen Hand und der Besonnenheit« und setzt auf Bewährtes und auf die »Traditionen des Hauses«. In schlechten Zeiten aber fordert sie wütend »Anpassung«, »Flexibilität«, »blitzschnelles Reagieren«, »proaktives Handeln« und das Erobern von Marktanteilen auf Kosten anderer.

Ökonomie schaltet bewusst und gewollt zwischen anderen Gehirnen und anderen Menschen um. Man muss – so heißt es – zu allen Zeiten vor allem Geld machen, wozu man besonders in den ganz schlechten Zeiten finster entschlossen ist, wo doch gerade jetzt eben nicht viel geht. Nur wenige Ökonomen raten zu gleichmäßiger Vernunft im Auf und Ab nach der Art des biblischen Joseph in Ägypten. Unser heutiges Verhalten ist geprägt durch verschwenderisches Leben auf Kredit im Boom und durch »neue Armut« im Abschwung. Wir dringen nicht auf die Gleichmäßigkeit, die möglich wäre, wenn wir in den fetten Jahren für die mageren Jahre Vorsorge träfen.

Nein, in mageren Jahren agieren wir unter »hungrigem Denken«, in fetten unter »sattem Denken«. Diese Denkungsarten habe ich in diesem Buch dargestellt. Ich habe Ihnen Gründe genannt, warum es immer wieder zu langen Hoch- und Tiefphasen in der Ökonomie kommt. Neben Katastrophen und Entdeckungen neuer Welten sind es besonders radikale Basisinnovationen, die zu Wirtschaftsaufschwüngen und Abschwüngen führen. Ich argumentierte, dass Basisinnovationen immer wieder wie ein Neuanfang wirken, so wie ein Waldbrand im Yellowstone-Park, wo heute zwischen den hohen ganz verkohlten Stämmen das allergrünste Leben blüht.

Ich kritisiere im Buch durchgängig die »normalen« ökonomischen Ansichten und Theorien, die meist einseitig Theorien für Aufschwünge oder Abschwünge sind und damit »prozyklische« Welterklärungen liefern und zu prozyklischen Managementaktionen auffordern, die wie der prozyklisch agierende Anleger versuchen, von Trends zu profitieren und auf fahrende Züge aufzuspringen. Heute sind die meisten Managementtechniken auf »Wettbewerb und Kampf« ausgerichtet und eigentlich aus sich heraus unfähig, einen Aufschwung zu erzeugen. Dieser Aufschwung wird am Ende aus dem Asien-/Internet-Boom TROTZ des Managements entstehen und dann wieder zu überschäumendem Wachstum und Luxusexzessen führen.

Was wir brauchen, ist auch nicht »antizyklisches Denken«, was viel gefordert wird, sondern so etwas wie eine gleichmäßige Entwicklung der Ökonomie, in der die Gemeinschaft das Kämpfende und auch das Boomende der Ökonomie dämpft und dauerhaften, langsamen Aufschwung anstrebt. Das gelingt anscheinend schon bei der Inflation. Warum nicht überall?

Der mittlere Weg

Ist die Vorstellung ein Traum, es gäbe einen gleichmäßigen Pfad der Vernunft? Eine Gesellschaft, die sich als Lebensgemeinschaft auffasst, auch im ökonomischen Sinne? Eine Gesellschaft mit durchgehend »protestantischem« Arbeitsethos, die etwas leisten will und sich eines gemeinschaftlich gesehenen Lebens freut? Eine Gesellschaft wie eine riesengroße kleine frühchristliche Gemeinde oder eine riesengroße kleine Firma, in der man sich kennt und achtet? Eine Welt, die insgesamt so wäre wie eine ideal gefühlte »Schweiz«? Wie ein Firmengeflecht aus »Toyota«?

Kann eine ganze Welt dauerhaft in einem vernünftigen mittleren Zustand gehalten werden, wie es Joseph in Ägypten für einige Jahre schaffte? Gibt es eine ernsthafte Ökonomie, die sich der Gleichmäßigkeit verschriebe? Eine, die eine kollektive Verantwortung zur Kooperation und nicht nachlassender Beharrlichkeit in sich annähme?

Die heutige Ökonomie interessiert sich mehr für Veränderungen. Dort wittert das Management in Goldgräberstimmung neues Geschäft. Tatsächlich gibt es Veränderungen der Welt, die regelmäßig zu langen Wohlstandsphasen führen.

Basisinnovation wie die Elektrifizierung, die allgemeine Telefonie, das Auto oder das Internet führen zu den ersehnten Boomzuständen der Wirtschaft. Sie erneuern die ökonomische Landschaft oft von Grund auf. Ich denke fast an die Ausgrabungsschichten der Archäologie, wo die Forscher in Schichten die Stadt- oder Burgreste verschiedener Kulturepochen freilegen. Mit und ohne Strom ist das Leben ganz verschieden. Mit und ohne Auto auch. Mit Internet wird es bald ganz neuartig werden!

Die Basisinnovationen setzen einen Neuanfang in der ökonomischen Entwicklung. Diese Neuanfänge sind ähnlich radikal wie die nach dem Ende eines Weltkrieges. Alles Alte muss weichen für das Neue. Ich habe Ihnen das im Buch am Beispiel der Landwirtschaft erläutert, die durch die Einführung des Traktors ihren ländlichen Charakter und fast alle Arbeitsplätze verlor. Landwirtschaft wird heute semi-industriell betrieben.

Der Zerstörungscharakter neuer Basistechnologien wird – soweit ich sehe – immer wieder von frühen Demonstranten auf der Straße laut gebrandmarkt, aber in der Euphorie für das Neue einfach brutal bis zur Dummheit ignoriert. In den achtziger Jahren gab es etwa Demonstrationen, dass der Computer zu Massenarbeitslosigkeit führen würde. Die wurden mehr verlacht als respektiert. Heute noch zahlen wir Unsummen für den Schaden früherer Basisinnovationen. Wir subventionieren den Bergbau, die Landwirtschaft und bald auch die Kernkraftspätschäden. Die sich abzeichnenden Klimaveränderungen werden beispiellose »Unsummen« an Kapital verschlingen. »Die Energie« hat unsere Umwelt zerstört.

Wir retten uns in »das Internet«. Basisinnovationen sind Fluch und Segen. Sie führen zu großen Veränderungen in unserem Leben, also auch in der Ökonomie. In der ersten Phase zerstören Innovationen das Alte, das um sein Überleben kämpft. Danach entsteht die Welt in neuem Glanz.

Diese zwei Gesichter der Basisinnovationen bescheren uns ohne unser wirkliches »Verschulden« oder »Zutun« verschiedene Phasenumschwünge der Wirtschaft. Wir erleben bei der Zerstörung des Alten eine Phase des hungrigen Denkens und fühlen uns im Überlebenskampf. Wir genießen in einer Aufbauphase des Neuen einen Übergang zu allgemeinem Wohlstand und sind dann in sattem Denken verhältnismäßig »glücklich«.

Gibt es unter dem Gesichtspunkt dieser Basisveränderungen unseres Lebens eigentlich wirklich die »Möglichkeit eines mittleren Weges«? Fegen nicht die Phasen der Groß-Innovationen alle Bemühungen um Konstanz und Nachhaltigkeit hinweg? Was lässt sich gegen den Run der Goldgräber tun? Und wir sehen wieder, dass so etwas wie eine besonnene Staatsführung fast unmöglich schwer aussieht. Wenn es Toyota nicht wirklich gäbe, das durch alle Wellen hindurch sich selbst treu bleibt, könnten wir voller Zweifel sein. Aber Toyota lehrt wortwörtlich: »Nichts ist unmöglich.«

Eine ganz andere Frage wird mir als IBM Cheftechnologe sehr, sehr oft gestellt: Wie lassen sich am besten ganz viele tolle neue Basisinnovationen am Fließband erfinden? Diese Fragen nähren viele Berater und Forschungsabteilungen, solange es Hoffnung gibt. Ich versuche zu sagen, dass hungriges Denken neue Waffen ersinnen kann, neue Tricks und Optimierungen, aber eben keine globalen Basisinnovationen. Hungriges Denken denkt an sich – also viel zu lokal. Innovatoren träumen von besseren Welten, das ist mehr ein universales Denken. Ich komme manchmal mit solchen Gedanken an hungrige Denker. Und fast alle krausen die Stirn und fragen sich und mich: »Was bringt es mir an Vorteilen gegenüber der Konkurrenz?« Das ist zu kurz gedacht, das bringt keine Weltinnovation.

Ökonomie und »Phasic Instinct«

Innovationen oder Kriege lösen erdrutschartige Veränderungen in der Wirtschaft aus. Aus der satten Phase des Maschinenbau- und Autozeitalters wird die Welt durch den Computer und das Internet gerissen. Millionen Arbeitsplätze werden vernichtet oder abgewertet. Seit nun mehr als 20 Jahren trägt die Wirtschaft schwer an dem notwendigen Wandel. Wenn der verdaut ist (ich glaube fast – jetzt gerade), schwenkt sie plötzlich wieder in eine euphorische Aufschwungphase ein.

Alles Denken wird sich wieder abrupt fast ins Gegenteil verändern. Das nenne ich hier etwas anzüglich (an den bekannten Filmtitel angelehnt) *Phasic Instinct*. Alles ändert sich, weil die Luft des Aufwärts und Abwärts zu verschiedenen Körperphysiologien führen. Die Körper aller Menschen und Manager verändern sich nach diesen Phasen. Am Ende eines Abschwungs wie heute bauen unsere Körper das Adrenalin ab und gehen an den Aufbau der neuen Welt, in der satte Gewinne garantiert sind. Die Ängste können gehen. Es droht keine Arbeitslosigkeit mehr, nicht zu jeder Zeit eine Werkschließung oder Frühpensionierungswelle. Es drohen nicht mehr ständig Bankrott und Katastrophen. Der Abschwung hat Massen von Menschen verbraucht. Sie sind depressiv, depriviert, lange nicht mehr weitergebildet worden oder in Rente geschickt. Nun werden wieder Arbeitskräfte gebraucht! Es wird wieder aufwärts gehen!

Es ist nun nicht so, dass für alle wieder Arbeit da ist – so wie früher. Das Gestern kommt nicht einfach zurück. Nein, es kommt ein anderes Morgen, was nicht wie gestern ist. Der neue Aufschwung ist demnächst ein anderer. Nach dem Zusammenbruch der Landwirtschaft nach der Erfindung des Traktors ist sie nie wieder zur alten Bedeutung auferstanden. Nach der heutigen Autokrise wird die Maschinenbauindustrie nie wieder die alte Bedeutung haben. Wir werden ab heute in alle Maschinen hauptsächlich mehr Elektronik und Intelligenz einbauen. In der künftigen Maschinenbauproduktion werden eher Programmierer als Ingenieure sitzen, die Betriebssysteme für intelligente Maschinen entwerfen. Maschinen sind bald alle so etwas wie zweckgebundene Computer …

Eine andere Welt entsteht nun. Der Arbeitsmarkt erholt sich nicht im Sinne alter Qualifikationen. Andere werden gebraucht! »Internet und Kenntnisse in Hindu.« Bei IBM sehen wir derzeit schon wieder einen *War of Talent* kommen, einen Krieg um die Besten. Nicht um die Besten von »gestern«, sondern um die Besten für die Welt morgen. Die müssen mit hohem Gehalt angelockt werden – und sie kommen nur, wenn sie tolle Arbeitsbedingungen vorfinden.

Also ändert sich alles wieder – die Kaffeeautomaten sind im Kommen und die Arbeit wird entspannter. In der Welt des Neuen gewinnt wieder das

Exzellente, nicht nur das Billige. Die Käufer drehen sich heute nach der Geizwelle schon wieder nach Gediegenem um. Wie im Kapitel der »Up & Down« beschrieben, verändert sich das derzeit noch grassierende hungrige Denken in Richtung des satten Denkens.

Die Gehirne verändern sich biochemisch in einen anderen Zustand. Der Instinkt sagt nicht mehr »Pass auf! Hab Acht! Hau zurück! Feilsche! Verhandle hart!« Der Tagesinstinkt sagt: »Sei nett. Umschmeichle. Erfinde. Entspanne. Sei nett zum Kunden, verwöhne ihn.«

Das Umschalten in »Auf« und »Ab« ist eines *in unseren Körpern*. Es ist eine Veränderung der Grundinstinkte. Angst und Zuversicht wandeln sich ineinander um. Wir Deutsche haben heute, 2007 und 2008, noch Angst, weil wir nicht so arg glauben können, zur Welt des Morgen zu gehören. Die »Inder« und »Chinesen« hatten kein gutes Gestern, sie gehen schon ganz zielgerichtet ins Morgen, wo wir uns noch der Hoffnung auf die Rückkehr eines »unveränderten Gestern« hingeben. All dies wird immer so ausgedrückt: »In den Köpfen muss sich etwas ändern!« – »Es muss ein Bewusstseinswandel einsetzen!« – »Das Volk muss endlich die Wahrheit kapieren!« Der Instinkt lässt sich nicht so leicht umpolen. Eine im Luxus schwelgende Gesellschaft schwenkt nur schwer in Vernunft um und später in helle Angst. Und wenn es in Angst am Boden liegt, gewinnt es nur langsam wieder Zuversicht. Das kollektive Verändern der Körperphysiologie einer Gesellschaft braucht Zeit. Was an der Börse bei den nervösen Händlern blitzartig oder wenigstens in Tagen hin und her schwankt, dauert gesamtgesellschaftlich unter Umständen viele Jahre, »bis es auch der Letzte begriffen hat«.

Dieses Umschalten der Gehirne ist in den Wirtschaftwissenschaften einfach kein Thema. Die ökonomischen Theorien leiten sich hauptsächlich mathematisch oder logisch her. Der Wirtschaftswissenschaftler nimmt dabei immer an (im Sinne von *Phasic Instinct* haarsträubend falsch!), dass die Kräfte am Markt, die Firmen und Kunden, allesamt logisch denken und rational handeln und sich eben nicht »umschalten«. Unter solchen Annahmen leiten die Wirtschaftstheorien das notwendige Handeln der Wirtschaftssubjekte ab. Ökonomen können also mit ihren mathematischen Modellen berechnen und vorhersagen, was *in einer logisch funktionierenden* Wirtschaft passieren wird. Was wirklich passiert, verpassen die Theorien natürlich. Dieses Vorgehen der Wirtschaftwissenschaftler ist wie das der Meteorologen, die ja mathematische Wettermodelle entwickeln konnten, die eine Vorhersage erlauben. Meteorologen aber studieren Naturgesetze, nicht Menschen! Wetter ist sehr komplex, aber durchaus logisch und vernünftig! Menschen sind nicht »logisch«.

Ökonomen aber tun so, als wenn sie wie die Meteorologen auch wirkliche Naturgesetze studierten. Sie nehmen an, dass die Menschen rational denken und Homines oeconomici wären. Wenn das stimmen würde, wäre ein Vorgehen wie bei den Meteorologen möglich und sinnvoll. Aber Wirtschaft hat mit Instinkten zu tun! Mit hungrigen Gehirnen und satten, mit weisen und hektischen. Im Grunde ist die Ökonomie mit ihren simplen Annahmen an die gleichmäßige Vernunft obsolet.

Ich will damit nicht sagen, dass der Mensch ganz unerklärbar bleiben muss und dass die wirtschaftlichen Entwicklungen immer unerklärbar sein müssten. Als Mathematiker könnte ich sogar Ratschläge geben, wo man tiefere Vernunftdefinitionen ansetzen könnte, die die Instinktphänomene einbeziehen. Menschen müssten vor allem nicht als rationale Computer verstanden werden, die ihren Nutzen maximieren. In der Informatik kennt man den Begriff der Turingmaschine. Sie ist ein Computer, der je nach Berechnungsweg verschiedene Zustände annehmen kann. Sind Menschen nicht irgendwie ganz genau so?

Menschen können je nach Situation in die Zustände »kooperativ«, »kämpfend«, »depressiv«, »manisch«, »begeistert«, »niedergeschlagen«, »tabula rasa zerstörerisch«, »arrogant«, »unbekümmert« wechseln, was sie auch faktisch tun. In jedem dieser Zustände aber sind sie ganz anders programmiert! Sie maximieren in jedem Zustand etwas anderes (Kraft, Ruhm, Gefühlstiefe, Leiden, Hochgefühl, Karriere), und überwiegend eben *nicht* das Geldvermögen. An Tieren beobachtet man die Zustände Aggression, Paarung, Flucht, Ruhe – das ist beim Menschen viel feiner ausgeprägt. Die allgemeine Wirtschaft könnte dann durch die »vorherrschenden« Zustände erklärt werden, so wie es die Börsen schon mit dem »Optimismus/Pessimismus-Verhältnis« der Marktteilnehmer probieren und schon immer durch die Symbole »Bulle« (Bull, optimistisch, Hausse) und »Bär« (bear, pessimistisch, Baisse) ausdrücken. Was noch ganz fehlt, ist das Verständnis der Wirtschaft dafür, dass die Menschen in den verschiedenen Zuständen nicht einfach nur andere Grundannahmen haben, sondern auch andere Methoden oder Kampfarten und vor allem auch ganz andere Ziele. Ganz andere! Die Ostblockwirtschaft hatte für Jahrzehnte das Ziel, dem Westen die Überlegenheit der eigenen Kommunismusidee oder der Weltraumfahrt zu beweisen. Der Westen hielt dagegen … Das hatte nichts mir Geld zu tun, nicht wahr? Es geht in jeweils anderen »Maschinen«- oder »Instinkt«-Zuständen um anderes Funktionieren zu anderen Zielen hin.

Dieses Umkippen einer Mehrheit der Wirtschaftsteilnehmer in andere Zustände, andere Ansichten und Ziele führt regelmäßig zu Übertreibungen, weil die Mehrheiten meist schnell dogmatisch werden und ihren mehrheitlichen Zustand als den »einzig wahren« hinstellen. Diese Übertreibung steigert sich oft bis zur Lächerlichkeit und fällt dann in sich zusammen. Wir nennen es dann Umbruch, Revolution, Crash, Platzen der Blase. In dieser Depression keimt dann wieder eine neue Massenstimmung des »Volkskörpers« – und es geht in einer anderen Richtung mit anderen Methoden zu anderen Zielen weiter.

Ich stelle hier die Frage, ob dieses hektische Auf und Ab der »Wahrheiten« nicht abgemildert werden könnte, so dass es zu keinen Exzessen kommt. Ich stelle die Frage, ob wir den Menschen, der kein vernünftiger Homo oeconomicus ist, zu einem in seinen Instinktschwankungen vernünftigeren Wesen abdämpfen können.

Ich frage also: Gibt es einen mittleren Weg? Können wir die Wirtschaft denn unter großen Anstrengungen weise in der Mitte halten? Können wir Luxusverrücktheiten und Angstausschläge vermeiden? Muss sich die Menschheit dafür eventuell in geistig-psychologischem Sinne erst weiterentwickeln?

Wie kann man Wirtschaft überhaupt in rationalem Fahrwasser halten?
Das ist für mich das Kernproblem der Ökonomie.

Tja, und dann schlage ich ein Theoriebuch auf und lese quasi auf Seite 1, Zeile 1: »Wir nehmen an, dass die Wirtschaftssubjekte alle rational handeln.« Klassische Ökonomie setzt also die Lösung des Problems voraus und deduziert daraus noch ein paar Schlüsse, die dann die Weisheiten sind?

Management heute und morgen

Die jeweiligen Träger der »rationalen« Gedanken sind unter anderem die jeweils herrschenden Manager. Seit dem gigantischen Missverständnis von »Toyota« als »Lean Management« ist die westliche Wirtschaft mit Rationalisierung und Einsparen beschäftigt. Jede neue Einsparrunde wird mit einem griffigen Schlagwort, einem »buzz-word«, eingeleitet:

Lean Management. TQM Total Quality Management (darunter versteht Toyota das Erzeugen von Qualität, das hungrige Westdenken aber nur das Kontrollieren derselben). Benchmarking. Zielvereinbarungen. Incentive Systems. Leistungslohn. Total Utilization (Totalauslastung). Just-in-time. Etc. etc. Ich habe einige der Methoden vorgestellt. Sie alle werden aus einem hungrigen Denken heraus betrieben! Das habe ich im Einzelnen begründet. Alle »Verbesserungen« führen weiter zum Lemon Market hin. Der Kunde klagt über Tarifdschungel bei Autos, Handys, Bankzertifikaten oder Stromtarifen.

Die heutigen Manager sind ganz solche ihrer jetzigen Instinktphase: Sie sind äußerst ehrgeizig, haben Biss und Energie, können brutal umsetzen und schnell exekutieren. Sie nehmen kaum Rücksichten auf Einzelschicksale und tragen tausendfaches Arbeitnehmerleid mit dem Gleichmut des Gewinners in einer X-Welt der Loser. Das alles habe ich schon aufgezählt. Ich will sagen: Die Manager sind ein genaues Abbild des Mainstream Instinktes. Sie denken das, was man in dieser Phase der Ökonomie denken muss, nichts anderes.

Die jetzt herrschenden Manager haben die damals herrschenden »Paschas im Luxus« entthronen müssen, da man diese allgemein als »unfähig zum Umdenken fand«.

Wenn nun die Welt durch die globale Vernetzung durch das Internet, durch den Aufschwung in den BRIC-Ländern und aufkommende virtuelle Welten sich in eine ganz andere Richtung bewegt, dann kippt die »Weltmaschine Wirtschaft« in einen anderen Zustand, in dem anderen Wahrheiten gelten, andere Methoden zum Muss werden und andere Ziele verfolgt werden. Insbesondere werden neue Führungskräfte gesucht, die diese neuen Wahrheiten authentisch repräsentieren.

Hören Sie nicht alle die Schlagwörter des kommenden Wandels? »Emotionale Intelligenz!« – »Führungsqualitäten statt Zahlen-Management!« – »Unternehmer statt Erbsenzähler!« Die Schlagwörter drücken einen tiefen Unwillen mit den heutigen Managern aus, die alles brutal auf Effizienz trimmen und alles einsparen außer den Vorstandsbezügen (»Alles Raffkes!«). Das Ziel der Effizienz als solches gerät in Misskredit. Das heilige Ziel des Profits wankt unter aufflammenden Diskussionen gesellschaftlicher Verantwortung von Unternehmen.

Die Führungskräfte von morgen werden anders agieren müssen. Wir brauchen Manager, die sich in einer Y-Welt der Menschen bewegen können, die emotional intelligent sind und Teams begeistern können, anstatt sie auszupeitschen. Die X-Welt der klassisch effizienten Produktion wird möglicherweise überwiegend nach Asien exportiert. Die X-Welt der Fließbänder verschwindet mit den Fließbändern zusammen. Die wirtschaftlich führenden Länder werden Dienstleistungen erbringen, die mehr auf Design, komplexe Lösungen, »Schlüsselfertigkeit«, Kunstform, Produktästhetik, Kundenservice gerichtet sind. Das Geld wird mit anderen Denkweisen, anderen Methoden und Sichtweisen oder Wahrheiten verdient werden. Die führenden Länder gehen in eine Y-Welt über und bilden die Kulturkrone für die globale Wirtschaft. »Armani Design, made in Singapur.« – »Virtuelle Welt – made by Spielberg.«

Diese Veränderungen sind so gravierend, dass sich ernsthaft die Frage stellt, ob ein Manager der alten Welt (Produktion, Finanz, Personal, Vertrieb, Marketing, Entwicklung) so einfach einen Platz in einer Welt der Integration, des Designs, der globalen Netzwerke finden kann. Ich behaupte: Nein. Die Veränderungen sind so groß, dass die meisten Manager wohl mehr oder weniger sanft »pensioniert« werden müssen. Ich weiß, Sie würden mir jetzt persönlich sehr deutlich ins Gesicht sagen, dass sich jeder Mensch anpassen und ändern kann.

Aber erinnern Sie sich, wie die frühen Schönwetter-Manager entlassen werden mussten, weil sie nicht hart durchgriffen? Warum griffen sie nicht brutal durch? Weil sie in einer Wirtschaft Karriere machten, die sich Wohlstand für alle auf die Fahnen geschrieben hatte und Mitarbeiter nur im äußersten Notfall entließ. Hinter dieser Wirtschaftslage stehen gravierende Annahmen über den Menschen (Y), über die Kultur, über das Ziel eines Unternehmens. Ich kenne einige solcher Manager. Sie hätten Mitarbeiter entlassen können, aber sie wollten es nicht, weil sie es nicht KONNTEN. Ihre Ethik verbot es ihnen. Sie empfanden die Vorstellung des Down-Sizing so schrecklich, dass sie »mit dieser Wirtschaft nichts mehr zu tun haben wollten«. Sie sagten: »Ich kann mich damit nicht identifizieren.« Sie leisteten Widerstand und zögerten. Schließlich musste ihnen selbst das Feuern von Mitarbeitern brutal befohlen werden, was sie zu einer Marionette degradierte. Sie wurden als »Schönwetter-Manager« rüde gedemütigt und beschimpft.

Heute nun kippt alles wieder. Die heutigen Manager haben die Ökonomie in eine entsetzliche Übertreibung des kurzfristigen Profits hineingetrieben. Diese Blase platzt. Wir sehen, dass alle Finanztricks ausgenutzt wurden, aber das Langfristige blieb liegen: Es fehlen heute Schiffe, Ölexplorationen, Raffinerien – die Infrastruktur ist alt, die Autobahnbrücken brechen bald. Die Manager werden nun in der Umkehr ganz anders beschimpft, eben als Erbsenzähler, Karrierist, Heuschrecke und wieder als Ausbeuter wie einst. Von ihnen wird nun in dieser neuen Zeit emotionale Intelligenz und Eingehen auf die Seele anderer verlangt. Kann das gehen für die, die sich als Härteste der Harten in einer Kampfzeit bewährt haben? Können Wrestler plötzlich auf Feng-Shui umschulen? Meine Antwort: Längst nicht alle – oder ehrlich gesagt: nicht viele.

Im Augenblick versuchen die Unternehmensführungen trotzdem tapfer gegen alle Erfolgsaussichten, die existierenden Manager doch noch umzuschulen. Die Konferenzen dieser Tage predigen emotionale Intelligenz, Persönlichkeitsausbildung, Netzwerkbilden, Qualität, Innovation, Virtuelle Welten, Unternehmertum, Entrepreneuring, Neugründung, Teambuilding, Kaizen, Toyota (das derzeit selbst Probleme hat, kulturell auch wirklich Toyota zu bleiben). Für mich haben diese verzweifelten Konversionsappelle einen starken Kirchgang-Charakter. Die existierenden Manager informieren sich auf diesen Konferenzen, was jetzt gerade in Mode ist, sind manchmal sogar angerührt und bewegt – aber sie arbeiten am kommenden Montag wieder weiter wie gehabt. Liebe Leser: Sie behaupten mehrheitlich, Menschen würden sich ändern können, aber sie tun es nach diesen Konferenzen so gut wie nie! Die heutigen Manager sind zu weit vom Neuen weg, das ist es – und sie werden sich nicht anpassen. Man wird ihnen einige Zeit lang das »Nettsein« aufzwingen müssen wie damals den Schönwetter-Managern das Feuern von Mitarbeitern. Sie werden irgendwann gehen müssen.

Die Konferenzen und Lehrgänge ändern nicht die alten Führungskräfte, aber sie ermutigen die neuen, die schon so sind, wie die Lehrgänge es wollen. Diesen Neuen wird nun lange Zeit erklärt, dass sie »Recht haben«, auch wenn das Alte noch die Macht besitzt. Und langsam, Lehrgang um Konferenz, kippt die Unternehmenskultur wieder in die neue Y-Richtung um. »Man muss nur Profit machen, sonst nichts. Daran wird sich nie etwas ändern!«, schütteln sich die Alten. »Es ist hoffnungslos. Wir haben Recht, aber nichts zu sagen. So wird sich nie etwas ändern!«, klagen die Neuen. Beide sehen den Wandel nicht.

Hier aber im Buch habe ich Ihnen dieses ganze Hin und Her vorgestellt und Ihnen gezeigt, wie schnell sich eigentlich alles verändert oder gar umkehrt! Man muss aus sich heraustreten, aus den eigenen Instinkten, aus seinem jetzigen »Maschinenzustand«, um wahrzunehmen, dass sich alles wie rasend verändert. Versuchen Sie es einmal? Vergleichen Sie alles noch einmal im Geiste in Abständen von 20 Jahren.

Quo vadis, Ökonomie?

Die gesamte Wirtschaft ist eigentlich dazu gedacht, dass sie eine Arbeitsteilung der Menschen so organisiert, dass die gesamte Gemeinschaft in angemessenem Wohlstand lebt. Unter gegebenen Ressourcen soll sie ein Maximum an Prosperität erzeugen.

Im Grunde könnten wir durch die Fortschritte des Managements so sehr im Wohlstand leben, dass wir alle mit 30 Stunden Arbeit auskommen könnten. Keiner hätte Sorgen, alles wäre friedlich.

Warum entsteht aber so etwas wie über Jahrzehnte dauernde Not?

Nach jeder Basisinnovation bauen wir die ganze Welt wieder neu auf. Reißen alle Straßen auf und legen Strom, dann Fernsehen, dann Fernwärme, Telefon ... Wir bauen Stadtautobahnen, U-Bahnen, dann wieder Tunnels und Fußgängerzonen, dann wieder Riesen-Malls am Standrand mit Autobahnzubringer. Wir schaffen die Büros ab, weil die Leute daheim über DSL arbeiten sollen, nach einigen Jahren kennt keiner keinen mehr und sie müssen wieder zurück – aber ach, die Büros sind weg. Neubauten her. Die Schnelligkeit der Veränderung bewirkt, dass sich Investitionen sehr schnell rentieren müssen. Unternehmen müssen sehr viel mehr Gewinn erwirtschaften, wenn die Welt sich schnell wandelt. Sie müssen ja das Geld wieder hereinholen! Sofort! Bei etwas mehr Langsamkeit würden weniger Gewinne ausreichen, oder? Alles hätte mehr Zeit, sich zu amortisieren.

Wie viel kostet es, alle paar Jahrzehnte die Welt ganz neu zu errichten?

Nach jeder Basisinnovation stirbt das Alte und verwandelt die Welt in ein einziges Rückzugsfeld. Kriege des Überlebens entbrennen. Welche Telekoms, welche Banken, welche Versicherungen bleiben als letzte am Leben, wenn alles Alte stirbt? Dieses Sterben auf Raten verändert den Menschen zum Egoismus. Er wird allein gelassen und handelt auch nur für sich allein. Einige große Gewinner häufen Reichtümer mitten im allgemeinen Unglück auf und machen sich naiv gesehen eigentlich schuldig.

Was kosten Jahrzehnte unkooperativer Gefangenendilemma-Entscheidungen?

Im Laufe jedes Aufschwungs setzt Verschwendung ein. Die neue Welt wird extrem luxuriös ausgestattet. Das Geld wird mit vollen Händen ausgegeben – für »Schönheit«. Nach kurzer Zeit aber kommt die neue Basisinnovation und alles muss wieder eingestampft werden. (Kurkliniken her! Umbauen für billigere Behandlung! Ganz aufgeben und verkaufen.) Je höher die Luxuswelle schwappte (Bankpaläste, Versicherungsburgen), umso mehr muss sterben. Alle, die jetzt das ganze Geld in Großartiges stecken, das gleich wieder untergeht, machen sich eigentlich schuldig. Das sind im Luxus eigentlich wir alle.

Was kosten Ausgaben für die Ewigkeit, die sich nach einigen Jahren als obsolet erweisen?

Die heutige Wirtschaft maximiert nicht den Wohlstand, sondern das Neugeschäft, das Business oder das Wachstum. Wir bauen immer mehr immer neu. Ein Großteil des früher Erarbeiteten wird stets dabei vernichtet oder ohne Vermögenszuwachs schlicht konsumiert. Wir leisten Ungeheures ohne Vorankommen. Ein großes Rad wird gedreht – und es bleibt kaum etwas zurück. Wirtschaft in der heute viel zu ernst genommenen Form zwingt sich uns wie eine Manie auf. Furchtbar viel wird in Bewegung gesetzt, aber das meiste dreht sich wie bei einer Pirouette auf der Stelle.

Unsere Wirtschaftsleistung wächst unaufhörlich – das ist das, was wir im Hamsterrad neu erzeugen. Wächst aber unser Wohlstand dabei? Unser Wohlbefinden? Unsere Gesundheit?

Eine getriebene (statt betriebene) Ökonomie nach Art des Phasic Instinct verfehlt für mich ihr Thema. Wir brauchen eine neue Vorstellung von dem, was wir wollen.

Wie gesagt, ich hätte eine: Die ganze Ökonomie dient der Versorgung der gesamten menschlichen Gemeinschaft, die in sich fühlt, dass sie ein gemeinsames Schicksal hat. Die Ökonomie gründet sich in starkem Maße auf die Arbeitsleistung von einzelnen Menschen, ja, aber auch auf die gemeinsame Leistung einer Kultur. Im Hin und Her der Wirtschaftsphasen kommt es zu größten Schäden, zu Missbrauch. Im Aufwärts beuten die Menschen die Unternehmen und die Gemeinschaft aus, sie erzwingen Lohnerhöhungen durch Streiks und Staatsleistungen durch Wählerstimmen für Großversprecher. Im Abschwung nehmen die Starken im Namen der Vernunft und der Effizienz den Schwachen alles weg und lassen die Schwachen notfalls verarmen oder gar verhungern, wenn sie es nicht direkt mit ansehen müssen. Im Abschwung vernichten die Starken die Kultur der Gemeinschaft. Dieses extreme Hin und Her legt Kulturen und Wohlstand fortwährend in Asche und baut es wieder auf. Wir müssen uns überlegen, wie wir die Ökonomie gleichmäßig entwickeln. Die Gemeinschaft muss ethisch stark genug sein, das Kämpfen einzudämmen und die Forderungen nach Luxus mit Bestimmtheit abzuweisen.

Wir alle haben immerhin gelernt – auch die Politik und die Ökonomie – dass so etwas wie Inflation zu unsinnigen Schwankungen beiträgt. Wir haben uns dann als Weltgemeinschaft entschlossen, die Inflation erst zu bekämpfen und dann nicht wieder aufflammen zu lassen. Nun müssen wir weiter lernen und andere Schwankungen eindämmen: die der hohen Staatsverschuldung, die der Ethik, die des Adrenalinspiegels, die der Versprechen von Berufspolitikern, die der Managementhypes. Wir müssen darauf bestehen, von Tüchtigen und Fähigen geführt zu werden, nicht von solchen, die zufällig Geld haben oder im Fernsehen gut aussehen. Wir müssen begreifen, dass wir alle an unserer misslichen Lage wirklich selbst schuld sind. Wir müssen verstehen, dass wir aus jedem Luxus wie von selbst abstürzen werden. Das Hin und Her ist das Übel! Wir müssen mit Freude und Energie unseren Weg gleichmäßig und gemeinsam gehen.